解读宁波商帮

李永宏／著

中国宇航出版社
·北京·

内 容 提 要

宁波商帮崛起于明末清初。鸦片战争后，宁波商帮凭借地缘优势与商业积淀，迅速介入新兴经济领域，形成了以买办商人和进出口商人为代表的新式商人群体。其后，宁波商帮将商业利润投资于航运业、金融业、制造业等众多领域，完成了从传统商业向近现代工商业的转型，涌现出了一大批工商巨擘。宁波商帮为中国近现代工商业的发展、上海的崛起、香港的繁荣和回归、引领海外资本助力中国改革开放作出了重要贡献，至今仍活跃于海内外工商实业界。

在清末几大商帮中，其他商帮大多都衰落了，宁波商帮何以能久盛不衰呢？本书基于丰富的文史资料，详细剖析了宁波商帮崛起和发展壮大的文化、地理、经济及社会等原因，总结了宁波商帮的行商特点、商业智慧、经营之道、家国情怀，展现了宁波商帮的历史发展脉络和宁波商帮的商业文化概貌，具有一定的文史价值和商业价值。

图书在版编目（CIP）数据

解读宁波商帮 / 李永宏著. -- 北京 : 中国宇航出版社, 2025. 8. -- ISBN 978-7-5159-2578-3

Ⅰ. F729

中国国家版本馆CIP数据核字第2025VV5913号

责任编辑 田芳卿　　**封面设计** 王晓武
责任校对 谭　颖

出版发行 中国宇航出版社
社　址 北京市阜成路 8 号　**邮　编** 100830
（010）68768548
网　址 www.caphbook.com
经　销 新华书店
发行部（010）68767386　（010）68371900
（010）68767382　（010）88100613（传真）
零售店 读者服务部　（010）68371105
承　印 天津画中画印刷有限公司

版　次 2025 年 8 月第 1 版
2025 年 8 月第 1 次印刷
规　格 787×1092
开　本 1 / 16
印　张 16.5
字　数 331 千字
书　号 ISBN 978-7-5159-2578-3
定　价 59.00 元

本书如有印装质量问题，可与发行部联系调换

序

2024 年 7 月 30 日，国家主席习近平给包陪庆、曹其镛等祖籍宁波的香港企业家回信，指出：“多年来，你们传承先辈爱国爱乡的优良传统，积极创新创业、捐资助学，为家乡建设和国家发展贡献力量，用实际行动诠释了薪火相传的爱国心、桑梓情。”同时强调：“以中国式现代化全面推进强国建设、民族复兴伟业，需要全体中华儿女凝心聚力、携手奋斗。希望你们继续发挥各自优势，积极主动融入国家改革开放大局，为中国式现代化建设添砖加瓦，为实现中华民族伟大复兴的中国梦作出新的贡献。”① 这封回信，是对海外宁波帮的亲切勉励，必将产生深远的影响。

回眸 20 世纪，三位伟人曾先后评说宁波帮。孙中山在 1916 年指出：“宁波人素以善于经商闻，且具坚强之魄力。”“且凡吾国各埠，莫不有甬人事业，即欧洲各国，亦多甬商足迹，其能力与影响之大，固可首屈一指也。”② 随后，宁波帮积极投身孙中山领导的辛亥革命。1949 年 5 月 6 日，毛泽东致电解放浙东的前线将领，指示“在占领绍兴、宁波等处时，要注意保护宁波帮大中小资本家的房屋财产，以利我们拉住这些资本家在上海和我们合作。”③ 解放初期，盛丕华、包达三、蒉延芳等宁波帮代表人物纷纷参与政治协商，担任重要职务，为大上海、浙江省的稳定发展贡献力量。1984 年 8 月 1 日，邓小平发出“把全世界的‘宁波帮’都动员起来建设宁波”的指示④，引发了以包玉刚、邵逸夫、曹光彪为代表的众多宁波籍人士的热烈响应。这些宁波籍人士不但促进了宁波的高速发展，更是推动了方兴未艾的改革开放。习近

① 出自 2024 年 8 月 2 日《人民日报》。

② 出自 1916 年 8 月 25 日《杭州国民日报》。

③ 《毛泽东文集》第 5 卷第 290 页，人民出版社 1991 年版。

④ 宁波市政协文史委编《宁波帮研究》扉页，中国文史出版社 2004 年版。

平在浙江工作期间，就曾多次对宁波帮人士表示关心并寄予殷切期望，这封回信将进一步激励宁波籍企业家为实现中华民族伟大复兴的中国梦再立新功。

在国家主席习近平给宁波籍香港企业家回信发表一周年之际，李永宏的《解读宁波商帮》一书出版发行，也可以称为应运而生。李永宏是我的学生，在高校开设“宁波商帮文化”选修课，颇获好评。这本书是他研究成果的集中体现，相信会给广大读者耳目一新之感。所以我愿意为之作序。

戴光中

2025 年 7 月 1 日

前言

宁波商帮是明清时期十大商帮之一，也是我国至今仍存的一个商帮。辛亥革命后，晚清封建专制统治覆灭，依托其存在的晋商、徽商也随之式微。不过晋商、徽商到今天大家还耳熟能详，可为中国社会近代化转型，在政治、经济、文化、社会发展等方面作出重大贡献的宁波商帮，却成为一个在商界、政界被忽略的群体，鲜为人知。殊不知，孙中山、毛泽东、邓小平这三位不同历史时期的政治家，都关注和评价过宁波商帮。从鸦片战争到今天，宁波商帮为上海的崛起、香港的繁荣和回归、引领海外资本投身中国改革开放事业作出了不可替代的功绩，涌现出一批工商巨擘。

作为一个地域性商人集团，这里对“宁波商帮”这一概念作如下说明。

其一，从历史角度看，“宁波”作为一个地域概念，它所辖的范围有一个动态变化的过程。明清时期的宁波，主要是指浙江宁波府管辖的鄞县、慈溪、镇海、奉化、象山和定海（今舟山市）等六地；1949年以后，随着宁波行政区划的变化，其地域范围增加了原属绍兴府的余姚市和原属台州府的宁海县，划出舟山。本书“宁波商帮”中的宁波，既包含原宁波府的范围，又包括现在属宁波的余姚、宁海。另外，根据我国目前的户籍管理制度，不管出生于何地，只要籍贯是宁波籍，本书都把他们算作宁波人。

其二，宁波商帮中“商人”的含义。随着经济的发展，时代的进步，当今社会分工越来越细。现在的“商人”，主要指流通领域的商贸经营者，这是一个狭义的概念。民国政府1914年3月颁布的《商人通例》，将“商人”界定为“从事买卖、赁贷、制造、加工、水电煤气、出版印刷、金融、信托、劳务承揽、旅店、堆栈、保险、运输、托运、牙行以及居间代理等业之人”，这是一个广义的概念，不仅包括以商业活动为职业的人，还涵盖所有以营利为目的参与市场交易的组织和个体。本书“商人”取广义。

其三，“帮”，有“一伙人”“一群人”以及“事物外围”的意思。宁波商帮，指在外地结帮从事经营活动的工商业者，他们以地缘乡谊为纽带，以会馆、公所、同乡会为联络场所结帮经营，一般来说不包括本地经营者。

其四，“宁波帮”与“宁波商帮”。20世纪90年代后期，为扩大宁波的影响力，大家把宁波籍各行各业名人以及宁波本地的商人，都归到了“宁波帮”这一范畴之中。为区别历史上的“宁波帮”概念与扩大了使用范围的“宁波帮”，在原来“宁波帮”这一概念加上一字，变为“宁波商帮”。

宁波在历史上并无中原地区深厚的传统农耕文明底蕴，也无优越的自然资源禀赋，为何会形成一个影响巨大的商帮？本书从五个方面来解读宁波商帮产生和发展的原因：第一章，宁波商帮之商之源，从中西方文化的影响来解读宁波商帮崛起的文化背景；第二章，宁波商帮之商之辙，解读中西方文化相互作用下，宁波商帮取得的商业成就；第三章，宁波商帮之商之道，解读宁波商帮获得成功的内在商业道德；第四章，宁波商帮之商之术，解读宁波商帮的商业智慧；第五章，宁波商帮之商之德，解读宁波商帮发家致富后积极承担的社会责任。

限于本人视野和学术底蕴，书中还有许多不尽如人意之处，望读者批评指正。

目　录

第一章

宁波商帮之商之源

商帮在中国经济发展史上创造了辉煌的业绩。中国古代的茶马古道和丝绸之路，都是在商队开辟下形成的著名商业通途。明清时期，我国先后出现了十大商帮。在这十大商帮中，最著名的是晋商、徽商。清朝中后期，随着西方工业文明的扩张和经济入侵，加之连年征战，社会动荡，以家庭手工业为主的中国民营经济逐渐衰败，晋商、徽商等商帮也随之衰落。到 1949 年，十大商帮中只有宁波商帮完成了近代化转型，直到今天还活跃在世界 100 多个国家和地区。

宁波商帮形成于明朝后期到清朝初期，在十大商帮中出现的时间较晚，其主要标志是宁波商人在北京创设鄞县会馆。清乾嘉时期，宁波商帮海商获得迅速发展，活动区域不仅在长江和南北洋，而且延伸到海外，主要经营颇有规模的对日贸易。由于这一时期宁波商帮迅速发展，一跃成为国内著名商帮。到 1840 年鸦片战争爆发前后，中国已由十大商帮演变为晋帮、粤帮、闽帮和宁波商帮四强争雄的新格局。

鸦片战争后，宁波商帮凭借自身特殊的有利条件，迅速介入新兴的对外贸易领域，形成了以买办商人和进出口商人为代表的新式商人群体。买办是中国近代史上帮助西方企业与中国进行双边贸易的中国商人，他们受雇于外商并协助其在中国进行贸易活动，多指外资洋行中的中方经理。买办经济和进出口贸易的发展，以前所未有的剧烈程度冲击着中国根深蒂固的自然经济形态，为中国商品经济的发展开辟了道路。19 世纪 80 年代，特别是 90 年代以后，宁波商帮开始将商业利润投资于航运业、金融业、工业等新兴领域，形成实力雄厚的宁波商帮金融资本和工业资本。这一时期，宁波商帮这个呼吸着海风的草根群体，不仅完成了从传统商业到近代商业的转型，还填补了中国工商领域的许多空白，涌现出许多工商巨擘。宁波商帮的足迹几乎遍布天下，以"无宁不成市"而享誉学界。他们对清末上海、天津、武汉的崛起和二战后香港的繁荣，都作出了不可替代的贡献。

相对于中国传统文化核心区域的中原来说，宁波近现代以前属于边远的蛮荒之地。在古代交通闭塞，经济不发达，资源匮乏的地方，为何会走出一个硕果仅存且影响力巨大的商帮？

考察宁波商帮的起源和崛起过程，可以从国内国外两个方面寻找答案。首先是宁波独特的地理位置和历史文化。宁波最大的地理特点是一条甬江串联起了大运河与东海。在地理知识相对匮乏的 18 世纪末和 19 世纪初，西方人认为宁波是一个水运便利的商业枢纽。东海直通宁波，把宁波作为中转站，货物可以通过浙东运河运抵杭州，从杭州通过京杭大运河通达北京，向西可借助长江航运到达武汉、重庆等地。江南是当时中国经济最发达的地区，所以西方人急于把宁波作为货物集散地。1793 年英国使臣马戛尔尼访华时，就向乾隆皇帝提出这一要求。直到 1842 年中英签订《南京条约》，宁波成为五口通商口岸之一，允许英人在此居住并设派领事，才达到把宁波作为通商口岸的目的。

在文化方面，明朝中叶"心学"创始人王阳明，提出士农工商"四民异业而同道"，第一次给污名化了的商人正名。明末清初，启蒙主义思想家黄宗羲，直接提出"工商皆本"的主张，还在绍兴开设"甬上证人书院"，在宁波当地影响巨大。王阳明和黄宗羲都是宁波余姚人，他们提出的发展商品经济和工商业的思想主张，客观上推动了当地资本主义的萌芽，为宁波人搏击商海提供了强大的精神支撑，使得商业在当地社会中的地位得到提升，重商观念逐渐深入人心。

其次，宁波自古以来就是重要的贸易港口，具有深厚的商业底蕴。唐宋时期，宁波（明州）就是海上丝绸之路的重要港口，与日本、高丽等国家和地区有着频繁的贸易往来。这种长期的海外贸易传统，使宁波人对外部世界的商业活动和文化交流有一定的适应性和开放性，为其较早接触西方文明提供了基础。宁波是中国近代最早开放的通商口岸之一。1842 年《南京条约》签订后，宁波被迫开放为通商口岸，宁波直接与西方列强建立了经济联系。西方商船频繁往来宁波港，带来了西方的商品、技术和文化，宁波人因此有更多机会接触和了解西方的工业文明和近代商业文化。

第一节　那双扇动的蝴蝶翅膀

提到蝴蝶，自然有人联想到我国四大民间故事之一——《梁山伯与祝英台》。尽管全国有十几个地方争抢“梁祝故里”之名，但在宁波地方志里，确实记载有这么一个故事：晋代会稽郡有一个名叫梁山伯的鄞县县令，为官清廉，政绩卓著。梁山伯在鄞县县令任上英年早逝，被追封为“义忠王”。当地老百姓为了纪念他，特意给他修建了一座庙。关于他与祝英台的爱情故事，自然是后人添油加醋和文学演绎的结果。

这里要说的是“蝴蝶效应”。“蝴蝶效应”是美国气象学家爱德华·洛伦兹 1963 年提出的一个理论：一只南美洲亚马孙河流域热带雨林中的蝴蝶，偶尔扇动几下翅膀，可能在两周以后引起美国得克萨斯州的一场龙卷风。通俗解释就是一件非常微小的事情经过不断放大，会对未来造成巨大的影响。

公元 1453 年，就有一场战役——君士坦丁堡战役，对后世造成了极大的影响。尤其是三四百年后，它给我国的政治、经济和文化带来了巨大影响，使得这个世界上曾经最强大的封建帝国急剧走向衰落，直至半殖民地化。

1453 年，奥斯曼土耳其帝国年轻有为的君主穆罕默德二世，率领 17 万大军从海陆两个方向进攻君士坦丁堡。经过两个月的艰苦作战，5 月 29 日，这座由君士坦丁大帝建造并以他名字命名的千年古城被攻下，罗马帝国最后的余晖——拜占庭帝国消失在历史舞台上。随后穆罕默德二世登上这座城堡，并将其改名为伊斯坦布尔，从此成为奥斯曼帝国的首都。

穆罕默德二世可能想象不到，他的这次军事行动，给世界带来了巨大的影响。君士坦丁堡陷落以后，由于伊斯兰教与基督教互不相容，奥斯曼土耳其帝国直接切断了连接中国长安与西方罗马的古代丝绸之路，东西方贸易基本中断。西方需要的瓷器、丝绸、茶叶、香料等无法到达欧洲，尤其是香料缺乏，严重影响了欧洲人的餐桌和胃口。民以食为天，西欧各国不得不重新寻找到达东方的贸易路径，以满足自己的味蕾。

为了找到一条绕过奥斯曼帝国前往东方的航路，欧洲沿海两个国家——西班牙和葡萄牙率先行动起来。一场由穆罕默德二世发动的战争，催生出一个崭新的时代——大航海时代，这次事件成为世界格局大变革的起点，也敲开了欧洲走向近现代的大门。

这里有必要说明，人类历史上第一次远航，是明朝郑和 1405 年下西洋。葡萄牙王子唐·恩里克（1394 年—1460 年）是欧洲大航海时代的先驱，他资助和组织的航海探险，最远曾到达非洲撒哈拉以南地区。1418 年，恩里克派出仅有一艘横帆船的探险队，向南寻找几内亚，因海风吹向西方，最终抵达了马德拉群岛中的桑托斯港岛。1434 年，葡萄牙在今天的西非建立了欧洲第一个殖民地。

当然，被载入史册并对后世产生重大经济、文化影响的，是哥伦布和达·伽马的远航。1492 年 8 月 3 日，哥伦布受西班牙女王伊莎贝拉派遣，率领 3 艘百十来吨的帆船，从西班牙巴罗斯港扬帆奔向大西洋，一直向正西航去。经过 70 个昼夜的航行，在 1492 年 10 月 12 日凌晨，终于发现了陆地。1497 年 11 月 22 日，葡萄牙航海家达·迦马绕过非洲最南端的好望角进入印度洋，使得西方第一次实现了无需通过陆上丝绸之路就能抵达印度的方式。麦哲伦认为地球是圆的，在前两位航海家远航的基础上，他于 1519 年 9 月 20 日率领船队从西班牙塞维利亚港出发，历时 1082 天，完成了人类航海史上第一次环球航行。这次航行不仅成功开辟了贯通全球的新航线，而且证明了地球确实是圆的。

新航路的开辟，使得海上贸易规模不断扩大，从事海上贸易的新兴工商业者获得了暴利。黄金、白银这些可以当作硬通货的贵金属大量流入欧洲，欧洲资产阶级队伍不断壮大，资本主义得到大力发展，封建贵族开始衰落。经济上积累了财富后，资产阶级迫切希望打破原有固化的社会阶层，这为日后欧洲资产阶级革命、实现社会变革与进步积蓄了力量。

其次，地理大发现带来了欧洲人口的大转移。随着海外殖民地规模不断扩大，欧洲人口大量来到非洲、美洲、亚洲及澳洲。欧洲殖民者在殖民地开办大量的种植园，当地居民被当作廉价劳动力进入种植园。欧洲人的文化，深刻地影响和改变了当地居民的生产生活以及生存环境。

再次，大航海将世界的经济中心由地中海转移到了大西洋沿岸的西班牙、葡萄牙，以及后来的英国、荷兰和法国等地。地球上其他国家和地区的人民，被上述国家带入了全球贸易的新时代。殖民地种植园里的棉花、蔗糖、烟草、鸦片等经济作物和其他廉价农产品原料大量输入欧洲，欧洲手工工场生产的商品也不断流入殖民地，国际贸易市场越来越大。这不仅繁荣了经济，还极大地促进了消费社会的形成，也为日后的工业革命打下了基础。需要强调的是，航海业本身就是手工工场发展的结果。随着国际贸易体系的建立，航运市场越来越大，造船业和相关行业得到了极大的发展，这些行业的发展反过来又促进了航运业的大发展。

最后，随着经济的发展，欧洲出现了一批有钱有闲的人，他们有时间仰望浩瀚的星空，有时间琢磨眼前各类生物和人世间的各种事物，于是西方在思想、政治、经济、军事和科技方面得到了空前的发展。16 世纪的宗教改革，17 世纪由宗教改革引发的文化与政治启蒙运动，和由此而来的欧洲资产阶级革命，当然还有西欧内部各国进行殖民竞争带来的军备扩张和技术进步，使人们眼前出现了一个崭新的世界，这个新世界也被殖民者带到了他们各自的殖民地。

印度盛产棉花，印度民族解放运动领袖圣雄甘地，身边就经常摆着一台纺织机。从16世纪初开始，英国势力就不断渗入印度。1612年，英国东印度公司在印度苏拉特建起了第一家代理机构。到17世纪中叶，东印度公司又先后在印度的孟买、加尔各答和马德拉斯建立据点或代理处。19世纪中叶，印度彻底沦为英国殖民地。英国殖民者把印度大量价廉物美的棉花运回本国，促进了英国棉纺业的繁荣。18世纪60年代，织布工詹姆士·哈格里夫斯发明了以他女儿名字命名的“珍妮”手摇纺纱机，极大地提高了生产效率，英国由此拉开了第一次工业革命的序幕。

随着改良的蒸汽机在纺织业、采矿业、轮船业、铁路业的广泛使用，欧洲工业革命时代真正到来，生产运输效率成倍提高，产品价格不断降低。开拓商品市场以赚取更多利润，成了欧洲资本家的追求。

凭借工业革命形成的强大实力，19世纪成了英国的世纪，世界上凡是被英国控制的地方，都有他们生产的商品。但面对自给自足、以农业文明为特征的东方大国——大清国，英国商品很难打开市场。此外，大清国凭着占全球90%的茶叶贸易，使英国一直都处于贸易逆差状态。鸦片战争改变了这种局面，鸦片贸易给英国资产阶级和鸦片贩子带来了惊人的暴利，打破了中国对外贸易的长期优势，使中国由两百多年来的出超国变成入超国。

马克思在《鸦片贸易史》一文中写道：“中国皇帝为了制止自己臣民的自杀行为，下令同时禁止外国人输入和本国人吸食这种毒品，而东印度公司却迅速地把在印度种植鸦片和向中国私卖鸦片变成自己财政系统不可分割的部分。”英国维多利亚女王以崇尚道德修养和谦虚礼貌著称，同时英国也是一个科学、文化和工业得到极大发展的繁荣国度，但在国外，他们却以屠杀和掠夺来抢占殖民地，同时又以罪恶的鸦片贸易来攫取巨额利润。

总体来看，中西方远航的动机存在显著差异。郑和下西洋以宣示国威、维系朝贡体系为主，虽伴随朝贡贸易，但经济利益服从政治需求，其终止与政府财政压力、政策调整等多重因素有关。西方大航海则在经济利益（寻找贵金属、开辟商路）、政治竞争（王室扩张）、宗教传播等多元驱动下展开，加上资本主义萌芽与殖民掠夺，形成了持续扩张的动力。

郑和航海结束后，明朝开始实行闭关锁国政策，郑和船队中的宝船从此被扔到海岸上任其朽烂，珍贵的航海资料也被付之一炬。从此，中国民间连建造两根桅杆以上船只的权利都没有了。几十年后，不顾沿海百姓死活的明王朝颁布更严厉的海禁政策，设下“寸板不得下海”的规定，从此过上了“问今是何世，乃不知有汉，无论魏晋”的闭目塞听的小日子。人无远虑，必有近忧。从1840年第一次鸦片战争爆发，到1945年抗战结束，中国多次遭受列强侵略，国家主权和人民利益遭到巨大破坏。

再伟大的智者恐怕都想不到，1453 年穆罕默德二世发动的一场战争，会产生如此大的“蝴蝶效应”，让三四百年后的中国付出了惨痛的代价。中国国门被坚船利炮打开后，西方商品源源不断地进入中国，西方文化也慢慢渗透到中国，中国政治、经济、社会、军事等全面发生改变。宁波商帮就是在这一背景下从传统商帮中脱颖而出，完成了近代化转型，从此不断做大做强。

第二节 橘生四明

《晏子春秋·内篇·杂下》中有一句名言："橘生淮南则为橘，生于淮北则为枳。"于是中国社会就有了"一方水土养育一方人"的谚语。宁波的山水，孕育了宁波商帮。

宁波地处浙东沿海，位于中国海岸线的中段，背靠四明山（今余姚、鄞州交界处），面向东海。陆上物产和鲜活的海产品，滋养着生生不息的宁波人。因为境内有四明山，宁波旧称"明州"。唐代《十道四蕃志》记载："明州，因山为名。"后来宁波商帮在组织同乡会或开办企业时，常以"四明"来冠名，如四明公所、四明会馆、四明商业储蓄银行、四明保险股份有限公司、四明大药房等。

淡水是人类生存不可或缺的重要资源，所以古代先民都是逐水而居。7000 多年前，新石器时代的河姆渡人就住在宁波姚江边。姚江、奉化江在宁波市区"三江口"汇合成甬江，向东北流入东海，因此甬江被称作宁波的"母亲河"，宁波由此简称为"甬"，宁波商人也被称为"甬商"。

"靠山吃山，靠海吃海。"背山面海的独特地理特征，决定了宁波传统商人只能经营南北货、药材、海味、盐等山海提供的物产。地处江南水乡，内河密布，有广阔无垠的东海以及被海水隔离的无数岛屿，使得宁波一直都是"七山一水二分地"的局面。由于耕地面积较小，在生产力落后的农耕时代，宁波百姓生活十分艰难。有史料记载，西晋时，朝廷让石季甫到会稽郡的鄮县（今宁波一带）当县令，他竟吓得"上下愁苦，举家惨戚"，可见宁波历史上的经济和社会发展水平。

穷则思变，这是一条颠扑不破的真理。面朝黄土背朝天的农民和在汹涌波涛中谋生的渔民，自然有改变自己命运的愿望。读书科举对他们来说似乎遥不可及，绝大部分家庭的经济条件也供养不起读书人，做一些小本生意，打打工，做一些船运业务，是当地人务实可行的选择。司马迁在《史记·货殖列传》中写道："用贫求富，农不如工，工不如商，刺绣文不如倚市门。"意思是说要想由贫致富，务农不如做工，做工不如经商，从事手工业不如做买卖。士农工商的社会阶层排序，重农抑商的政策，对生活在社会底层的人来说影响不大，因为人只有在吃饱喝足、衣食有余的前提下才能讲体面，讲尊严。

吃是人类生存的一个大问题。1973 年，在宁波河姆渡镇发现的河姆渡遗址中出土了水稻，证明中国是世界上最早栽培水稻的国家，但这种水稻颗粒小、产量低。宁波人初步解决"吃饱"问题，应该是在北宋初年。1011 年，宋真宗开始在江淮、两浙地区推广种植占城稻。占城稻耐旱，穗长而无芒，粒差小，此前由占城（今属越南）传到福建，是一种良种稻。由于占城稻可在地势较高且有水的山地栽种，一年收获两季，优点明显，很快在江南地区推广开来。随着占城稻的推广普及，太湖流域的苏州、湖州成为重要的粮仓，民间也开始流传“苏湖熟，天下足”的谚语，宁波人的饭碗里从此有了更多的白米饭。

“穿”是生活中除“吃”之外又一不可或缺的生存要素。为了解决“穿”的问题，祖先们从树皮、动物皮毛、亚麻、桑蚕、棉花等物资中寻找抵御风寒的材料。宋元之际，当时比较优质的棉花品种传播到长江流域并大范围种植，棉布逐渐成为我国人民主要的服装材料。这一时期，松江府乌泥泾镇（现上海市华泾镇）人黄道婆，开始在当地传授和推广先进的纺织技术及纺织工具，至此，宁波人也与其他地区的人一样穿得暖了。

初步解决温饱问题后，经过清初100多年的“康乾盛世”，随着雍正皇帝“摊丁入亩”的赋税制度改革，把历史相沿的丁役银（人头税）合并于田赋银（土地税）之中，使缺少土地的农民负担相对减轻，宁波与全国其他地方一样，人口急剧膨胀。有一组统计数字可以说明这一点：康熙四十年（1701年），宁波人口为214710人，到嘉庆二十五年（1820年），宁波人口已经达到2356157人，120年间，人口增长了10倍。新垦土地的增长远远跟不上人口的增长，人口增长与土地等自然资源稀缺的矛盾日益突出，宁波人的生计又成了问题。从雍正年间开始，清政府放松了对户籍的控制，农民和手工业者可以自由迁徙并出卖自己的劳动力。除了极少数人读书当官之外，自入清以来，许多宁波人为了讨生活，不得不离开世代居住的乡土，外出经商谋生，这为宁波商帮的出现奠定了“人气”。

外出经商需要便捷的交通供货物流通，宁波刚好具有这样的便利条件。浙江东北部有一片东西向的狭长平原，称为宁绍平原，其东为宁波，西为绍兴。这块平原上分布着三条独立的水系，由东向西分别是姚江、曹娥江和钱塘江。

浙东地区水量充沛，地势相对平坦。为了方便水运，据《越绝书》记载，春秋时期，范蠡主持修建了山阴大城（大致相当于今绍兴老城）东郭门到上虞东关练塘这段长20.7公里的运河，打通了曹娥江与姚江两条自然水系。晋惠帝时，为满足灌溉需要，由会稽内史贺循主持，修建了从钱塘江东岸西兴至会稽城的西兴运河，打通了曹娥江与钱塘江的自然水系。自此，借助人工和自然水道，钱塘江、曹娥江、姚江、甬江连接成了浙东运河，直通东海，这条航道也成为“海上丝绸之路”重要的南航线之一。可以说，浙东运河是整个中国大运河内河航运通道与外海连接的纽带，有效地把陆上主要贸易延伸到了东海岸。

浙东运河在我国航运业中发挥了重要作用。由于杭州湾潮水来势凶猛，古代浙东船只只能绕道浙东运河前往杭州。南宋时期，浙东运河曾经成为对外贸易的重要通道，瓷器等产品主要通过浙东运河运往宁波这个“海上丝绸之路”的出发地港，再运往海外。日本、越南、高丽等地的产品，也都通过浙东运河运往内陆地区。外国使节往往也从宁波登岸，再经由浙东运河前往临安（杭州）。明代，宁波成为接待日本贡船的唯一港口，来自日本的贡品通过浙东运河前往京师。除了官方贸易外，沿浙东运河的民间航运业同样发达，这是宁波商帮出现的“地利”。

宁波地处江南经济重地，位于我国海岸线中部，南北航道要冲，扼守祖国的东大门，在经济、军事上具有重要的战略地位。第一次鸦片战争中规模较大的一次战役，就发生在宁波府的定海县。目前史学界对鸦片战争爆发时间的认识还不统一，有人认为是 1839 年 9 月 4 日的九龙之战，有人认为是 1839 年 11 月 3 日的穿鼻之战，历史教科书认为是从 1840 年 6 月下旬英舰封锁珠江口。九龙和穿鼻之战，应该是双方军队的局部摩擦，英军封锁珠江口则是鸦片战争的前奏。1840 年 7 月 5 日英军大举入侵舟山，才是鸦片战争正式爆发。当天下午 2 时，英军进攻定海，第一次定海战役正式打响。英军“威里士厘号”首先开炮，接着“康威号”“鳄鱼号”“巡洋号”等相继开炮，之后英军登陆攻城，战斗一直持续到次日凌晨。英军攻占定海，正式拉开了鸦片战争的大幕。

1841 年 9 月 26 日，第二次定海战役爆发，战斗持续到 10 月 1 日。清军与英军血战六昼夜，这是鸦片战争中敌我双方参战人数最多、交火时间最长、伤亡最惨重的一次战役。在这次战役中，清军葛云飞、王锡朋、郑国鸿三位总兵同日殉国，麾下约 5800 名守军无一投降，定海再次被英军占领。英军为什么反复对定海动用重兵？这是因为他们看重定海的军事和商贸地位，英国政府最初制定的战争计划是永久占领舟山。

西方人之所以看重宁波，是因为甬江串联东海与浙东运河的航运优势，同时也缘于他们对中国地理了解不够。后来随着形势的发展，西方列强重点开发黄浦江边的上海，宁波的“地利”因素随之消失。

第一次鸦片战争结束后，1842 年 8 月，中英签订《南京条约》，宁波作为五口通商口岸之一被迫对外开放。1844 年元旦，英国领事馆首先在宁波江北老外滩开馆，接着其他列强也先后在宁波设立领事馆。体现西方先进文明的器物与设施，随之出现在这里，比如新式学校、医院、公司、领事馆、邮政局、银行、教堂、洋房、报纸、电灯、自行车、马路等。

这里要说明的是，“外滩”一词最早出现于宁波，源于英语音译。宁波老外滩所处的位置，恰好是奉化江与姚江交汇成甬江的地方，这三条河形似“Y”。站在今天宁波老外滩的位置隔江向西南眺望，刚好是当时宁波城区的核心部分。英国人称城市为“Town”，“Y”与“Town”合起来，用“洋泾浜英语”表达，就成了“外滩”。

西风迎面吹进宁波，三江口北岸的老外滩成了宁波人了解外部世界的一个窗口。老外滩代表的西方文化，潜移默化地影响和改变了当地人的生活方式、思维模式、价值取向，从而推动了宁波的近代化转型。许多在外面成就事业的宁波人，都是在家乡接受最初的文明洗礼，之后走向全国、走向世界的。正如1916年8月孙中山在宁波视察时所说:“宁波开埠在广东之后，而风气之开通不在粤省之下。”

1793年，英国使臣马戛尔尼要求乾隆帝开放宁波等地作为通商码头，请求指定宁波舟山的一个小岛供英商暂住和存放货物，这个“梦”终于在他死后由他的后人用血腥暴力的野蛮方式实现了。

第三节　港通天下

“港通天下”，体现的是宁波人行商天下的冒险精神，是与国内沿海沿江及海外通商诸国在文化、商品、技术上互通有无和取长补短，是开放、包容、借鉴、吸收的学习提高过程，也是增长见识、开阔视野、与先进接轨、走出狭隘的途径。狭隘，对于一个国家来说，会造成闭关锁国，导致落后；对于一个民族来说，会造成夜郎自大，导致狂妄；对于个人来说，则会造成自以为是，导致愚昧。

古人云：“读万卷书，行万里路。”在信息闭塞时代，书本知识是有限的，只有走出去，眼观、耳识、鼻闻，才能走出信息茧房。见识决定格局，格局决定人生高度。曾国藩说：“凡办大事，以识为主，以才为辅；凡成大事，人谋居半，天意居半。”

水是生命和文化之源。1973 年在宁波发现的河姆渡文化遗址，表明 7000 多年前就有先民在姚江边上逐水而居。今天，放眼世界，国际上许多重要的城市都是临海临河。甬江串起浙东运河和东海，宁波这一特殊的地理特征，正应了曾国藩“天意居半”那句话。在这样一个水运便捷的地方，宁波人“谋”了些什么呢？那就是天然港口搭建起来的沟通交流平台。也正是这个沟通交流平台，让宁波人长了见识，为日后办大事积累了能量。

有一种说法，在秦代，徐福就是从慈溪达蓬山启航，把文字、农耕和医药术带到日本的。徐福对日本的影响有多深？自称徐福后代的日本前首相羽田孜，曾带队来慈溪三北一带寻根。羽田孜表示自己的家族本姓秦，在 200 年前才改为羽田。在日语中，“秦”与“羽田”发音相同。在日本，有一些姓氏被认为可能与徐福及其随行人员有关，如秦姓以及带有“福”“羽田”等字的姓氏和地名。

据《汉书・地理志》记载，大约在公元前 111 年—公元前 87 年间，为了获取海外珍宝，汉武帝曾派出一支船队出海开辟航线。这支官方船队从日南障塞（今越南岘港）、徐闻（今广东雷州）、合浦（今广西合浦县）出海，沿着中南半岛，经今天的越南、泰国、马来西亚等地，远航到黄支国（今印度康契普拉姆），最后抵达已程不国（今斯里兰卡）返航。此次远航，船队携带黄金、杂缯（丝货）等，换回了珍珠、绿宝石以及各种奇石异物。这次航行打开了一条通往海外的贸易通道，自此“海上丝绸之路”正式开通。

公元 8 世纪时，唐朝开辟了一条从浙东沿海出发，向东横渡东海直达日本列岛南部的航线。9 世纪时，日本遣唐使和商船就开始进入明州港（今宁波港），然后沿浙东运河到杭州，再经京杭大运河抵达扬州和京城。内地商船也通过这条航线，从明州出海到日本。当时称为明州的宁波，是唐朝最主要的港口之一。在中日航运往来中，宁波民间出现了张支信、李邻德、李延孝等明州籍商人和航海家，常年来往于明州与日本，生意做得如鱼得水，很多人还被日方聘请代为打造大船。

中日之间交往热络，在唐诗中可见一斑。譬如写出“曲终人不见，江上数峰青”的大历才子钱起，就有《送僧归日本》的送别诗。

送僧归日本

上国随缘住，来途若梦行。
浮天沧海远，去世法舟轻。
水月通禅寂，鱼龙听梵声。
惟怜一灯影，万里眼中明。

随着海上丝绸之路的开通，南线也开始热闹起来。借由明州港，中国的丝绸、瓷器、茶叶等销往越南（环王）、印尼巨港（室利佛逝）、苏门答腊（占卑）等地。东南亚、西亚诸国的砂金、药材、香料、珠宝、象牙、犀角等珍品也经明州港销往中国内陆。

唐末五代，以慈溪上林湖为起点，一条从明州通向海外的“海上陶瓷之路”逐渐形成。上林湖窑场生产的青瓷，在二十多个国家和地区被奉为珍宝。即便是今天，东南亚、南亚、西亚以及东非等地，都可见大量越窑外销瓷遗物。

北宋建立后，五代十国军阀割据的分裂状态结束。随着科举制度的完善，朝廷选拔出一大批栋梁之才，宋朝在诗文、书法、绘画等方面取得了辉煌的成就。其实宋代最值得称道的，还是它取得的经济成就。宋代的富庶程度远超汉唐，商贸繁荣程度在张择端的《清明上河图》中可见一斑。宋代国家快速富庶，关键在于国内海外两大商业经济活动复苏，商业税收和收入在朝廷及民间财富收入中的占比逐渐上升，农业税收的比重则增长缓慢。经济的发展，社会的稳定，必然造成人口增长和人均消耗商品数量提高，导致最经济的运输方式——航运业获得发展，航海和造船技术随之也得到进步。北宋时，指南针已开始用于航海。

宋太祖开宝四年（971 年），政府在广州设市舶司。宋太宗端拱二年（989 年）、宋真宗咸平二年（999 年），又分别在杭州、明州（今宁波）设市舶司。市舶司是宋、元及明初在各海港设立的管理海上对外贸易的政府机构，相当于今天的海关，在明代早期达到巅峰。南宋中期以后，明州成为唯一被政府承认的对高丽、日本贸易的合法港口，官府曾在今宁波市月湖宝奎巷一带设立高丽使行馆，以接待使者和商人。

明太祖朱元璋时期，朝廷实行闭关自守的对外政策。洪武三年（1370 年），曾设市舶司于宁波、泉州、广州，以宁波专通日本，但此后明政府在海外贸易禁放之间不断摇摆。明成祖朱棣时期，则一改之前的保守政策，主动遣使至各国宣示友好，积极对外开放。永乐元年（1403 年），明政府重开宁波、泉州、广州三个市舶司。永乐三年（1405 年），由于“诸番贡使益多”，又在三地市舶司分别设馆招待，其中宁波建安远驿。

明朝永乐初年，日本室町幕府将军足利义满正式向明成祖朱棣称臣，中日两国官方之间开启“勘合贸易”，宁波被指定为接待日本“贡船”的唯一口岸。明代“勘合”是官府执行公务、公文行移的一种证明文件。用于海上贸易的“勘合”，是明朝政府颁发给藩属国的文件，这样贡使在朝贡时就能证明自己的身份，和民间的私人海船作出区分。

明朝给予日本贡使诸多优待，这种交易对明朝来说是薄来厚往，经济损失巨大。贡使在返回时，会将大量“私货”带回日本赚取利润，在勘合贸易中获利巨大，于是日本内部各势力集团争相前来朝贡，引发矛盾。到 16 世纪中期，中日之间的勘合贸易终结。

勘合贸易期间，明嘉靖二年（1523 年），宁波发生了两大日本使团“争贡之役”。当年四月，日本大内集团派出的使团来到宁波，几天后，细川集团派出的另一个日本使团也抵达宁波。后到的使团用行贿手段拿到了勘合优先权，引发了前者的不满，导致两大使团积怨爆发，先到的使团杀了后到的使团，并在绍兴、宁波一带烧杀抢掠，发泄情绪，最后夺船下海而逃。明朝备倭都指挥刘锦、千户张镗等率军追至海上，不幸战死。

1492 年，明朝禁止民间海上贸易，海禁政策使得海上贸易中断。东南沿海地区总体山多地少，大多以农耕、捕鱼为生，收入微薄，很多家庭很难养活自己。严厉的海禁政策逼得沿海民众失去活路，引发了违禁的海上走私贸易。慢慢地，宁波双屿岛（今舟山六横岛）发展成为 16 世纪亚洲最大的走私贸易基地，号称“16 世纪之上海”（日本学者藤田丰八语）。此时葡萄牙人趁机介入，把双屿岛当作贸易基地。来自海外的商品在这里交换、中转和集散，欧洲和日本的白银源源不断地运到这里，换取中国的丝绸、瓷器、茶叶和香料。当时的双屿岛，仅葡萄牙人就有 1200 人，他们还在当地建设了市政厅、教堂、医院等配套设施。1523 年的“争贡之役”，导致中日朝贡贸易主渠道被关闭，于是走私贸易更加泛滥，规模日益扩大。

有非法生意的地方，往往都有黑恶势力，“嘉靖大倭寇”就是在这种情况下发展形成的。看过小说《了不起的盖茨比》、电影《教父》《美国往事》的人都知道，美国因禁酒令导致私酒泛滥，其背后都有黑帮撑腰，双屿岛的情况也是如此。日本漫画家尾田荣一郎曾画有一部创造吉尼斯世界纪录的“世界上发行量最高的单一作者创作的系列漫画”作品——《航海王》（也译为《海贼王》），作品中的“七大天王”中，有一人叫王直，这个人在历史上是真实存在的（《明史》又写作“汪直”，徽州府歙县人）。明朝中叶，最大的海商和海盗集团头目王直，就盘踞在双屿岛，带人大肆走私货物，或者抢劫商船、渔船。1542 年，王直受宇久盛定的引荐，接受日本战国时代大名松浦隆信的邀约，把九州外海的松浦津作为又一个海外贸易基地，自此，王直的海上影响力越来越大。嘉靖二十七年（1548 年）四月初七，浙江巡抚朱纨率军捣毁双屿港，焚烧教堂。此后，葡萄牙人于 1553 年在澳门找到了新的贸易据点，王直则逃到舟山群岛附近的沥港，把那里作为走私贸易的基地。

嘉靖三十一年（1552 年），王直纠集大量倭寇，和漳州、泉州一带的海盗一起，乘巨舰百余艘，渡海劫掠东南沿海一带，浙东、浙西、江南、江北同时告急，史称“壬子之变”。从此开始，他们连年进犯东南沿海，所到之处，“纵横往来，如入无人之境”，这就是教科书所说的“倭寇”。

王直带领倭寇连年侵扰，使东南沿海一带受到很大损失，民间财产被劫掠，百姓被杀戮，以致人心惶惶，不可终日。不少人逃离家乡，流离失所。相反，一些早已与外商往来的人却对王直趋之若鹜，纷纷投靠他，以保护自己的商业利益，王直的势力愈加强盛。

嘉靖三十七年（1558 年），王直被兵部尚书胡宗宪（徽州绩溪人）诱捕。嘉靖三十八年（1559 年）十二月二十五日，王直在杭州官巷口法场被斩首，至此，宁波这个“16 世纪之上海”、500 年前的自由贸易区、中华古国与西洋文明的交汇点，退出了世界贸易中心的舞台。

面对当时已经势不可挡的国际商贸大潮，明嘉靖皇帝为首的统治集团不顾沿海百姓生计，顽固实行闭关锁国的海禁政策，以至于不得不投入巨大财力，连年调动军队镇压“倭寇”。隆庆元年（1567 年），明穆宗取消了海禁，准许商船前往东洋、西洋贸易，所谓的“倭患”也就烟消云散了。取消海禁后，东南沿海私人海上贸易呈现出前所未有的繁荣景象，大量白银源源不断地流入中国，刺激了沿海地区商品经济的蓬勃发展。

清初继承了明朝的海禁政策，以法律条文形式严禁民间商船私自入海。鉴于开展海外贸易可以缓和社会矛盾，而且可以增加财政收入，康熙二十三年（1684 年），清政府下令解除海禁，允许沿海居民展界复业，商人出海贸易，史称“康熙开海”。广东澳门、福建漳州、浙江宁波被开辟为外贸港口，并设立海关，对外贸易迅速发展。

海禁重开后，深受海禁之苦的沿海居民纷纷出国谋生。“每年造船出海贸易者多至千余，回来者不过十之五六，其余悉卖在海外。”因担心汉人出洋日多危及统治，并认为南洋各国历来是“海贼之渊薮”“数千人聚集海上，不可不加以防范”，康熙五十六年（1717 年），清政府又颁发了“南洋禁航令”。

“南洋禁航令”不像清初那样全面禁海，而是有所区别，内外不同。中国商船禁航南洋，但东洋照旧；外国商船来华不禁，但要严加防范。“南洋禁航令”的真正的目的，不是断绝中外贸易，而是禁止中国商民前往“红毛”“西洋”占据的噶喇吧（今印尼雅加达）和吕宋，严防汉人在海外聚集，与西洋人结合倾覆清朝统治。正如清人所说：“设禁之意，特恐吾民作奸勾夷，以窥中土。”

在通往东方的航路上，西方商人早就注目宁波，并为宁波开埠作了300多年的努力。早期葡萄牙、英国商人来华贸易的商馆历史中，“宁波曾被寄以很大的希望”，英国东印度公司当时“力图开辟厦门和宁波的贸易”。清康熙四十年（1701年），英国东印度公司试图开埠宁波，并派船一艘前往，但这次开埠的试探失败了，因为这里的关税加上官员勒索的费用，比广州还多。

康熙皇帝开放海禁后，在宁波设立了浙海钞关，简称“浙海关”。浙海关设立后，大批西方商船来到宁波，仅清康熙四十九年（1710年）来定海、宁波的英国商船即达110多艘。不久清政府就实行严格的闭关政策，将中外贸易只限于广州一口。尽管如此，外商开埠宁波的努力从未停止。乾隆二十年（1755年），英国东印度公司代理人喀喇生和洪仁辉亲赴宁波，试图重开贸易，但未有结果。乾隆二十四年（1759年），英国东印度公司再次派遣洪仁辉前往宁波，企图说服浙江巡抚和宁波知府同意英商来宁波贸易，这一请求再次遭到拒绝。

18世纪末，英国的工业革命使经济有了飞速发展。由于东印度公司经营有方，英国对东南亚和中国的贸易超过了葡萄牙和荷兰，跃居第一位。清政府的闭关政策，严重束缚了英国对华贸易。广州一口通商无法满足英国对华贸易的需要，东印度公司开埠宁波的计划一再受挫。为打破这一局面，乾隆五十二年（1787年），英国国王应东印度公司的请求，派遣凯思·卡特为使臣，前往中国交涉通商事务，并谋求建立外交关系，但使臣在中途病死，第一次出使半途而废。

乾隆五十七年（1792年9月26日），英王派遣马戛尔尼率领一个由数百人组成的使团从朴次茅斯港出发，再次前来中国。该使团来华的目的之一，就是要在广州之外的宁波、珠山（即舟山）、天津等地开辟贸易口岸。马戛尔尼使团乘坐的“狮子号”和“克拉伦斯号”船只从广州北上途中，经过宁波时还找了两个当地引航员。该使团的航行日记上写道，舟山和宁波“处在中国东海岸、朝鲜、日本、琉球和台湾中心地带”，舟山“对于宁波的繁荣起着很大作用”。

1793年7月25日，马戛尔尼使团抵达天津大沽口。9月14日，马戛尔尼向乾隆帝呈递了英王国书。国书中明确要求中国允许英国“货船将来或到浙江宁波、珠山（指舟山）及天津、广东地方停泊交易”，但这一要求遭到拒绝。

嘉庆二十一年（1816年），英国政府派阿美士德勋爵率使团再次来华。这次使团来华，原计划向清廷提出自由贸易、扩大口岸、驻使北京、保护英国在华权益等要求。由于“礼仪之争”，阿美士德使团被驱逐，连向皇帝表达意愿的机会都没有。

20世纪60年代，日本学者三杉隆敏在《探寻海上丝绸之路》中，首次提出“海上丝绸之路”这个概念，后被广泛接受。从上述我国海外贸易历史的梳理中可以看到，宁波凭借港口优势，一直都是“海上丝绸之路”的一个重要港口。时断时续的海外贸易实践，不仅让宁波本地商人尝到了海外贸易的甜头，增加了经济收入，还让他们增长了见识，开阔了视野，为后来宁波商帮的迅速崛起作了近代国际商贸思想和实践上的准备。

鸦片战争结束后，清政府被迫与英国政府签订《南京条约》和《五口通商章程》。根据《南京条约》和《五口通商章程》的规定，上海是五个通商口岸之一。1843 年 11 月 17 日，英国首任驻上海领事巴富尔抵达上海到任，标志着上海正式开埠，英国正式在上海开设领事馆。从此，外国商品和外资纷纷涌进长江门户上海，在这里开设行栈，设立码头，划定租界，开办银行。上海也由此进入历史发展的转折点，从一个不起眼的海边县城，开始朝着远东第一大都市迈进。

华洋在上海杂居容易引发纠纷，英国人也觉得缺少安全感，于是英国领事巴富尔提出在上海县城内购买一块土地，作为英国人居住的地方，上海道台宫慕久一口拒绝。经过两年的激烈争执，1845 年 11 月 29 日，宫慕久与英国领事巴富尔签订了《上海土地章程》，将上海县城外一块河汊纵横、无人居住的约 830 亩滩涂荒地，以每亩年租金 1500 文租借给英国人修建房屋，这是外国在中国设立的第一个租界。

英国人之所以看中外滩这处荒滩，首先是这里适合轮船航行与停泊。外滩紧挨黄浦江，黄浦江在吴淞口注入长江，是长江汇入东海之前的最后一条支流。轮船可沿吴淞口通过长江直达东海，也可以溯流而上，到达江南富庶之地，航运优势突出。其次，外滩周边非常空旷，给今后的发展留下了广阔的空间。再次，这里靠近上海县城，办事方便。

英国领事馆在外滩兴建馆舍后，三五年间，又有美国、法国、荷兰、德国、奥地利、西班牙等国纷纷在上海县城外跑马圈地，设立租界和领事馆。西方各国殖民者、冒险家、商人、传教士也纷至沓来，上海开埠当年就有怡和、仁记等洋行开张，一年后洋行达 11 家，10 年后有 120 多家。外国企业和外资纷纷涌进上海这个长江门户，在这里开设行栈，设立码头，开办银行，外滩成了上海“十里洋场”的起点，也揭开了近代上海融合发展的序幕。

上海开埠，对宁波海外贸易来讲几乎是灭顶之灾。随着西方对中国贸易的进一步扩张和造船业的快速发展，宁波拥有的地理优势已经不再突出，浙东运河也无法通行上千吨的现代轮船，所以外商纷纷从宁波撤离。“失之东隅，收之桑榆。”上海开埠后，大量宁波人涌到上海去打工。凭着对西方商业文化的了解，以及勤劳刻苦、聪明能干的品质，宁波商人迅速介入上海外贸领域，并形成了以买办商人和进出口商人为代表的近代宁波商帮群体。

以买办和进出口贸易为契机，宁波商帮从明清时期的十大商帮中脱颖而出，最先完成从传统商帮到近代商帮的转型。此后，以上海这个“十里洋场”为基地，宁波商帮不断做大做强，不仅对中国工商业的发展作出了不可磨灭的贡献，而且对清末和民国时期的政治产生了巨大影响。

甬江不仅连通了东海与浙东运河，也成了宁波与西方沟通交流的一座桥梁。对话是不同环境、不同文化背景的人之间以及民族间、国家间互相学习和进步的驱动力，只有经过长期的相互学习、借鉴、融合、发展，才有了人类文明的发展历史。宁波商帮正是在这样的中西沟通、对话中，逐步走出了农耕文明的桎梏，跨越到了近代工业文明中，不断与先进的思想和技术接轨。这种对话交流最重要的标志，就是在宁波商帮中广泛使用的“洋泾浜英语”。

洋泾浜原是上海黄浦江西岸的一条支流，长约 2 公里，宽不足 20 米。河流虽然不大，但机缘巧合，19 世纪 40 年代后期，这条河成了英国、法国租界的界河，默默无闻的洋泾浜从此成了上海租界的代称，名声大噪。因洋泾浜一带有外贸码头，于是就出现了一种新兴的职业——通事（翻译兼中间商）。通事在与外国人的交往中，学会了一种语音、词汇、语法都明显汉化的“英语”。这种不伦不类的英语，后来成了中外买卖双方常用的语言，从此就有了一个日后大名鼎鼎的名字——洋泾浜英语。

现在已无法考证“洋泾浜英语”这个词语具体出现在哪一年，是谁最先提出的，但这种语言的产生至少有以下两个原因。

首先是中西方交流的需要。鸦片战争后，大批西方商船和商人进入中国，尤其是上海开埠，不仅大量外商来到上海，上海周边宁波、苏州、无锡等地的农民和商人为了谋生，也大量涌进上海。外商中大多数人不懂汉语，本地人也不会说外国话，在这种背景下，急于交流的人们彼此借用对方语言中的一些单词，用双方可以理解的语言作一些最起码的交流，洋泾浜英语就这样应时而生了。

其次是“书同文，音不同声”的语言背景。尽管秦始皇统一了我国文字，但由于教育不普及，懂得声韵学的读书人非常少，绝大多数人只能说，不能写。因国土辽阔，我国的方言特别复杂，这也造成我国不同地区民间交流的困难。怎样对英语或者汉语注音呢？有聪明人想到了变通的方法，用各自熟悉的文字给对方文字注音。在用汉语给英语注音的时候，各种方言注音版的英语就诞生了。比如，1860 年，宁波商人冯泽夫编著了一本用宁波话注音的《英话注解》；1874 年，曹骧编著了一本以上海话注音的《英字入门》；1884 年，还出现了用宁波话注音的日语工具书——《无师自通东语录》。

下面节选一则用宁波方言注音的洋泾浜歌谣。

来叫克姆（come）去叫戈（go），
一元洋钱混淘箩（one dollar），
廿四铜板吞的福（twenty four），
是叫也司（yes）勿叫拿（no），
如此如此沙咸鱼梭（so and so），

真货实价凡立哥（very good），

靴叫白脱（boot）鞋叫靴呵（shoe）。

……

用宁波话来读不仅琅琅上口，而且形象又风趣，好读好记，且实用性强，所以成为一部分中国人学习英语的一条捷径。

其实语言只是一种表象，语言背后承载的更为厚重和深远的文化，也被语言学习者潜移默化地接受了。当操着洋泾浜英语、拖着小辫子的打工仔与洋人进行沟通交流时，自然地就接受和吸收了洋人的一些先进思想，不知不觉地有了开放的观念，学会了实业投资和现代金融业管理，完成了从传统商人到近代商人、从农业文明到工商业文明的转型，也开启了中国的工业革命。

可以说，操“洋泾浜英语”的人，是中国这个保守国度里最早发生思想变化的群体，也是最早睁眼看西方的群体。譬如宁波商帮，他们就在经济领域创造了近代中国近百个第一：第一家商业银行、第一家保险公司、第一家华人开办的西药房、第一双胶鞋、第一盏白炽灯、第一家商务印刷厂……在日常生活中，他们也接受了西方文明和科学的生活方式，如女子放天足、接受学校教育、找西医看病、办西式学堂，甚至还与洋人通婚等。

第一任香港特首董建华先生的外公、20 世纪 40 年代航运业翘楚顾宗瑞先生曾经说：宁波商帮凭什么和外国洋行、洋人打交道，怎样和外国做外贸生意，靠的就是洋泾浜。由此可见洋泾浜英语贡献之大。

第四节　书藏古今

“书藏古今”，体现的是宁波人对文化的守望、传承与敬畏。正是出于对人类共同文化价值观的坚守，宁波商帮才没有迷失在“钱途”中，做人营商才能得到大家的敬重，才会在商海中起到领头羊的作用。

地处东海之滨的宁波，远离文化繁荣的中原，历史上曾经属于“南蛮”之地。抬头见山、开门见海的宁波人，并没有“士农工商”这种贬低商人的传统思想包袱，也没有故步自封的思想禁忌。为了生存，他们总是能兼容并包，吸收、借鉴和消化不同时代外来者带给他们的先进文化。第一次鸦片战争前，宁波在传统文化方面的启蒙和熏陶，主要由来宁波担任地方官和因北方战乱迁入的读书人完成。1840 年以后，西方近代文明的启蒙，则由来宁波的西方传教士和商人完成。不拒众流，方为江海。正是一代代宁波人对各种文化的吸收和传承，才使曾经偏僻落后的宁波走到历史舞台的前沿。

“井底之蛙”如何改变自己的命运？只能借助外力！宁波商帮正是借助中国传统文化和西方近代商业文化这两种力量，才能够爬出井底，从此登高望远，不仅改变了自己的命运，也为国家民族的发展作出贡献。

在传统文化启蒙中，对宁波人影响巨大的代表性人物有唐代的房琯、王元暐，北宋的王安石，南宋的范成大、吴潜等。他们的丰功伟绩不仅记载在史书里，也保留在宁波的历史遗迹中。

公元 738 年，正是所谓的“开元盛世”。这一年，唐玄宗李隆基在今宁波市设明州，将原句章县故地所属区域划出一个新县，设置为明州下辖县，河南人房琯被任命为县令。房县令一上任就遇到了难题，划给他管理的这片土地，既无县城也无县名。他带人反复考察，选址浮碧山下修建县治——慈城（今宁波江北区慈城镇）。官舍既成，城郭初立，该起个县名了。

二十四孝中有一个“汲水奉母”的故事，就发生在离县治不远的大隐溪。故事的主人公董黯，是东汉时会稽郡句章县石台乡人（今宁波余姚市大隐镇）。董黯幼年丧父，家境贫寒而事母至孝。董黯终年打柴换钱，侍奉母亲。大隐濒临姚江，古时遭咸潮浸入，其水味苦涩，不适于饮用。母疾，思饮故里之水，董黯就来回 20 余华里到大隐溪上游永昌潭担水奉母。据传在担水途中，他绝不转换肩膀，为的是把肩前的清水供母饮用。故里之水离家甚远，不能常致，董黯即在外婆家（今大隐镇章山村永昌潭）旁筑一陋室，汲水供母，母病最终得以好转。当地乡民把大隐溪叫作“慈溪”，还建有董孝子祠以志纪念。房琯追古思今，认为应当大力倡导慈孝之风，教化县民，以此作为立县之本，并奏准朝廷将县名定为“慈溪”。

唐代大和七年（公元 833 年），鄮县县令王元暐修建它山堰，并建设了通往明州城府的一套水利系统。它山堰与都江堰、郑国渠、灵渠一起，被称为“中国古代四大水利工程”。迄今千余年，它山堰仍然发挥着阻咸、蓄淡、引水、泄洪的作用。

宁波大规模的传统文化启蒙，应该是从宋代开始，由两类人来完成：一是北方移民，这是民间自发的潜移默化的影响；二是鄞县县令王安石，这是以政府官员为主导的有意识的推动。

中原作为中国传统文化的发源地，诸子百家、各种思想基本都汇聚在这里。但中原战乱不断，导致“白骨露于野，千里无鸡鸣”的惨状反复出现。为逃避战乱，历史上曾有三次规模巨大的北人南迁潮，分别是晋代“永嘉之乱”、唐代“安史之乱”和北宋末年的“靖康之难”。特别是靖康之难后，南宋迁都临安（今杭州），宁绍地区突然由江南僻壤一跃成为“藩屏王畿”，身价陡涨。官僚士大夫、名门望族纷至沓来，带来了比较发达的中原文化，中国经济文化中心也随之逐渐南移。世界第三、亚洲第一的私家藏书楼——宁波天一阁，其阁主范钦的祖上范宗尹，就是在靖康之难时随宋高宗由原籍湖北邓城南渡，扈驾至临安的。范宗尹五个儿子中的次子范公麟，娶鄞县籍丞相魏杞的女儿为妻，定居于鄞县月湖边，成为鄞县范氏家族的第一代。

从北宋开始，我国科举制度正式完备了考试内容和考试形式，之前的士族门阀制度宣告结束。“旧时王谢堂前燕，飞入寻常百姓家。”普通读书人通过科举考试也有了入仕的机会，于是学风盛行，官学私学如雨后春笋般涌现出来。

正是在这一背景下，北宋庆历七年（1047 年），27 岁的江西抚州临川人王安石赴任鄞县令。在三年任期中，他主要干了两件事。一是开设县学，为宁波人开辟了一条读书改变命运的途径。在王安石等有识之士的大力推动下，宁波兴起了重教之风。宁波人突然意识到，居然还有“朝为田舍郎，暮登天子堂”这样改变命运的捷径，从此种下了“读书取仕”的种子。据统计，自北宋至清末取消科举，宁波进士及第者共 2478 人，其中状元 12 人。二是在东钱湖兴修水利。北宋庆历年间，东钱湖年久失修，淤积严重，致使连年旱灾。王安石仔细勘察后，实施恢复湖界、加深湖底、围筑堤堰和设置碶闸等措施，并在湖周围开垦荒田。修复后的东钱湖能“灌田五十万亩”，境内人民“虽大暑甚旱，而卒不知有凶年之忧”。因他的贡献，乡民们在东钱湖畔建有王安石祠。对王安石本人来讲，三年鄞县县令也留下了遗憾，他的小女王堇（小名鄞女）就夭折在宁波。离任鄞县县令时，王安石曾写有一首诗怀念鄞女。

别鄞女

行年三十已衰翁，满眼忧伤只自攻。

今夜扁舟来诀汝，死生从此各西东。

王安石离开宁波100年后，宁波涌现出号称“甬上第一状元”的豪放派词人兼书法家张孝祥（1132年—1170年）。1154年，22岁的张孝祥被宋高宗赵构亲擢为进士第一，授承事郎，签书镇东军节度判官。张孝祥祖籍安徽和县，为唐代诗人张籍七世孙。靖康之难时，其父张祁率全家避难于明州鄞县。绍兴二年（1132年），张孝祥出生在鄞县桃源乡（今宁波市鄞州区横街镇）方广寺僧房中，并在鄞县生活到13岁。

南宋时，吴潜（1195年—1262年）曾任明州知府。1259年，吴潜亲自随舟测量城内外河流水位，之后在月湖平桥设立“平”字水则碑，这是宁波历史上第一座水文监测站。从此以后，宁波城很少为水灾所害。

为官一任，造福一方。上面列举的这些官员，都为宁波经济社会的发展贡献了智慧和力量，其中对后世人文影响最大的，当属王安石在此地办学。

唐宋以后，读书人“皓首穷经”的主要目的是科举仕进，但科举的独木桥实在太狭窄，绝大多数人难以如愿。在少数幸运者的背后，是大批的落榜者。升官无门的读书人，他们的出路在哪里？

15世纪以后，中国社会政治、经济和文化各方面都发生了重大变化，一个显著的现象是“士”和“商”之间的互动与合流，也即“士”转换为“商”，“商”转换为“士”。

首先是“士”转换为“商”。16世纪初人口激增，科举考试名额（贡生、举人和进士）却没有相应增加，许多读书人没有机会入仕。同一时期，商品经济却非常活跃，经商的人无往不利。当时流行一句名言：“士而成功也十之一，贾而成功也十之九。”从晚明起，一个“弃儒就贾”的思潮便出现了。在商品经济较为发达的区域，落第或者因经济原因中断读书的士人投身商人队伍，已经成为一种普遍发生的现象。但在“士农工商”的社会环境中，读书人经商或多或少还是有一定的社会心理压力。

这里就有一个价值取向的问题，谁来打破小农经济时代“重农抑商”这一根深蒂固的思维模式？

对“重农抑商”传统思想砸出第一锤的，是明朝心学大师王阳明（1472年—1529年）。1525年，王阳明为江苏商人方麟写的一篇墓志铭——《节庵方公墓表》中，第一次提出了“古者四民异业而同道，其尽心焉，一也”的观点，认为士、农、工、商都可以见“道”，承认他们在身份上平等。这句话非同小可。作为儒学大师的王阳明，肯为一个商人写墓志铭，这件事在当时便属创举。由于心学反对绝对权威，强调人的主观能动性，所以在当时起到了一定的解放思想的作用，有助于工商业者对自己的经营事业作出肯定的价值判断，从而推动商人社会自觉意识的产生。当然，绍兴府余姚县籍的王阳明长期在外做官，虽死后葬在绍兴，但对宁波读书人的影响相对有限。

同为余姚籍的明末清初思想家、文学家、史学家、浙东学派代表人物黄宗羲（1610年—1695年），对宁波的影响可以用“巨大”二字来形容。黄宗羲与天一阁渊源甚深，在他创作的散文《天一阁藏书记》里，黄宗羲写道：“司马殁后，封闭甚严。癸丑，余至甬上，范友仲破戒引余登楼，悉发其藏。”这是范家人“破戒”对一个异姓人毫无保留地开放自家藏书。当然，黄宗羲也没有让范家人失望，他陆陆续续用了7年时间，为阁里的珍贵藏书编写了书目。“余取其流通未广者抄为书目。”后来天一阁藏书大部散佚，研究者就是根据黄宗羲这个书目来确定阁里典藏的。

反清复明失败后，黄宗羲受曾任户部主事的好友、鄞县人万泰之邀，在万泰的祠庄白云庄开设“甬上证人书院”。书院开讲后，甬上文人聚集于此，弦歌不断，繁盛一时，万泰的8个儿子都曾拜黄宗羲为师。在这个书院，黄宗羲开创了浙东史学派，并成为开山鼻祖。他提出的“经世致用”“工商皆本”等观点，促进了当地资本主义经济的萌芽。

浙东史学派后来涌现的代表人物有万泰的小儿子万斯同（1638年—1702年），万斯同曾以布衣之身编撰《明史稿》《明史》等。清中叶有杰出史学家、浙东史学集大成者全祖望（1705年—1755年），《四库全书》史部负责人、著名学者邵晋涵（1743年—1796年）等。

在证人书院，黄宗羲在王阳明思想的基础上，旗帜鲜明地提出“工商皆本”的思想。镇海庄市老街人庄士英（崇祯七年进士）在州守任上，因不满朝廷腐败，抛弃乌纱帽，弃官从商。他弃官后乘船南下，赴泉州出南洋，贩卖湖丝、浙贝和茶叶等，做起商人来。黄宗羲曾手书“工商为本”四字送他，以示充分理解与支持。

王阳明、黄宗羲“工商皆本”的思想不仅在学术界影响巨大，他们的所说所为，对宁波形成敬贾崇商的风俗也产生了巨大的思想影响，为宁波商帮的兴起奠定了必要的精神和伦理基础。

其次，是“商”转换为“士”。清代有学人指出，自明朝以来，“天下之士多出于商”。这是指商人有了经济条件以后，有意培养子弟参加科举考试，使得自秦汉以来，士、农、工、商“四民”的社会地位发生了变化，居于“四民”之末的商人上升到和士人并列的高度。其显著后果之一是，商人在社会中的影响力得到提高，并连带着打破了“四民”的上下之分。所以，清朝出现了“古者四民分，后世四民不分”的说法，儒家的社会价值观也因此出现了一次重大调整。

鸦片战争后崛起的第一代宁波商帮人士大都出身贫寒，但他们大多都有或多或少的私塾学习经历。他们成功后，也非常重视培养子女。到第二代宁波商帮崛起时，相当一部分人都接受过良好的教育，有些甚至有国内外大学学习的经历，哪怕是找女婿也以读书人为首选。譬如 19 世纪末中国巨富、镇海人叶澄衷，他的大女婿马衡（1881 年—1955 年），就是金石考古学家、书法篆刻家，曾任故宫博物院第二任院长、西泠印社第二任社长，早年入读南洋公学（现上海交通大学）。药业大王黄楚九的大女婿臧伯庸，则是留学日本的医科生。这种重教的风气在宁波一直延续到今天，中国大陆首位诺贝尔生理学或医学奖获得者屠呦呦，“小糖丸”发明人顾方舟，近 300 位大学校长，以及 122 位院士，他们都是宁波籍。宁波籍杰出人才数量堪称全国翘楚。

笔名“巴人”的宁波籍作家王任叔（1901 年—1972 年）在谈及家乡时，很好地总结了宁波在传统文化方面的特点。他说：“统治宁波的有三件东西：东门外大街上商店里传来的算盘声，各个中等学校里传出来的朗诵桐城派古文的读书声，外加半边街上那鱼行里鱼贩的叫卖声。这三种声音构成了这种古式城市的特色。”第一种声音指的是有一定经济实力的坐商，第三种声音指的是码头边的贩夫走卒和小商人，这两种声音构成了宁波繁荣的商业景象。第二种声音——朗诵桐城派古文，即指宁波人深受桐城派的影响，非常重视教育。

桐城派崛起于清初，影响遍及全国。桐城派作家坚韧不拔、专心致志于古人的道德文章，把“穷不丢书，富不丢猪”奉为金科玉律。桐城派作家大都出身于书香之家，父母皆有较高的文化水平，从小就十分重视对孩子的教育，信奉“育才先育人的家庭教育环境”。宁波商帮就是在桐城派文化氛围中成长起来的。这些出身贫寒的宁波草根到上海打工，全然没有任何官场和资本背景，全靠自己坚韧不拔的意志、高尚的道德情操受到外商赏识，最终成为外商的买办，做到了“咸鱼翻身”。

第一次鸦片战争，使中国从一个封闭的、自给自足的农耕国家走向开放，进入西方文化不断渗透的时期。近代西洋文明进入中国，使中国经历了一次“千年未有之变局”。现代中国与传统中国发生裂变，这个过程尽管充满了屈辱和痛苦，但也不可否认，大门打开后，西方的新思想、新文化和新经济不断涌入，被国内不同阶层的人主动或被动地吸收和借鉴。

一个肉眼可见的现象是，生活中出现了许多带“洋”字的商品，洋表、洋烛、洋油、洋布、洋钉等不一而足，深受国人喜爱。借助西方人抛过来的这只“吊桶”，一部分国人得以走出封闭，睁眼看天下。中国社会渐进地与西方接轨，其结果是孙中山先生领导的近代民族民主革命推翻了封建君主专制制度，建立了资产阶级的民主共和国——中华民国。经济基础决定上层建筑，宁波商帮成为江浙财团的主体，某种程度上促进了以蒋介石为首的江浙军政群体的强势崛起，深刻地影响了 20 世纪的中国历史。

对宁波地方文化产生重大影响的还有西方传教士。传教士在宁波广泛设立教会学校，修建教堂，兴办医院，传递“爱的福音”，以此吸引人们加入基督教。

1844 年，英国传教士爱尔德赛小姐在宁波城西祝都桥（今尚书街东端）开设女塾，免费招收女生并供给衣食起居各项费用，学校开设圣经、国文、算术等课程，还要求学生在功课之外学习缝纫和刺绣。作为中国第一所女学，女塾不仅突破了“女子无才便是德”的封建思想和陋规，还挑战了传统私塾只读“四书五经”的教育模式，把读书与生活结合在一起。

爱尔德赛带来了欧美教育制度和教学内容，打破了宁波单一的封建传统教育模式。教会学校的创办不仅为教会组织培养了神职人员，还为外国在华企业培养了应用人才，西方文化由此得以在宁波传播。宁波贫弱子弟基于各种原因进入这些学校，得以吸收西方新知识。近代宁波商帮中，颇有一批接受过教会学校教育或受教会影响的著名买办商人和企业家，如朱志尧、周宗良、刘鸿生、邬挺生、鲍氏兄弟等，他们多信奉基督教或毕业（肄业）于教会学校。

也因这些传教士，宁波出现了中国第一位女留学生金雅妹（1864 年—1934 年）。金雅妹 3 岁时，父母双双死于一场瘟疫，她被美国传教士麦加谛医生夫妇收养，后跟随养父母先到日本，再到美国生活，开始了其传奇人生。1881 年，17 岁的金雅妹考入纽约女子医科大学，成为中国第一位女留学生。金雅妹 21 岁成为一名美国医生，精于显微摄影。1905 年回国行医，1907 年到天津任北洋女医院首任院长。1908 年，应袁世凯邀请，主持兴办北洋女医学堂，这是中国第一所女子护理学校，开启了天津医疗护理教育的先河，金雅妹也成为那个时期最负盛名的女大夫。西方医学改变了金雅妹的命运，金雅妹也传播了西方医疗技术，为祖国的医学事业发展贡献了聪明才智。

1843 年，美国基督教浸礼会派出第一个到中国传教的教士马高温。马高温第一站就到了宁波，并在这里创建大美浸会医院（1915 年改名“华美医院”，寓意中美合作），是中国最早建立的西医医院之一。

受到“西风东渐”直接影响，宁波的社会风气也发生了改变。比如一些家庭的女孩子开始放弃裹小脚，她们不仅接受西医，还捐钱捐物扩大华美医院的办医规模。宁波首批买办代表人物杨坊，还把女儿嫁给在上海洋枪队当队长的美国人华尔，开始了中西方通婚。

看西医，放天足，入西学，说洋话，这种开放包容的心态，为宁波人接受新事物、新理念作了心理上的准备，也让宁波人较早地与西方工商业文明接轨。

一种文化必须要具有开放性。海纳百川，不断吸收外来文化和文明，取其精华，去其糟粕，才能不断地繁荣和发展。一味自我封闭，抱残守缺，就会失去生命力。文明因多样而交流，因交流而互鉴，因互鉴而发展。只有见贤思齐，才能“苟日新，日日新，又日新”。

法国作家拉伯雷有句名言:“优势不在于跑得快，而在于起步早。”机会总是留给有准备的人。宁波人把握住了时代给予他们的机会，较早地走上了改变自己及推动国家发展进步的历史道路。

第二章

宁波商帮之商之辙

辙是车辙、是路线、是途径、是门路，也是规则。宁波商帮在从传统工商业向近代工商业转型的过程中，在中国商业版图上留下了深深的印记，具体体现在宁波商帮群体中涌现出来的100多个“商业大王”（见附录1）。

宁波商帮的转型，可以概括为“传统行业国际化，新兴行业本土化”。与国际接轨，融入西方商业思想，让传统产业重放光芒，走向世界，让西方引入的新兴产业在本土开花结果，这是宁波商帮的重要贡献之一。

第一节　传统行业国际化

当洋人大量进入中国冒险淘金时，宁波商帮就有人走出国门，勇敢地闯荡世界。走出国门，一个更广阔的市场大门也在他们眼前徐徐打开。从传统农业文明走出来的商人，囿于知识的局限，对西方科技和工业产品的生产工艺流程不甚了解，他们中的大部分人主要从事传统商业，但仍然闯出了自己的一片天地。

一、“鱼翅大王”张尊三

张尊三（1845年—1918年），字安澜，鄞县人。近代中国海产业先驱，有“鱼翅大王”之称。

早年张尊三在日本北海道万顺号任账房，对日本风土人情和工商业发展情况经过一番仔细广泛的考察后，他瞄准海产业，1870年7月辞职单干。经过9年的努力，事业终于有了长足的发展。1879年，他在日本、上海同时开了两家店，在日本的叫“德新海产号”（后改为“裕源成号”），在上海的叫“元记字号”。

为了增加利润，摆脱中间商赚差价，他直接向日本渔民采购海产品。一次，他深入日本偏僻的北海道地区，调查当地的海产品和海产业，发现码头边渔民丢弃的鲨鱼翅堆积如山。为变废为宝，他手把手教渔民加工鲨鱼翅，而且负责包销。运回国内后，鲨鱼翅成了高端美食，利润丰厚。张尊三也因经营鱼翅这一拳头产品，逐步发展成为海产业巨头。他收购鱼翅给当时日本贫困的渔民增加了收入，深受日本渔民的信任，大家也愿意把鱼货卖给他。慢慢地，张尊三垄断了北海道海产品的收购与销售。

由于张尊三在促进中日贸易、为日本发展对华海产事业等方面贡献良多，受到中日两国政府的嘉奖。1890年，张尊三被清政府加捐候选同知四品衔，1891年被清政府赐予盐运使头衔。民国时期任驻函馆领事代理之职。

1916年（日本大正五年）5月25日，日本天皇授予张尊三敕定蓝绶褒章，颁奖词如下。

大日本赠予中华民国国民张尊三褒章。

查张尊三风波本邦，寄居函馆，当明治十二年独立海产物输出中国一业，兴本邦人所委弃之鳟鳍等鱼，鼓吹港民向中国输出，致成要品；又将该输出品选择干燥，改良装置，警醒邦人；又当其任华商董事时，努力发展日中贸易各业至今，日见兴盛，是其尽力以兴公众利益，而成绩昭著者也。用特赠与敕定蓝绶褒章，以表其善行。明治十四年十二月七日。

1918年（日本大正七年），为纪念北海道开道50周年，北海道知事感谢张尊三对开发北海道海产事业的巨大贡献，向他赠送了银杯等礼物。同年，张尊三在宁波逝世，日本政府特派官员专程来华吊唁。

张尊三去世后，日本人感念他的故事还在延续。20世纪六七十年代，他的后人被抄家，蓝绶褒章也在此期间丢失。1986年，张尊三后人通过有关方面反映此事，日本政府对此十分重视，日本大藏省造币局重新复制了褒章。1986年11月13日，北海道大学水产学部教授大石圭一受托专程赴华，将褒章复制品及证书交付张尊三后人。复制后的蓝绶褒章曾在日本函馆中华会馆展出5个月，展出期间轰动了整个北海道，日本东京电视台、《读卖新闻》《北海道新闻》都作了报道。

二、“为神户照亮前途的人”——吴锦堂

吴锦堂（1855年—1926年），名作镆，宁波慈溪东山头乡西房村人。吴锦堂早年为豆腐坊帮工，白手起家，30岁与友人携千两白银东渡日本，从长崎再到大阪、神户。从事中日民间贸易的他，经过10余年的拓展，成了当时日本关西十大财阀之一，被誉为“侨日华商之首屈一指者”。吴锦堂经商致富，名重中外，素以桑梓为重，他先后捐银数十万两，在家乡兴修水利，创办学校，泽被乡里。他还积极支持孙中山先生的革命事业，是我国近代著名的爱国华侨和实业家。

16岁那年，吴锦堂母亲病故，父亲续娶唐氏。他待继母如同生母，这种真诚包容的性格，为日后建立自己的商业帝国作了情商上的准备。

1880年，吴锦堂在宁波做磨豆腐小工。在传统农业社会，打铁、磨豆腐和榨油被认为是最辛苦的三个行当。1882年，豆腐作坊的一位邻居介绍他到上海红庙前的萃丰油烛店当帮佣。3年学徒期满后，老板看中了他的经营才能，派他到苏州分店任掌柜。在这个平台上，吴锦堂展示出从事贸易活动的惊人天赋。

1885年，朋友资助他千两白银，鼓励他去日本经商，而立之年的他毅然东渡日本长崎。长崎是九州岛西岸著名的港口城市，与我国上海相隔仅800公里，自古以来就是沟通中国与日本的桥梁。

吴锦堂到长崎后，看中了港口城市的一个重要产业——进出口物资运输业。因资金有限，他只能与人合伙从事物资代理与运送业务，既代理出口商在阪神地区采购物资并运送至长崎，又代理进口商将进口货物运送至阪神地区交给坐商。经过两年的艰苦努力，1887年，吴锦堂与人合伙在大阪开设了自己的第一家商行——“义生荣”商号，从此他

的事业一飞冲天。

1889 年，吴锦堂在濑户内海边的著名商港神户设立了“怡生号”，开始定居神户，此后成了大阪、神户地区著名的产业资本家。

日本作家黑部亨曾撰文，把吴锦堂和神户纺织业奠基人武藤山治并称“为神户照亮前途的人”。作为神户华侨的领袖，1894 年，吴锦堂被推举为神户三江公所总代，后成为神户中华会馆（1902 年成立）的核心领导人。1894 年清廷设立神户领事馆时亦提名其出任领事。

三、“大龙”与“美人鱼”的故事——“春卷大王”范岁久

范岁久（1913 年—2003 年），祖籍宁波鄞县，生于杭州，是身居欧洲的宁波商帮杰出代表。早在 1961 年，他就把中国的春卷带到北欧人的餐桌，后在丹麦创立大龙食品厂，生产的春卷行销 20 多个国家，素有“春卷大王”之誉。

范岁久早年赴日留学，因痛恨日本侵华行径，于 1935 年春只身一人，带着简单行李，乘火车横穿亚欧大陆，赴丹麦皇家农学院深造，先后获得农业技术硕士和微生物及遗传学博士学位。在丹麦皇家农学院就读期间，第二次世界大战爆发，中欧交通断绝，归国无路的他只能漂泊海外。在此期间，他认识了丹麦女孩伊丽莎白，二人相识相爱，步入婚姻殿堂。婚后范岁久加入丹麦籍，与伊丽莎白一起走过了 60 年的漫长岁月。

从丹麦皇家农学院毕业后，范岁久被当地一间药厂聘为微生物部主任，主要从事维生素 B_{12} 的研究。1957 年，范岁久利用自己所学知识，在丹麦生产出第一瓶精酿中国酱油，在调味品中独树一帜。给范岁久带来卓著声誉的，是他带到北欧人餐桌上的中国传统美食——春卷。范岁久和春卷的故事，还要从趣伏里公园说起。

趣伏里公园位于丹麦首都哥本哈根市中心的中央火车站对面，公园占地 8 万平方米。趣伏里公园自 1843 年 8 月 15 日对外开放，是哥本哈根著名的游乐园和休闲公园，也是世界上历史最悠久的主题公园之一。公园的英语名字是“Tivoli”，倒过来读是“I Lov(e) It”，意为“我爱它”。

1960 年，一位丹麦友人在趣伏里公园开了一家点心店，找范岁久帮忙制作中国快餐食品。范岁久想到了家乡的春卷，没想到试销后点心店生意异常火爆，春卷也成了比美国汉堡更早来到丹麦的第一种快餐。其实范氏春卷只是借用了中国春卷的名头，它的外形是方的，里面包裹的馅料则是根据不同国家的口味配制。丹麦口味的馅料以当地人喜欢的牛肉为主料，配上木耳、胡萝卜、卷心菜、绿豆芽等。后来，范岁久利用岳父母的地下室开办起了春卷作坊，并为这一具有浓郁中国特色的食品注册“大龙”商标，以示不忘自己是“龙的传人”。

随着春卷的名气不断高涨，日产 500 只的手工作坊已经远远满足不了需求，于是

范岁久自己研发了“鼓风式自动包春卷机”。1970年，“大龙食品公司”正式成立，不仅建起了现代化工厂，实现流水线作业和电脑操控，还开发出速冻春卷和听装春卷。后来范岁久又在欧美日和东南亚等地设立分厂及物流配送中心，日产量突破100万只。他的工厂甚至每天还向5万驻德美军供应10万个美式风味春卷。就这样，“大龙”春卷飞到了千家万户的餐桌，范岁久也成了丹麦名副其实的“春卷大王”。1982年，哥本哈根大学迪特列夫·塔姆教授根据范岁久先生的生平事迹，撰写了传记作品《春卷的童话》。

酒香也得吆喝。1985年，范岁久制作了一条25米长的“春卷大龙”，被列入吉尼斯世界纪录，由此获得了“春卷大王”的美名。足球作为世界第一大运动，在各个国家影响巨大。1986年墨西哥世界杯期间，大龙食品专门制作了墨西哥口味的春卷，深受球迷的欢迎，范岁久又进行了一次成功的营销。1989年，范岁久将公司经营事业交棒给儿子范汉民时，大龙食品的年营业额已经达到了近3亿丹麦克朗（约合人民币3亿元）。

在谈到企业经营理念时，范岁久曾说：“我是一个科学家，不懂生意经，就是用科学的眼光和方法来从事生产经营事业，因而我不投机，不取巧，脚踏实地，勤勤恳恳。”

公司创立早期，范岁久看到丹麦女性的就业率和工资远低于男性，考虑自身行业特点，他率先大量雇用女性员工，并实行男女同工同酬，而且还像家人一般对待自己的员工。对员工的这种人文关怀，自然得到了员工的回报。大龙食品丹麦总部曾经两次发生火灾，公司都在员工的支持下顽强崛起，至今屹立不倒。因对社会作出了卓越贡献，丹麦和美国政府曾多次向范岁久及大龙食品颁发荣誉和奖励。

作为炎黄子孙，范岁久自然不忘故土乡情。1982年，范岁久成立“大龙基金会”，资助在丹麦的中国留学生完成学业，学成后报效祖国。截至1995年，大龙基金会已资助了400多名中国留学生。2000年4月，范岁久先生还向浙江大学捐资150万元，建立“范岁久医学图像实验室”，这是浙江大学第一个用个人捐款建设的实验室。

2003年，范岁久先生驾鹤仙去。继承了父亲事业的范汉民，也继承了父亲的拳拳爱国心。2008年，身在丹麦的范汉民得知一批中国文物流失到了哥本哈根，便立刻主动出面斡旋，协助中国驻丹麦大使馆与丹麦警方，把流失丹麦的156件珍贵文物追回并送还西安博物馆。

第二节　从牙行到买办

牙行在我国是个古老的职业，它的作用就是在市场上为买卖双方说合、介绍交易，抽取佣金，相当于现代意义上的经纪人及各业经纪人组织。

《周礼·地官·质人》记载："质人掌成市之货贿、人民、牛马、兵器、车辇、珍异。凡卖儥者质剂焉，大市以质，小市以剂。"当时买卖契约写在简牍上称为"质剂"。质，是买卖奴隶、牛马所用的较长的契券；剂，是买卖兵器、珍异之物所用的较短的契券。质剂一式两份，买卖双方各执一份。可见在西周时期，就已经出现了叫"质人"的官吏。

汉代司马迁在《史记·货殖列传》里用了"驵会"这一词语指代经纪人，"驵"是骏马的意思，"会"通"侩"。唐初训诂学家颜师古注解说："侩者，合会二家交易者也。驵者，其首率也。"用现代汉语解释，"侩"就是撮合、促成双方交易的意思。最先撮合交易的是骏马，因此市侩必须要有在众多马匹中一眼看出良马的能力。

随着经济和社会的发展，可供交易的物品增加，"侩"由最初说合牲畜交易的人泛指说合所有商品交易的人。由此，"侩"的叫法也开始丰富起来，牙人、牙商、牙纪等名词先后出现。

牙行的存在有利有弊，具有双重作用。利的方面是农民和手工业者不熟悉市场行情，牙行居间介绍，有利于商品交换顺利进行，互通有无。尤其在商品长途远销过程中，牙行居间介绍，可以克服商人人生地不熟的弱点，有助于客商收购和推销。弊的方面是在民间贸易中，牙行可以利用买卖双方信息不对称的特点，把持市场，从中行骗，损害买卖双方的利益。

基于此，隋唐开设牙行必须要获得政府批准，并且要纳税。这时牙行在交易中起着"评物价""通商贾"的作用。因牙行代替政府发挥统制市场、管理商业的作用，所以也称"官牙"。

明代规定身家殷实的人才能充任牙行之职，由官府发给印信文簿——牙帖。领帖需交纳帖费，每年还得交纳税银，统称"牙税"。

清沿明制，最初严格限定牙行开户额度，由户部统一印制牙帖，由各省布政司统一发放。持帖经营的牙人不许跨市集、跨品种经营。

近代以来，随着西方商品进入中国，一些懂点外语的中国人受雇于洋商，既协助其在中国进行贸易活动，还可兼做翻译，这样就出现了一个新的商业群体——买办。鸦片战争前，清政府严格控制买办一职，中国人不得随便充当，外商也不能任意选雇，以防止外国商品大量进入中国，冲击小农经济。18 世纪末，不少宁波人就开始充当英国东印度公司的买办。

鸦片战争后上海开埠，广东商人和买办随外商先后来到上海，宁波人也很快打入上海的外商洋行。凭着对江浙地区物产、商情、民情风俗、语言文化等比广东人更熟悉的优势，宁波人赢得了外商的信赖，由宁波人充当的买办短时间内便取代广东买办，遍布英、美、法等各大洋行。

据《定海县志》记载:“充任各洋行之买办所谓康白度（即买办，Comprador）者，当以邑人为首屈一指。”除一些有名的大买办如穆炳元、叶澄衷、朱葆三等人外，“各洋行及西人机关中之充任大写、小写、翻译、跑街亦实繁有徒”。

这里要着重介绍一下穆炳元。穆炳元在今天鲜为人知。由于年代久远，加之早期通事（翻译人员）、买办大多地位低下，不但历史典籍中很少提到他，民间史料的相关记载也极少。然而，就是这个被历史忽视的人，却创造了近代上海历史上的两个第一：上海宁波商帮第一个买办，洋泾浜英语教育首创者。

穆炳元生于宁波府定海县（今舟山市定海区），生卒年月不详。他本是清军水手出身，受过一定教育。在第一次定海战役中，穆炳元被俘，被英军安排在军舰上打杂。英国人看他年轻机灵，做事勤快仔细，为便于指使其干活，就教他学习一些日常交流的英语。没想到这无心插柳的举动，成全了穆炳元的后半生。

1842 年 6 月 19 日，英舰侵沪，大举登岸，跟随英军一起进入上海的就有穆炳元。获得英军信任的穆炳元不仅懂些英语，还善于与人打交道，于是英军头目就经常把他带在身边，让他担任翻译，甚至派他代为处理一些商业事务。头脑灵活的穆炳元借此学到了英国人做生意的方法和技巧，由此开启了他的买办生涯。

1843 年 11 月 17 日，首任驻沪英国领事巴富尔携英商到上海，上海正式成为通商口岸。上海刚开埠时，由于中西长期隔绝，商业文化背景不同，语言不通，前来做生意的外国人与中国人交易时感到种种不便。既熟悉国情又懂英语、善于处理琐务又颇得外商信任的穆炳元，自然受到英商的青睐和雇佣，成为上海开埠后第一个新型买办，也被称为“上海买办始祖”。

据姚公鹤《上海闲话》载:“无论何人有大宗交易，必央穆为之居间。”穆炳元不仅包揽了中英在上海的一切外贸交易，而且自己还当商人，收购洋货运往老家宁波和浙东其他地方，经营足迹远及汉口、九江、牛庄、烟台等地。成长为职业买办的穆炳元，在华洋交易中敛财有方，积攒成巨富，一跃成为上海滩赫赫有名的人物。

上海开埠一年内，英美商人在这里设立了 11 家商行，有 23 个商人常驻上海，他们都请穆炳元当买办。因业务繁忙，应接不暇的穆炳元不得不广收青年学徒，办起了上海开埠后最早的“买办培训机构”，学成后再将他们一一引荐给外商，同时从学徒身上提成抽利。穆炳元招收的学徒大多是在上海谋生的宁波籍子弟，这使众多宁波人有能力、有机会在上海充当买办，为宁波人同外商广泛建立经贸联系提供了方便，同时也为宁波人拓展海外业务提供了条件。

宁波商帮第一代发家致富的大佬，基本上都是当买办起家的。叶澄衷先是给英商五金洋行当买办，完成了原始资本积累；后于 1880 年至 1890 年的 11 年间，通过给美国洛克菲勒集团当买办卖煤油，积累了巨额财富。这使得他能够投资金融、航运、煤铁业等，成为 19 世纪末中国巨富。

朱葆三 14 岁到上海，在五金店当学徒，后给上海日商平和洋行当买办，并捐纳二品衔候补道，从此开启了他的财富人生。后来朱葆三创办和投资了不少企业，被推举为近代上海工商界领袖、上海总商会会长，成为上海工商界显赫一时的人物。

幼年丧父的虞洽卿因家境贫寒，15 岁就到上海瑞康颜料行当学徒；1894 年到德商鲁麟洋行当"跑楼"，后升为买办；1903 年起先后任华俄道胜银行买办、荷兰银行买办，从中获得巨利，最后成为晚清和民国时期政商界声名卓著的人物。

"颜料大王"周宗良发迹，也是从 1910 年担任德国谦信洋行买办开始。他凭着信用和营商能力，后又担任兼并重组后德国德孚洋行的总买办，并任谦信机器公司和拜耳药厂的买办。完成资本积累后，他开始投资房地产业，除上海宝庆路 3 号房地产自住外，在现上海天津路、福建中路、金陵东路等地也拥有大量地产。之后他又入股"南三行"之一的浙江实业银行，不久当上中国银行董事和中央银行理事，在与南京国民政府的交往中游刃有余。全面抗战爆发前，他的人生也达到了巅峰。

民国时期企业家、银行家傅筱庵，也曾任美商美兴洋行、英商长利洋行买办，通过买办积累财富，建立了社会影响力。1911 年 10 月 10 日上海光复时，傅筱庵被委以沪军都督府财政部总参议及江海关清理处主任之职。北洋军阀统治时期，他出任北京政府国务院高等顾问，当选上海总商会会长。1937 年上海沦陷，傅筱庵附逆投敌，于 1938 年 1 月出任伪上海特别市政府市长。

买办即"购买办理"，作为一个特殊的经纪人阶层，兼具洋行雇员和独立商人的双重身份。一些能力特别强的买办，在当买办期间不仅建立起自己庞大的商业帝国，在国内影响巨大，在外商中也拥有极大的影响力，使得政府有时候也要请他们出面做些事情。譬如清政府与列强签订一系列不平等条约，需要向列强支付"赔款"，国内镇压太平天国运动、收复新疆等，开支巨大，但政府财政空虚，入不敷出，不得已的情况下，就会委托一些他们信任的买办向外国银行贷款。武昌起义后，全国有 15 个省先后宣布独立。上海光复后，革命党人陈其美成为沪军都督，都督府成立时财政困难，陈其美就邀请朱葆三、虞洽卿加入都督府，帮助他筹集经费。

第三节 从沙船贩运到现代轮船航运业

欧洲中世纪尼德兰地区（今荷兰和比利时、卢森堡及法国北部部分地区）著名人文主义思想家和神学家伊拉斯谟曾说，“最勉强之和平亦胜过最正义之战争”，此言得之。翻看中国历史会发现，中国古代很长时间内，经济中心一直在黄河流域。经过魏晋南北朝400多年的动乱，北方经济遭到严重破坏，“白骨露于野，千里无鸡鸣”“生民百遗一”，引发大量人口南迁，先进的文化随之被带入南方。与北方相比，南方局势相对稳定，战乱较少。宋室南迁以后，随着占城稻的进一步推广，南方经济获得迅猛发展，逐渐成为全国经济中心。

隋王朝在天下统一后，出于经济和政治的需要，做出了开凿大运河的决定。后来元、明、清三个朝代都在北京建都。由于气候的原因，北方物产不够丰富，素有“鱼米之乡”美誉的江南，需要把大量物资运往京师，以供宫廷消费、百官俸禄、军饷支付和民食调剂，这就需要运力大、价格便宜的运输方式——漕运。漕运是指利用水道（河道和海道）调运粮食（主要是公粮）到京师或者朝廷指定地点的一种专业运输，这种运输有河运、水陆递运和海运三种。狭义的漕运仅指通过大运河转运漕粮的河运。

为了适应水运，先民发明了一种船底扁平的船——沙船。沙船是一种无动力的风帆船，载重大多在100吨至200吨之间。沙船在海上航行时，因船小且无动力，只能贴着海岸线航行。我国地形总体西高东低，无数河流注入东边的海洋。伴随流水的往往还有泥沙，尤其是黄河、淮河和长江等入海口，都有沙积现象，造成沿海岸附近海道沙积严重，沿途多浅水沙滩，还有活动的流沙出现，这种航道特点要求北航线航行的海船必须是平底。平底船在流沙和沙堆上稍搁无碍，其他类型海船极易翻沉。沙船就是根据这种航道特点设计出来的。

沙船一般以6艘为一小队，10艘为一大队，结伴而行。元、明、清三朝，沙船是维系朝廷经济命脉的重要运输工具。

元朝财赋主要依靠经济发达的江南地区，为解决巨额军饷、朝廷官俸及宫廷靡费，需要将南方粮食北运。其时北运河不通，至元十九年（1282年），中书左丞相伯颜决定海运漕粮。上海镇管军总管罗璧会同张瑄、朱清建造沙船60艘，海运漕粮46000余石，开辟了北洋海运航道。当时一条比较便捷的航线，是从太仓刘家港启航，经崇明三沙出海，过黑水洋、成山、刘公岛、登州（今烟台）、沙门岛，在莱州洋面进入界河，抵达天津。顺风时，上海至京师不过旬日。至元二十四年（1287年），上海设都漕运万户府，张瑄、朱清为万户，总管上海漕运事务。天历三年（1330 年），沙船漕运最盛，年运量达 350 余万石。

明初定都江南的南京，此时东南沿海倭寇泛滥，海疆不太平。因对海运依赖不大，朱元璋下令“海禁”，南北海运受阻，部分沙船被征作战船。永乐初年，明成祖朱棣迁都北京，之后恢复漕运，此时运河船运和沙船海运各半。永乐十三年（1415 年），北京通惠河开通，漕运全部改由内河运输，沙船业再次陷入萧条。

清康熙二十三年（1684 年），因政局稳定，朝廷颁布“弛海禁令”，解除海禁，但漕运仍承明制采用河运。清道光年间，因运河淤塞，漕运阻滞，朝野上下都有恢复海运的主张。提出“师夷长技以制夷”和“睁眼看世界”的著名思想家魏源（1794 年—1857 年），就曾建议清政府用上海沙船、宁波疍船及三不像船，加上天津卫船等海船来承运漕粮。道光初年（1821 年）即有漕粮海运，承运任务主要由上海沙船商承担。道光四年（1824 年），黄河决堤导致运河淤塞，需要海运的物资太多，沙船数量不够。后来，两江总督兼署漕运总督的琦善行文浙江巡抚，命令宁波海商一起承运漕粮。有宁波船商不知道，承运漕粮官府会付给他们脚价（运费），并可自带一定比例的私货，于是他们花费重金雇说客到江宁（今南京）向当局游说，试图推掉这一差事。说客被琦善痛骂一顿，不得已，宁波海商只好硬着头皮答应承运。

按规定，运送漕粮的沙船仅载八成，二成由船商载货且免税；船到天津后，仍允许去奉天（今辽宁省及吉林省一部分）承运豆麦。每运 1 石漕粮，官府贴水脚银 4 钱，并补 8 升“耗米”。以载 1500 石计算，沙船漕运一次可净得补贴银 600 两，承运漕粮的宁波海商挣得盆满钵满。

尝到甜头的宁波商人于是开始大量投资沙船业，如道光五年（1825 年），慈溪船商费三墀（1785 年—1833 年）独自承运 4 万石漕粮，组织了有 30 艘帆船的船队。慈溪董杏芳（棣林）在上海开办董萃记宁波船号，到东北各地采办参药，积累了数十万两白银。其子董秉忠（1776 年—1831 年）与董秉愚（1793 年—1869 年）创办了上海最著名的“大生沙船号”。道光初年，镇海人李也亭（1808 年—1868 年）也来到上海经商，他经营的沙船号在最兴盛时有沙船 10 多只，各值银数万两。他还购进沿江浦滩，建成久大码头，拉长了产业链，形成航运一条龙服务，成为腰缠万贯的大富商。

随着沙船业越做越大，为了协调利益，抱团取暖，成立同业会馆成为现实的选择，这也是宁波商帮最愿意做和最擅长做的事情。跑南航线的“安澜会馆”于道光年间（1821 年—1850 年）成立，寓意“仰赖神佑，安定波澜”；跑北航线的“庆安会馆”（见图 2-1）于咸丰三年（1853 年）成立，寓意“海不扬波，庆兮安澜”。南北号都奉祀天后娘娘为保护神。

图2-1　庆安会馆内部

宁波商帮沙船贩运业最繁盛的时期是咸丰、同治年间，特别是太平天国运动期间，因各省陆路交通受阻，宁波南北号商人承担了大部分南北贸易货物运输，盛极一时。咸丰初年，海上盗匪横行，商船屡遭劫掠，其时宁波北号股东费纶志、盛植官等人倡议购买外国轮船，以震慑海盗。咸丰四年（1854 年），他们委托宁波籍买办杨坊以 7 万两白银向英国购得“宝顺”轮（见图 2-2），训练船勇，装备枪炮，随船护航，这是我国航运史上第一艘华商轮船。为管理宝顺轮创设的庆成轮船局，是我国最早的商办轮船局。

图2-2　宝顺轮模型

鸦片战争后，外国轮船开始在中国水域航行。为了适应航运的需要，外商在中国开办了不少轮船公司和船舶修造厂。这些外轮以机器为动力，速度快，载货多，运价低，安全性高，是依赖人力和风力的帆船无法比拟的。随着外国轮船数量越来越多，沙船航运业遇到了前所未有的严峻挑战，业务急剧萎缩，大批船只停运，大量船工失业。

面对“或兴或亡”的抉择，宁波船商做出了“弃沙船、取轮船”，向近代航运业转变的决定。但要想“弃沙船、取轮船”，面前还有一只“拦路虎”，那就是洋务派代表李鸿章 1872 年开始筹办的“轮船招商局”。轮船招商局是清末最早设立的大型轮船航运企业，也是清政府设立的第一家“官督商办”民用企业，1873 年正式成立，总局设在上海。为保护这家公司的利益，清政府不许民间再办轮船公司。

不得已的情况下，宁波船商只好通过给外商干股的形式置办轮船，挂靠在外商的轮船公司中。如叶澄衷于 1889 年参与创办的鸿安轮船公司，为免遭官方禁令，只得依附在外商名下，船上挂外国国旗。1891 年，镇海人戴嗣源创办了戴生昌轮船公司，“以轮船拖带客货船只，往来于苏州、杭州、上海、嘉兴、湖州等地”，是长江三角洲地区最早开办的民营内河轮船公司。5 年后，该公司已经拥有轮船 9 艘，活跃于长江、运河沿岸。该公司轮船除定期往来于以上各埠外，还开辟了往来无锡、常州、镇江等地的不定期航班，与日商大东轮船公司展开激烈的竞争。

此外，在天津的宁波商人经营的轮船航运业也很发达。后来被称为“世界船王”的定海人董浩云（1912 年—1982 年），1928 年到天津航业公司任职，曾任天津轮船业同业公会常务理事、天津航业公会副会长。1945 年—1948 年间，天津航政局局长是浙江奉化人俞国成，他对同乡经营航业颇多照顾。在俞国成的关照下，李允孚、周启圭合组运通船务行，主要代理外国远洋轮船业务。李炳志创办的天利轮埠行，主要代理民生公司的北洋班轮船业务。中联、大上海轮船公司也都在天津设立分公司。

这里尤其值得一提的是虞洽卿。虞洽卿，名和德，宁波镇海县龙山镇山下村人，人称“阿德哥”。1907 年前后，虞洽卿以实业家的身份参与上海总商会组织的赴日考察。在日本考察盘桓期间，他目睹日本明治维新后国力强盛、经济繁荣的景象，感触颇深。在日本与政商各界要人及旅日宁波籍巨商吴锦堂晤谈，更加深了他对创办近代企业的想法，由此萌发了创办四明商业储蓄银行和宁绍商轮公司的念头。

1908 年，虞洽卿联合宁波和绍兴两地商人陈薰、方舜年、严子钧等，发起创办宁绍商轮公司，筹集 100 万元资本，向福建马尾造船厂购进“宁绍”轮和“甬兴”轮，又新造一艘“新宁”轮，往来于宁波、绍兴和上海之间，打破了洋商轮船和官办轮船的垄断局面。1913 年，虞洽卿独资创办三北轮埠公司，两年后发展为三北航业集团。至 1936 年，该集团的轮船不仅航行南北洋及长江各航线，还航行上海到海参崴，上海到仰光、南洋群岛，上海到日本诸航线，实力居当时民营轮船航运业之首。据统计，1930 年，全国航运业共有千吨以上轮船 178 艘，其中虞洽卿集团 20 艘。1935 年，中国轮船总吨位 67.5 万吨，虞洽卿一人就拥有大小船只 65 艘，计 9 万多吨。到 1936 年 6 月，仅三北航业集团往来长江航线的轮船已达 10 艘，14582 吨，成为当之无愧的“民营航运业翘楚”。

1937 年，抗日战争全面爆发，虞洽卿断然拒绝出任伪上海市政府市长的邀请，发起组织上海难民救济会并担任会长。后经民国政府交通部核准，虞洽卿与意大利商人泰米那齐合伙组建中意轮船公司，悬挂意大利国旗，到西贡、仰光等地运米，以解决上海租界内难民拥挤缺粮的危机。

1949 年后，大量宁波商帮成员出走海外，宁波商帮航运业也随之迁往海外。随着二战后世界经济复苏和工业化持续发展，能源在经济发展中的作用越来越重要，能源运输在航运业中所占比重越来越大。瞅准时机，在朋友的协助下，宁波籍港商包玉刚（1918 年—1991 年）筹集 70 多万美元，专程到英国买回一艘已经使用 28 年、以煤炭为动力、排水量 8200 吨的旧货船，开启了能源航运业务。1955 年，包玉刚在香港成立环球航运集团有限公司，并与日本一家船舶公司洽谈，将轮船转租给这家公司，从印度运煤到日本。到 1981 年，环球航运集团已拥有 210 条船，总吨位 2100 万吨，超越世界闻名的希腊船王奥纳西斯、美国船王路德威克和自己的同乡董浩云，成为名副其实的“世界船王”。

顾宗瑞（1886 年—1972 年），出生于宁波镇海县大碶头村的贫苦农民家庭。13 岁辍学到上海当学徒，之后进入海关担任报关员，因办事认真仔细，不久被提升为主管。1920 年，顾宗瑞辞职创业，创立了泰昌祥报关行，因涉足当时新兴的航运业，期间学会了英文。1928 年—1930 年，顾宗瑞购入“永升号”“永亨号”“新祥泰号”等新式蒸汽轮船。不久规模进一步扩大，随即又购入“永敏号”“永耀号”“泰生号”等轮船。1946 年，顾宗瑞在上海创办泰昌祥轮船公司，拥有新式轮船 13 艘，在上海、天津、武汉等地经营航运，成为当时国内航运界领头企业。

国共内战时期，中国经济产业遭到破坏，顾宗瑞遂将泰昌祥公司迁往香港，继续在航运界谋求发展。到香港后，顾宗瑞抓住世界航运业迅猛发展的先机，企业得到长足发展，在世界各地如日本、美国和新加坡等地建立了分支机构。

顾宗瑞不仅经营有方，在挑选女婿时也独具慧眼。1936 年，他把大女儿嫁给了董浩云。董浩云（1912 年—1982 年），定海人，东方海外货柜航运公司创办人，中国现代航运业先驱，“世界七大船王”之一。他开创了中国、亚洲和世界航运史上多项第一，因而享有“现代郑和”的美誉。他拥有各种船只 149 艘，总吨位达 1100 万吨，是世界“风流船王”奥纳西斯的两倍。他拥有的船只数量虽不及“世界船王”包玉刚及环球航运集团，但其船舶种类之多，单船吨位之大，机械设备之新，均超过包玉刚及环球航运集团。

航运业不仅为宁波商帮的崛起积累了巨额资本，还带动了关联行业的发展，如钱庄业、粮食行、糖行、北货行、药材行等，增强了宁波商帮在沿海和长江沿岸城镇的实力。

第四节　从钱庄到银行

2016年3月28日，为纪念宁波钱业会馆（见图2–3）落成90周年，中国人民银行发行了一套纪念币，包括金币、银币各1枚（见图2–4）。发行的这套纪念币创造了中国人民银行史上两个第一：第一次发行宁波题材的贵金属纪念币；第一次发行中国人民银行直属国家重点文物保护单位单一题材的贵金属纪念币。

图2–3　宁波钱业会馆

图2–4　宁波钱业会馆纪念币金币、银币

宁波钱业会馆位于宁波市海曙区战船街10号，清同治三年（1864年）由宁波钱业公所筹资在江厦一带滨江庙后修建。民国十二年（1923年），因原有公所“湫隘不足治事”，宁波钱业会馆购置建船厂（今战船街）和平津会房屋及基地一方，兴建新会馆，即现在的钱业会馆，至1926年竣工。这里昔日是宁波金融业同道聚会、交易的场所，见证了宁波钱庄业的兴盛和繁荣。

钱庄和票号是我国明清时期最重要的金融机构，社会上流传有“北有票号，南有钱庄”的说法。钱庄以宁波商帮最为强大，票号则是山西晋商最为强大，二者几乎旗鼓相当。

钱庄又称钱铺、钱店、钱肆、银号等，是我国早期重要的金融组织形式之一。钱庄是为工商业服务的金融机构，因此它的产生与商品经济的发展密不可分。钱庄业大约兴起于明万历五年（1577年），当时明廷准奏设立钱铺，由市镇中殷实之家经营，随其资金多寡向官府买钱，以通交易。宁波钱庄业由此发轫，明末清初逐渐兴起。

当时钱庄的业务范围主要包括银两的评估、兑换，银两与制钱的兑换及银钱的保管、运送、汇兑、支付等。据《鄞县通志》记载，甬上金融向以钱庄为枢纽，其盛时，资金在6万元以上的大同行有36家，1万元以上的小同行有30余家，最多时仅在市区就多达160多家，并集中开设在江厦街一带。当时的宁波江厦街不亚于后来的上海外滩，所以江厦街当时有“钱行街”的美称，也有“走遍天下，不及宁波江厦”的说法。

为便于同业交流和管理，最早的钱业公所就建在江厦街上。清道光二十三年（1843年），宁波钱庄首创“过账制”，即各行各业的资金收支从使用现金改为借助钱庄进行汇转，实行统一清算。这意味着现代金融业票据交换办法在我国开始施行，与英国伦敦1833年成立的票据交换所在时间上大致相同，比纽约、巴黎、大阪、柏林等城市的票据交换所则要早得多。

随着宁波商帮商业版图不断扩大，宁波的钱庄业扩张到了国内各商埠，上海、北京、天津、汉口、九江及芜湖等地，都有宁波人开设的钱庄，最著名的是宁波商人清咸丰年间（1851—1861年）在北京开立的“四大恒”，即恒利、恒兴、恒和与恒源。据记载，光绪二十六年（1900年），八国联军进犯北京，“东四牌楼著名钱铺‘四恒’首先歇业。‘四恒’者均系甬商经纪，信用最著，流通亦最广，一旦停业，关系京都四十万人财产、生计，举国惶惶”。当时慈禧太后急召北京地方官商议，由政府借钱100万两临时接济，足见宁波钱庄业在国内的影响力。

海运漕运业的蓬勃发展，加速了上海与各地贸易的发展，促进了上海港口经济的繁荣，上海成了全国的工商业中心，随之产生了资金融通的需要。不久，上海就成了全国的金融中心。

在商品经济开始发展的清朝，官方金融体系还未准备就绪，譬如货币体系紊乱，政府未铸造统一的银币。各地使用的货币有银圆、制钱、番银（即洋钱，西班牙、荷兰、墨西哥等国使用的银圆），在成色、形状上各不相同，无法直接进行交易。外地和外国客商携带的银块、银锭、银圆，先要兑换成上海通用的货币或制钱，这种情况为上海钱庄业的发展提供了空间。

乾隆初年起，大批做兑换生意的钱庄在上海十六铺、洋行街、豆市街、花衣街一带兴起。乾隆中期在上海组建钱庄总公所，以联合钱庄的力量，统一兑换与利率。乾隆四十一年（1776 年），钱庄总公所集银千两，买豫园内晴雪堂房屋，作为全行业集会之处。至嘉庆二年（1797 年），已有 149 家业户参加。

沙船主在固定资产上已经投入了大量资金，在流动资金方面必须求助于钱庄。沙船出海时，常借钱庄大量款项，在上海购进土布等货物前往南北销售，并运回南方的木材和北方的油、豆等货物，销售后还清钱庄欠款。有钱庄在资金上提供融通，“买卖豆麦花布，皆凭银票往来，或到期转换，或收划银钱”①，减轻了沙船主的资金流转压力。因沙船海运利润丰厚，钱庄也愿意将资金垫予船主。

19 世纪末至 20 世纪初，上海形成的九大著名钱庄中，宁波商帮开设有 5 家，还有 3 家宁波商帮占有股份。九大著名钱庄中，许多掌事骨干都是宁波帮商人。如镇海方介堂家族、李也亭家族、叶澄衷家族、宋炜臣家族，慈溪董耿轩家族、严信厚家族，鄞县秦君安家族，都开设了多家钱庄。据业内人士估计，当时宁波商帮钱庄的资本，在上海要占钱业总资本额的 60% 至 80%。宁波商帮还进驻天津、北京、武汉、苏州、沈阳等城市，或开设钱庄，或设立分店，各地钱庄声气相通，形成了一张巨大的金融网络。由于宁波商帮资本实力雄厚，势力强，号召力大，上海钱业总公所的总董先后由宁波人担任。

宁波钱庄之所以能在全国各地发展壮大，枝繁叶茂，与它独特的经营之道不无关系。宁波钱庄多与商人往来，经营灵活，以服务商业为宗旨，服务不拘时间，早晚都能融通办理。当时钱庄都有自己的“跑街”，就是放账员，经常为贷款发放、存款兜揽等业务提供上门服务。

鸦片战争后，外资银行陆续进入中国，此时外资银行的业务仅限于洋商，大部分中国商人与外资银行的关系，远不如与钱庄那么密切。另外，由于外资银行在中国内地分支机构较少，其汇兑业务反而需要委托钱庄来办理，所以钱庄庄票被外资银行广泛接受，钱庄与银行形成了利益共享、彼此互补的关系。

钱庄与银行的蜜月期注定是短暂的。随着市场的发展和竞争的深入，外资银行具有规模和制度上的优势，一旦他们在中国站稳脚跟，与钱庄的关系就开始逆转过来。在这一过程中，钱庄由于机构分散，资金短绌，业务保守，越来越难以适应日益复杂的近代工商业经济。

① 《上海碑刻资料选辑》

钱庄和银行这两种跟钱打交道的行当，有着本质上的区别。现代银行业以 1694 年出现的英格兰银行为标志，西方银行建立在法律和契约的基础上，实行抵押贷款，而不仅仅是道德担保。即使在外国，西方银行也能凭借领事裁判权等治外法权来保障相关法律和契约得以实施。而钱庄是建立在信用基础上的，实行的是信用贷款，不需要借方任何抵押，不论贷出多大数目的款项，都只看重对方的人品和信誉。当时山西平遥最大的票号，被誉为“中国现代银行的乡下祖父”的日升昌，曾用“万两银子一句话”来标榜自己的这种信义原则。当然信用也是一种担保，当社会稳定、借贷者经营顺利时，还钱不是问题。一旦社会动荡，借贷者经营失败，钱庄就会血本无归。

宁波商帮清醒地意识到，钱庄迟早会被银行取代，他们审时度势，提前谋划，通过钱庄改制、新建或与在华外资金融机构合并等方式，逐步向现代银行业过渡和转型。1897 年建立的中国第一家新式商业银行（含官股）——中国通商银行，其创办者就是宁波商帮的严信厚、叶澄衷、朱葆三等，傅筱庵、陈笙郊先后担任过通商银行总经理，负责具体的经营事务。同年，中国通商银行先后在北京、天津、广州等地开办分行。中国通商银行的成立，标志着中国传统钱庄正式迈向现代金融业。1906 年，在上海外滩 6 号，中国通商银行总部大楼正式落成（见图 2–5）。

图2–5　中国通商银行总部大楼

1908 年 9 月，在沪宁波商帮人士袁鎏、朱葆三、李厚垣、方舜年、严义彬、叶璋、周晋镳、虞洽卿、陈薰等，集资成立了四明商业银行。四明商业银行不仅资本金完全出自宁波商帮，经营管理也全部由宁波人负责。

宁波商帮用商业赚的钱开办钱庄、银行，钱庄、银行的资本再反过来支持商业发展，从而在他们活动的地域形成一股强大的经济实力。这些钱业资本集团以上海为业务活动中心，成为上海重要的金融力量。

随着金融业的发展，1917 年，上海钱业同业公会成立。上海钱业同业公会由上海区域内汇划钱庄组建成立，首任会长是湖州人朱五楼，慈溪人秦润卿任副会长。1920 年朱五楼去世，秦润卿被推举为会长，直至 1935 年主动辞职，秦任职前后凡 18 年。

宁波商人还长期担任新式银行的重要职务。如镇海人盛竹书，曾任交通银行分行经理、浙江兴业银行经理，并一度当选为上海银行同业公会会长；宁波人孙衡甫，长期担任四明商业银行董事长兼总经理；秦润卿任中国垦业银行董事长。

民国时期，在上海乃至全国金融领域，以宁波金融家的活动最为活跃。他们拥有强大的金融资本，社会上将他们统称为"江浙财团"。

浙江兴业银行 1934 年的调查报告表明："全国商业资本以上海居首位，上海商业资本以银行居首位，银行资本以宁波人居首位。"据 1934 年统计，上海的银行资本为 24210 万元，与宁波人有关的银行资本为 19680 万元，占 80% 以上。

1935 年后，在全国范围内留存下来的民族银行有 147 家。在这 147 家民族银行中，除中央银行、中国银行、交通银行、农民银行 4 家特许银行和 43 家由地方当局开设的银行外，其余 100 家商业银行中，由宁波籍人士独资经营的有 11 家，宁波籍人士为主经营的有 13 家，参与经营的有 28 家，即半数以上的银行与宁波人有关。1924 年 5 月成立的旧中国仅有的上海女子商业储蓄银行，行长、董事长也分别由两位宁波籍女子严叔和（严顺贞）与谭惠然担任。

现代金融业除了银行外，还包括证券、保险、交易所、信托公司等。在这些新兴的金融行业中，宁波商帮也是独占鳌头。

1920 年，虞洽卿、盛丕华等创办了上海证券物品交易所，这是中国第一家华人自办的证券交易所。

1921 年，中国第一家信托公司——中易信托公司宣告成立，朱葆三担任董事长，俞佐廷等分任要职。十多年后，孔颂馨又创立了东南信托公司。

余姚人宋汉章出任中国保险公司董事长近 20 年，是名副其实的保险业元老。

宁波商帮中，涌现了一大批金融家，严信厚、朱葆三、秦润卿、宋汉章、傅筱庵、孙衡甫、胡孟嘉等是其中的翘楚。

山西票号主要依靠明清政府扶持，清朝灭亡后，山西票号迅速没落，宁波钱庄则显示出其强大的生命力。直到民国时期，一些开设在上海的宁波籍背景钱庄，其实力和规模与国内几大银行及外国银行相较不落下风。后来经历几次金融危机，直至抗战结束，这些钱庄才逐渐没落。20 世纪 50 年代初，这些钱庄有的改为公私合营，有的关门歇业，宁波钱庄业的历史才正式宣告结束。

这里补充几个常见的金融专业术语。北洋政府期间，当时银行、钱庄用于日常支付的银圆是“袁大头”，10 个袁大头摞起来的高度恰好是一寸，“头寸”这个词便是由此而来的。后来，银行逐渐用“头寸”指代资金数量和款项，这个词就一直沿用至今。收多付少，叫作“多头寸”；收少付多，叫作“缺头寸”；结算收付差额，叫作“轧头寸”；借款弥补差额，叫作“拆头寸”；想方设法调进款项，叫作“调头寸”；暂时未用款项大于需用量，叫作“头寸松”；资金需求量大于闲置量，叫作“头寸紧”。

第五节　从本帮裁缝到红帮裁缝

服装不仅起保暖的作用，一定程度上还体现了着装者的身份和品位。在我国历史上，曾经发生过多次服装改革，其中有三次改革最为著名。第一次是赵武灵王“胡服骑射”改革，这在司马光的《资治通鉴·周纪·胡服骑射》中有详细记载。第二次是魏孝文帝以典雅宽松的汉族衣冠代替游牧民族的服装样式，这一改变在北朝时期的石窟、壁画、陶俑等艺术作品中有展示。第三次是盛唐时期，男女服饰在吸收胡服式样的基础上推陈出新，一改汉魏时期宽衣博带的风格，出现了宽袖的对襟衫、长裙、披帛，还配上了幞头、圆领袍衫、革带和长靿靴等服饰，这一变革在唐代仕女图中有所呈现。

唐文宗即位后，要求公主们在觐见之日，需穿大袖衫、纱衣以代替窄袖上衣。大袖衫宽大华丽，比通常的宽袖外衣更宽大，在普通外衣外或披或系，看起来大气飘逸。从此以后，大袖衫、纱衣逐渐流行于唐朝妇女中，使得社会上出现一股奢华的风气。为抑制这股奢靡之风，据《新唐书·车服志》记载，唐文宗大和六年（832 年），朝廷下诏限制服制，规定“妇人裙不过五幅，曳地不过三寸，襦袖等不过一尺五寸”。然而，“诏下，人多怨者”，可见当时人们对宽衣大袖服装的热爱。

这三次服装改革，基本上都是自上而下进行的一些改良。当时流行的服饰时尚，并非全是源于美感和生活需求，也并非全部基于自我形象和个性的展示，更不是群体认同的体现。《韩非子·外储说》记载：“齐桓公好服紫，一国尽服紫。”齐桓公担心大家都穿紫衣服导致紫布太贵，于是不再穿紫衣服，并对近侍说他厌恶紫衣服的气味。“于是日，郎中莫衣紫；其明日，国中莫衣紫；三日，境内莫衣紫也。”这个故事虽带有滑稽和寓言色彩，却击中了封建专制时代服装变革的一大要因，即君主所好，臣民必追逐之。

鸦片战争后，中国社会孕育着一场大变革。在服装服饰方面，红帮裁缝推动了中国服装技术与样式的一次大变革，其表现为中山装、西装和旗袍逐步替代了在中国流行数百年的长袍马褂。这次服装改革，也诞生了中国服装史上影响最大、最久的一个服装流派——红帮裁缝，从此揭开了中国服装史上崭新的一页，开启了中国现代服装史。

宁波红帮裁缝开创了中国服装史上六个第一——缝制第一套西服、第一套中山装，开设第一家西服店，出版第一部西服理论专著，设立第一家西服工艺学校，生产第一台国产缝纫机（无敌牌）。

西方殖民者侵略中国的时候，很多国家士兵的服装上都带有红色的装饰，而且帽子上有一小束红色的缨子，像一撮红色的毛，因此明末清初时，宁波人将外国人称为“红毛鬼”，以后则以“红毛”泛指西方人。清末民初时，为西方人制做衣服的裁缝，也就称为“红帮裁缝”。自然而然，仍给自己同胞做长袍马褂和瓜皮帽的裁缝，就称为“本帮裁缝”。

红帮裁缝起源于日本，成名在上海。

今天大家所谓的西装，是19世纪70年代之后英国为绅士推出的装束。这种服装不利于大的动作，纯粹就是为“坐着”的权势阶层设计的，象征了行政官员和议会的权势。在19世纪和20世纪交会之初，特别是第一次世界大战后，西装渐渐地被大量制作，用来满足城市和乡村的大众需求。

早在18世纪末，宁波人以“三刀”（剪刀、菜刀、剃头刀）为主体的服务性行业，就已涉足日本横滨。1921年出版的《上海总商会月刊》记载了这样一段历史：

清嘉庆年间（1796年—1820年），鄞县姜山孙张漕人张尚义学会了裁缝手艺，却没法以此糊口，被迫改行在渔船上帮厨烧火。一次出海，因遇大风海难，张尚义抱着一块木板漂至日本横滨，被当地水兵救起。在举目无亲的异国他乡，张尚义寄居码头，凭借裁缝手艺，靠修补救生衣度日。他看到港区内有不少俄国渔民和荷兰客商都穿西装，就趁补衣之机，将洋人的西装拆开，做成样板，学习裁制，渐渐熟能生巧，成为制作西服的高手。后来张尚义返乡，带儿子一同到横滨，在当地创立了“同义昌”和“公兴昌”西服店。他们的生意越做越大，还在日本东京和神户开设了分号。在此期间，张尚义多次返乡，带领奉化江畔的宁波人一批接一批东渡日本，一起经营裁缝生意。

上海市档案馆保存的1928年宁波旅沪同乡会会员题名录中，记录在册的在日本横滨、东京、神户等地洋服店供职的宁波人有15人，可以推测当时在日本经营裁缝生意的人不在少数。其中日本横滨中华街的“隆兴”洋服店当时最为有名，创始者为镇海人刘忠孝。隆兴历经四代人的经营，是一家百年老字号，在日本颇有影响，曾为日本首相田中角荣、大平正芳等日本政要制作西服。当年隆兴洋服店还是宁波红帮裁缝在日本拓业的一个联络站，从上海和宁波启程前往日本的红帮高手踏上日本国土时，都会在那里歇脚中转，然后经隆兴推荐和建议，分散到日本各地打工，或者开创各自的事业。以上史料可以作为宁波红帮裁缝起源于日本的依据。

如果说红帮裁缝起源于日本，那么成名则在上海。1843年11月，襟江带海、拥有开阔腹地的上海对外开埠，远隔重洋来到这里的欧洲人猛增。另外，国内的洋行买办、银行高级职员、富家子弟和社会名流等追随时尚，于是社会上出现了一股“西装热”。《鄞县通志》记载：“海通以外，商于沪上者日多，奢靡之习，由轮船运输而来……往往时式服装，甫流行于沪上，不数日，乡里之人即仿效之，有莫之能御矣。”

“西装热”给聪明能干的宁波裁缝带来了千载难逢的机遇，他们纷纷涌入上海滩，一时间，开张的西服店号如雨后春笋蔓延开来。从1896年奉化人江良通在巨鹿路开设上海第一家西服店“和昌号”起，到1950年的50余年间，上海西服店多的时候达710余家，其中宁波人开的就有420多家，占总数的60%。

1910年，奉化江口王溆浦村人王才运（1879年—1931年）与两位同乡合股，在上海最繁华的南京路（今南京东路）与虞洽卿路（今西藏中路）交汇处，开设了当时最豪华的3层10间门面的荣昌祥呢绒西服店。经过精心经营，荣昌祥成为上海滩名气最大、服务最完善、信誉最可靠的专业服装店。荣昌祥不仅做西服及呢绒批发生意，还兼营衬衫、羊毛衫、领带、领结、领带夹、呢帽、吊带袜、皮鞋等。当时正值辛亥革命前后，上海集中了许多社会名流和中外客商。这批人一起涌入上海，自然有无限商机。应该说，王才运及时抓住了这一商机。作为行业领头人，王才运后来被推选为南京路商界联合会会长和上海各马路商界联合会副会长。

1925年5月30日，上海发生了震惊中外的五卅惨案。义愤填膺、怒不可遏的王才运，积极投身到这场声势浩大的反帝爱国运动之中，他以上海各马路商界联合会副会长身份，领导商界参加罢市斗争，同时提倡国货，抵制洋货，有力地打击了帝国主义的嚣张气焰。王才运的行为激怒了殖民当局，他的名字赫然出现在租界巡捕房抓捕名单之中。所幸他及时转移，得以躲过一劫。

1926年春，王才运作出了一个惊人的选择：彻底告别荣昌祥。王才运认为，荣昌祥经营的商品主要来自英国，这违背了他“不买卖洋货”的誓言。为了实现这个誓言，王才运抛下如日中天的荣昌祥，把荣昌祥交给外甥女婿王宏卿经营，又把大部分资产以分红的形式分给门生子侄，然后携家眷离开上海，回到家乡奉化。在经商与爱国之间，他毅然选择了后者。回到家乡的王才运并没有赋闲，而是积极投身地方设施如公路的建设中。当时北洋政府外交总长、奉化老乡王正廷博士称他是位“模范商人”。

接手经营荣昌祥的王宏卿，除了在经营理念上承袭王才运外，在反帝爱国的精神理念上更是一脉相承。为了支持抗战，他经常为共产党提供军需物资，暗中帮助共产党。1959年9月，荣昌祥并入春秋西服商店。王宏卿于1972年逝世，享年73岁。

在红帮裁缝发展历史上，不得不提到一位理论与实践兼具的大师级人物——顾天云。顾天云1883年出生于鄞县下应，15岁到上海学习裁缝，满师后东渡日本，在东京开设了“宏泰”西服号。数年后，顾天云远渡重洋，先后考察了欧美10多个国家，积极吸纳新的服装款式、新的成衣技艺和经营经验。他还拜访欧美多位名师，搜集各类资料，加以潜心研习。他说：“予在国外廿年，默察外人之业此者，莫不悉心研究。”

1923年，顾天云回到上海，开始以全新的理念和方法经营宏泰西服号。同时，他还把许多精力放在现代服装裁剪技术与服装文化研究中。十多年中，他苦心孤诣，最终于1933年在上海出版了他编著的中国第一部系统性西服理论著作——《西服裁剪指南》。

顾天云在商业经营和著书立说的同时，还协助上海市西服商业同业公会理事长王宏卿等，于1940年创办了中国第一家西服职业学校——上海西服业职业学校，并被推选为校长。在他的教授下，很多学生后来都成了服装界精英。

宁波红帮裁缝在上海创业的同时，也把目光投向同属长江三角洲区域的宁、苏、锡、常等城市。例如，苏州最早的西服店是宁波人李来义于1905年前后年开设的“李顺昌”西服号，李顺昌所在的天赐庄也成了苏州西服业的起源地。后来，李来义的两个儿子又分别在南京开设了李顺昌分号。时至今日，南京李顺昌仍沿用当年的旗号，是南京乃至江苏省的百年名店。

在天津与外国通商之前，宁波商人就不断从海路奔向天津寻找商机。宁波裁缝凭借宁波商帮在天津扎下的根基，早在19世纪末就在那里悄然兴业。到20世纪二三十年代，中西裁缝聚居地“小白楼”，宁波红帮裁缝可以说红极一时。小白楼的江厦里，居住着西服高手何庆锠等上百个宁波红帮裁缝，以致天津人后来将江厦里称为“裁缝里”。

1905年，哈尔滨正式开埠，大量外国侨民尤其是俄国人纷纷涌入。从那时起，善于抓机遇的宁波裁缝便从上海出发，北上大连、沈阳、长春、哈尔滨，以及中俄杂居的海参崴展业。当年在海参崴的中国街上，裁缝基本上都是宁波人。

1906年，鄞县姜山人李玉堂在北京王府井开设了“新记”西服行，10余年后一跃成为京城最著名的西服店，为许多名人和外国领事人员制作西服。据北京市商会西服公会有关档案记载，当时北京全市入会的西服店共22家，其中宁波人开办的有18家。宁波红帮裁缝进京后，引发了服装款式创新、面料创新、工艺创新和店堂创新，创建了一批享誉京城的老字号。在“九省通衢”武汉，在兰州、西宁、乌鲁木齐等西部地区，在港澳台和东南亚地区，宁波红帮裁缝展业都获得了成功，取得了非凡的业绩。

中华人民共和国成立后，考虑到为外宾和中央领导就近制衣比较方便，同时也为了带动首都服装业的发展，1956年4月底，北京市市长彭真出面，把在上海经营“波纬”西服店的余元芳、余长鹤两兄弟（奉化白杜人），以及“波纬”西服店14名职工，从上海调入北京。

调入北京的波纬西服店背靠外交部，面向使馆区，可谓顾客云集，名扬京师。余元芳先后为刘少奇、周恩来、李先念、叶剑英、贺龙、罗荣桓、郭沫若等党和国家领导人制作过西服、大衣或中山装等服装，为刘晓、黄镇、姬鹏飞、伍修权、丁国钰、徐以新等外交使节和西哈努克、恩克鲁玛、卡斯特罗等外国元首做过西服。

20世纪50年代到60年代，周恩来总理的内衣外套，几乎都出自余元芳之手。每逢出国访问，或参加重大国际会议，或会见外国贵宾，周总理总是委托余元芳准备中山装或西服。1964年，余元芳被周总理安排到会见厅，让其目测来访的西哈努克亲王和妻子、王子，随后为三人制作大衣和西装。过了两天，衣服交货，西哈努克一家穿上后拍手叫绝，可见余元芳技艺之精。

宁波红帮裁缝还有一个伟大贡献，就是设计制作出了国服——中山装。1905 年，孙中山先生在横滨组织同盟会，宁波裁缝根据孙中山先生的意见，以日本士官服为原型，改制设计了早期的中山装。虽然这套中山装不同于后来的形制，却迈出了中山装成为国服的第一步。1913 年，在孙中山先生的指导下，荣昌祥裁缝王才运改进了中山装外形，制作了中国第一件中山装并将其定型。孙中山试穿后认为样式简朴庄重，大为赞赏。1929 年 4 月，国民政府第二十二次国务会议议决《文官制服礼服条例》，明确“男子礼服为中山装”。至此，经国民政府明令公布，中山装成为法定制服。

宁波红帮裁缝精湛高超的技艺和精明灵活的经营方法，是他们在市场上立于不败之地的法宝。清朝学者、书法家钱泳（1759 年—1844 年）在他的著作《履园丛话》中有一则“书屑偶拾”——《成衣匠的诗外功夫》，其中写道：“某家仆人去为主人定做衣服。宁波成衣匠询问他家主人的性情、年纪、状貌，以及何年得科第，独独不问尺寸。仆人觉得奇怪。成衣匠告诉他：‘少年科第者，其性傲，胸必挺，衣需前长而后短。老年科第者，其心慵，背必伛，需前短而后长。’”

这种有别于单纯的量体裁衣的“诗外功夫”，正是艺术所推崇的“神形兼备”的境界。为了达到这种境界，从业者都具有深厚甚至让人匪夷所思的基本功。例如，针对西服面料厚、辅料硬的特点，他们通过练习“热水里捞针”“牛皮上拔针”等特殊功夫，来提高运针的速度和力度。人的躯干和四肢千差万别，从头到脚各个部位的尺寸和比例都不可能完全一样，所以量体是裁缝的一项硬功夫。宁波红帮高手不但能根据顾客的身材将衣服尺寸量准，还能在特殊情况下，凭一双眼睛“以目测代尺量”。此外，为把生意做大，他们还利用业余时间刻苦进修英、俄、日、德等外语，以更好地适应西方侨民顾客的要求。

美国当代作家格拉德威尔在《异类》一书中曾提出过“一万小时定律”：人们眼中的天才之所以卓越非凡，并非天资超人一等，而是付出了持续不断的努力。1 万小时的锤炼，是任何人从平凡变成世界级大师的必要条件。

在这个世界上，震撼人心的不一定非是做出什么惊天动地的大事，把一份平凡的工作做到极致，不仅是对别人的尊重，也是对自己的尊重。

这样精工细作做成的西服，实质上已超越了单纯服装的含义，成为一种精美的手工艺品，不但具有实用价值，还具有欣赏和收藏价值。做衣服，对以此挣钱谋生的人来说是技术，对投入情感和心力的人来说则是艺术，看似相仿，境界迥异。产品是外在的形，背后是工匠的心。不只把工作当作赚钱的工具，而是树立一种对工作执着，对产品精益求精、精雕细琢的精神，这就是所谓的“工匠精神”。

南宋时编著儿童启蒙读物《三字经》的宁波籍大儒王应麟，曾提倡“教之道，贵以专”。世界之大，社会分工之繁复，一个人很难成为通才。但扎根一个“细分领域”深耕不懈，乃至成为该领域的翘楚，当是适合大多数人的选择。

法国人类学家列维·斯特劳斯说：“技艺，是人在宇宙中为自己找到的位置。”

西方工业革命的成果之一——缝纫机传入中国，也给中国传统的手工服装业带来了一场历史性的变革。

珍妮纺织机的发明标志着工业革命的开始，纺织业从此由家庭手工业走向工厂化的大规模生产，同时刺激了缝纫机的发明与进步。1851年，美国人梅里特·胜家发明了手摇缝纫机，缝纫速度为600针/分，效率超过10名手工操作的缝纫师。1855年，在法国巴黎世博会上，这种叫作“胜家”的手摇式缝纫机受到关注，并一举拿下大奖。此后胜家缝纫机大量生产，并逐步增加了钉钮扣、锁钮孔、加固、刺绣等功能。缝纫机也开始从美国走向世界，风靡全球，“胜家”几乎成了缝纫机的代名词。

欧洲服装行业技术进步的风气，也漂洋过海传到了上海。1872年12月14日，上海《申报》刊登了一则晋隆洋行“成衣机器出售”的商业广告。广告中说：“新到外国缝纫机数辆，每辆洋价50两，欲购请来本行接洽。”这则广告是如今能找到的缝纫机最早进入中国市场的资料。广告中晋隆洋行（美商洋行）销售的缝纫机，正是美国胜家公司的产品。50两白银远超普通家庭能够承受的范围，但凭借分期付款的办法，胜家缝纫机很快成为上海裁缝师傅们首选的制衣机器。

到1900年，仅在上海开设的缝纫机销售店就有数十家，但基本被英、美、德等国商人垄断。也就在这一年，奉化人朱兆坤在上海郑家木桥（今福建南路20号）开设了一家美昌缝纫机商店。该店主要从国外进口一些缝纫机出售，也进口和仿制一些零部件，并经营缝纫机修理业务，这是中国人开设的第一家缝纫机商店。

1919年1月，余姚人沈玉山和美国胜家公司职员高品章、张明生合资，在上海法租界开了一家商店，以销售进口的国外缝纫机为主，同时承接旧缝纫机翻新业务。因中国人将缝纫机形象地称为“铁车”，因此商店取名“协昌铁车铺”，以“协昌”来喻意三人同心协力，事业昌盛。事实正如三人所愿，协昌铁车铺发展迅速，1922年店名改为协昌缝衣机器公司。

当时南洋客商每年要从中国大量采购草帽，协昌公司从中看到了商机，不再局限于做机器转手生意。在对国外缝纫机深入研究的基础上，协昌公司生产出一台用来制作草帽的工业用缝纫机。1926年，协昌公司在上海嵩山路70号筹备建厂，并于1927年成功生产出一台25K55型草帽缝纫机，这标志着上海诞生了中国第一台国产工业用缝纫机。该机投产后，生产了近200台投入市场。

1940年，协昌公司看到市场对家用缝纫机的需求不断增大，于是从国外买来零件，加上一些自制小部件，成功组装了1580、1535两种型号的家用缝纫机，以及4413型工业缝纫机。协昌公司受到美国米高梅电影公司片头金狮形象的启示，设计了自己的品牌商标“红狮牌”“金狮牌”，希望协昌能和米高梅电影公司一样，事业不断发扬光大。

协昌公司生产的缝纫机很快就受到了民众的追捧，工厂规模逐步扩大。到1946年，协昌公司将品牌名改为“无敌牌”，取“打遍天下无敌手”之意。1966年，公私合营上海协昌缝纫机厂改名为“国营上海东方红缝纫机厂”（后改称“上海缝纫机二厂”），“无敌牌”取其谐音，改为“蝴蝶牌”。20世纪70年代，上海生产的“蝴蝶牌”缝纫机、“上海牌”手表和“凤凰牌”自行车，一起被列为家庭生活中的“三大件”，成为一个时代的记忆。

与协昌公司相仿，最早看到家用缝纫机市场需求潜力的，还有奉化人阮贵耀。他早在1924年已在上海新北门三星里1号开设阮耀记袜机袜针号，主要经营袜机、袜针、丝光纱线等商品。

1936年，随着国外缝纫机开始大量进口，阮贵耀将目标转向缝纫机零件和缝纫机制造。1937年，他在上海成立了阮耀记制造缝纫机器厂（后改名为“中国阮耀记制造缝纫机器厂”），以“飞人牌”为注册商标，生产15–30型缝纫机。随着知名度不断提高，阮耀记的生产规模迅速扩大。到1940年，阮耀记生产的缝纫机月产已由起初的20台增至40台。

1949年后，私营的阮耀记制造缝纫机器厂改为国有，更名为“地方国营上海第一缝纫机器制造厂”，仍以“飞人牌”为商标，先后研制出多种型号的家用、工业用缝纫机。“飞人牌”同“蝴蝶牌”一样，成为全国家喻户晓的缝纫机著名品牌。

20世纪50年代初，我国服装工业面临从手工到机械化过渡的阶段，一些服装企业推广使用缝纫机。到六七十年代，拥有一台缝纫机成为家家户户的梦想，但市场上几乎买不到关于缝纫机使用和维修的相关书籍。

既有丰富服装生产和制版经验，又有理论研究水平的宁波甬江湾头人包昌法，于1952年编写出版了《缝纫机学习讲话》一书，受到市场的好评。接着他又出版了《巧裁缝》《怎样学习缝纫》等书。1959年，《巧裁缝》被上海科教电影制片厂拍摄成科教片，这可能是我国裁缝写裁缝事迹的第一部科教电影。1954年，另一位服装专家、鄞县人戴永甫出版了《缝纫机的使用与修理》，帮助大家解决缝纫机日常使用中出现的一些常见问题。这些书籍的出版，帮助广大妇女掌握了缝纫机使用技术，使她们从手工缝缝补补的家务劳动中解放出来，不仅有了一技之长，也使缝纫工成为一个工种，扩大了广大妇女的就业面。

宁波商帮为中国服装工业生产出了第一台缝纫机，到1982年，我国缝纫机的年产量达到1286万台，居世界第一位。到21世纪初，全球有70%以上的缝纫机产自中国。

第六节　电影及娱乐业

在改变人类生活的重大发明中，电影无疑是其中之一。

1895 年 12 月 28 日，在法国巴黎一家咖啡馆地下室，卢米埃尔兄弟向观众展示了他们的新发明：电影与电影放映机。电影与电影放映机的发明，使人类第一次神奇地实现了“时空大挪移”，综合了建筑、音乐、绘画、雕塑、诗和舞蹈的第七艺术[①]就此诞生。一年半后，这种来自西方的“影戏”，在上海礼查饭店和张园先后放映，中国人由此见识了什么叫电影。

1905 年，在北京琉璃厂土地祠旁的丰泰照相馆门口，一位京剧名角身扎黄靠，气定神闲地要了一套大刀花。摄影师用手摇摄影机全神贯注地拍摄……这是中国第一部电影的拍摄现场。这位在镜头前要大刀的演员，就是京剧名角谭鑫培。第一个吃螃蟹——出资拍摄电影的人叫任庆泰，拍摄的这部影片名字叫《定军山》(见图 2–6)。至此，中国电影制作的帷幕徐徐拉开。

图2–6　《定军山》剧照

① 意大利诗人和电影先驱乔托·卡努杜于 1911 年提出此概念。

后来《定军山》的片子被拿到前门大观楼熙攘的人群中放映，一般认为《定军山》这部影片宣告了中国电影的诞生。其实《定军山》只能算戏曲片段的影像化，国内拍摄的第一部真正的电影，还得从1913年张石川、郑正秋合作拍摄的剧情片《难夫难妻》说起。

张石川、邵醉翁与郑正秋三人，被业界认为是中国电影的拓荒者，前两位都是宁波人，后一位是广东潮州人。从中国电影诞生起，宁波人就与中国电影事业的发展如影随形。从电影编剧、导演、演员，到摄影、录音、美工、剪辑、服装、道具、化妆等从业人员，再到电影评论家、电影管理者，几乎电影业的每个行当都有宁波人的身影。（见附录2）

一、中国电影的开拓者——张石川

张石川（1889年—1953年，见图2-7），原名伟通，字蚀川，浙江宁波人，是中国第一代电影导演的中坚。

图2-7　张石川

16岁那年，张石川的父亲去世，张石川随后来到上海，投奔舅父经润三，在经润三经营的华洋房产公司当了一名小职员。张石川白天上班，晚上进夜校补习英文，不久就能说一口流利的洋泾浜英语。这口洋泾浜英语为他架起了日后与美国电影人沟通的桥梁，改变了他的人生。

1913年，美国商人依什尔和萨佛到上海开办亚细亚影戏公司，他们认识了张石川并且很赏识他，于是聘请他担任顾问并主持制片业务，这年他才24岁。当年9月，张石川、郑正秋合作导演了《难夫难妻》，成为中国故事片电影的开山之作。

1914年，由于第一次世界大战爆发，外国胶片断档，亚细亚影戏公司随之关门大吉。1916年，美国胶片重新进入上海，张石川心痒难耐，和朋友合办了幻仙影片公司，并将文明戏《黑籍冤魂》搬上银幕。影片推出后，虽然颇受社会各界的关注，但因为公司资本过于单薄，不久就因为资金周转不灵宣告歇业了。

1922年3月，张石川和郑正秋、周剑云、郑鹧鸪、任矜苹等5人凑了万把块钱，对外号称5万元资本，在上海贵州路7号亭子间，也就是大同交易所旧址，创立了明星影片股份有限公司，这是中国电影发展史上经营时间最长、社会影响广泛的民营影片公司，这5位创始人被称为“明星五虎将”。按公司内部分工，张石川任经理兼导演（主要是导演），郑正秋任协理兼编剧（主要是编剧），周剑云任发行，郑鹧鸪任剧务主任，任矜苹任宣传兼交际。

明星公司的宗旨十分明确，5位创始人在“明星影片股份有限公司组织缘起”中申明，电影“与国民道德实业发展有莫大关系”，可以“补家庭教育暨学校教育之不及”，电影事业“发达在所难免”，“影戏潮流，势必膨胀于全世界”。他们“抱定创作新企业的宏愿，秉着为艺术而奋斗的精神”，开始了艰难的创业之旅。这家公司后来成为中国资格最老的影片公司，在中国电影史上占据了重要地位。

张石川在36年的从业历程中，共编导了题材各异的120多部电影，这在中国电影史上是绝无仅有的。他凭着良好的英文功底，专攻西洋影戏导演技巧，在早期电影艺术上的探索功不可没。1928年，为追求票房价值，他导演了武侠神怪片《火烧红莲寺》，并连续拍了18集，在电影制片公司中掀起了一股竞相拍摄此类影片的潮流。

为避开同质化竞争，张石川另辟蹊径。1927年10月6日，纽约观众在观看华纳兄弟公司出品的《爵士歌王》时，片中主角的一句“等一下，等一下，你们还什么也没听到呢”，标志着有声电影诞生。1931年，张石川导演了由洪深编剧、以蜡盘配音的中国第一部有声电影《歌女红牡丹》。

为掌握先进的拍摄、录音等技术，1931年6月，明星影片公司派洪深去美国购买先进的摄影器材，同时聘用美国摄影师、录音师等各工种人员15人拍摄电影。洪深从美国返回后，8月份即紧锣密鼓地拍摄《雨过天青》，这是明星公司制作的第一部片上发声的电影。此后，明星公司继续推进有声电影技术，于1931年底启动拍摄《旧时京华》，1932年1月底拍摄完成。该片原计划春节时在卡尔登大戏院上映，因一·二八战事爆发，这部投入巨资拍摄的电影，票房受到严重影响。

张石川刚从业时，有过两家影片公司因资金短缺倒闭的经历，因此他后来拍片注重

“票房价值”。鸳鸯蝴蝶派影片赚钱就拍才子佳人片，武打片卖座就拍武打片；左翼电影兴起，他就拍《脂粉市场》《前程》《压岁钱》等片；为了配合国民党剿共，他拍了纪录片《剿匪纪实》；抗战爆发，他就拍摄表现抗日内容的《战地历险记》。

张石川 1953 年 6 月在上海去世，终年 62 岁。

二、邵氏影业奠基人——邵醉翁

邵醉翁（1896 年—1979 年，见图 2-8），原名同章，字仁杰，号醉翁，镇海庄市人。中国近现代电影制片人、导演和编剧。

图2-8 邵醉翁

1914 年，邵醉翁从上海神州法政专门学校毕业后，任上海地方法院及会审公廨执业律师。1921 年改行从商，在津、沪、浙与人合办 30 余家商号，还曾与朱葆三等人合资创办中法振业银行，并被推为经理。后因经营华商蛋厂失败，痛感商业活动中有人不讲诚信，甚至尔虞我诈，认为要感化人心，移风易俗，当时刚从西方传进来的舞台剧（当时称“文明戏”）投资不多，通俗易懂，可以试试。1922 年，邵醉翁和张石川、郑正秋等集股接手经营“笑舞台”，从事文明戏演出，张石川负责前台（经营），郑正秋负责后台（编剧、导演）。他们还组织剧团，演出自编讽世剧本。不久，张石川、郑正秋离开笑舞台，创办了明星影片公司。笑舞台失去了两个骨干台柱后，邵醉翁对从事文明戏产生了动摇。

1923年底，张石川、郑正秋等用8个月时间拍摄的电影《孤儿救祖记》上映后获得巨大成功，票房收入丰厚。看到拍摄电影能挣钱，邵醉翁下决心投身电影业。1925年6月，邵醉翁以笑舞台人员为班底，投资1万银圆，在闸北横浜桥创办了天一影片公司，自任总经理兼导演。他二弟邵邨人（仁棣）任会计，三弟邵仁枚主管发行，六弟邵逸夫（仁楞）任外埠发行，负责开拓南洋市场。一家六兄弟中四人从事电影行业。

天一公司成立后，邵醉翁一连推出了3部片子——《立地成佛》《女侠李飞飞》《忠孝节义》，3部片子为他赚了不少钱。尝到电影行业的甜头，一家人从此都与电影结下了不解之缘。

由于电影行业利润可观，一时国内电影公司如雨后春笋般冒了出来，单上海一地就有40余家。影片内容大都雷同，哪类片子挣钱，大家就一窝蜂地拍摄，许多影片很快就失去了观众和市场。

邵醉翁则另辟蹊径，专拍以民间故事和古典小说为蓝本的古装片，如《梁祝痛史》《义妖白蛇传》《珍珠塔》《孟姜女》等。此类故事观众耳熟能详，因此很受欢迎。尤其在南洋一带，因具有文化亲近性，广受当地人们的喜爱，于是邵醉翁便把发行重点放到南洋。1927年，邵氏兄弟在新加坡成立邵氏兄弟公司，专营南洋发行。同年与南洋制片商开办的青年影片公司合资拍片，拍摄了《刘关张大破黄巾》《西游记女儿国》等近10部此类影片。在这期间，邵醉翁还以天元公司、天生公司的名义，独资拍摄了《宏碧缘（连续4集）》《滑稽空城计》《裁缝店》，以及《狸猫换太子》《五鼠闹东京》《七侠五义》等连续剧。

邵醉翁拍摄的电影火爆，不得不提他捧红、后成为他夫人的“电影皇后”陈玉梅（1910年—1985年）。1926年，邵醉翁与裘芑香联合执导影片《唐伯虎点秋香》，大胆起用年仅16岁的新人陈玉梅扮演秋香一角。影片公映后，社会反响热烈，陈玉梅也一举成名。此后，陈玉梅成为天一公司排在吴素馨之后的“主要演员”。接下来的8年内，陈玉梅主演了《生机》《挣扎》等30余部电影，其中多部反映社会现实题材的影片受到左翼影评人士的关注。1934年结婚后，陈玉梅逐渐淡出银幕。

随着南洋发行放映网络不断扩展，特别是1930年邵逸夫加入南洋院线扩展，邵氏电影机构形成了“上海制片—南洋发行”的商业模式，经营规模不断扩大。同期，天一公司在上海持续拍摄并推出武打神怪片，如《火烧百花台》《乾隆游江南》等。邵醉翁善于在拍摄影片中运用电影特技，剧中人物能腾云驾雾，御风而行。再加上刀光剑影，飞檐走壁，观众惊奇之余，也成为闲谈中的热门话题，提高了片子的卖座率。

1929年，美国有声影片大量进入中国，垄断了整个上海电影市场，各家影院纷纷改换设备，放映有声影片。形势逼人，天一公司必须跟上时代潮流，才能与洋商抗衡，于是邵醉翁积极筹备有声影片的试拍工作。

早期有声电影技术探索，经过了蜡盘发音和片上发音两个阶段。蜡盘发音是将声音录制在特制的蜡盘唱片上，再用一种与放映机同步的唱机为影片配音。蜡盘发音因声画不同步，很快被淘汰。片上发音，则是利用声光转换原理，将声音录制在胶片右侧的声带上，再通过放映机上的还音装置与画面同时播放。中国有声电影的摄制，最初也是从蜡盘发音入手的，《歌女红牡丹》《虞美人》，是中国最早的两部蜡盘发音有声片。

1930 年，天一公司开始试拍蜡盘发声短片《钟声》。天有不测风云，在电影拍摄期间，摄影棚突然失火，导致拍摄的影片被烧毁。在这个艰难时刻，邵醉翁表现出了电影大亨的大格局、大气魄，他不仅在法租界甘世东路（今嘉善路）140 号重建摄影棚，而且不惜重金，从美国聘请摄影师凯恩、录音师白立登和克林等人前来公司工作，并租借了这些美国人的有声器材。在资金和技术的支持下，公司还邀请到其他影片厂的女明星客串表演。

1931 年 10 月 10 日，天一公司生产的国内第一部全程片上发声电影《歌场春色》在上海"光陆""南京"两家影院首映，轰动一时。此后在国内和南洋各地放映都很卖座，邵醉翁名利双收。到 1932 年，天一公司技术人员，包括邵醉翁的儿子邵维鹤等人，已经掌握了有声片的制作技术。

一·二八战事爆发后，在民族危亡的关键时刻，国内抗日情绪高涨，拍摄抗战题材的影片成了当时的主题。邵醉翁很快拍摄了《上海浩劫记》等宣传抗日的有声纪录片，在国内和南洋上映后，得到广大观众和社会舆论的广泛好评。

1930 年 3 月 2 日，中国左翼作家联盟在上海成立。无产阶级的革命思潮也影响到了电影界，上海随后出现了左翼电影运动。邵醉翁积极参与到这一运动中，公司先后吸收了汤晓丹、沈西苓、田方（中华人民共和国成立后任中央电影局副局长、中国电影工作者协会副主席）、司徒慧敏（中华人民共和国成立后任中央电影局技术处长）等一批左翼文艺工作者，让他们分别担任编剧、导演、演员、美工、录音等工作。邵醉翁还拍摄了 9 部左翼电影，如《挣扎》《飞絮》。此外还拍摄了抨击封建婚姻制度、揭露阶级矛盾的《芸兰姑娘》《挣扎》（被禁止在租界公映）等，根据莫泊桑短篇小说《项链》改编的《一夜豪华》和宣传抗日的《东北二女子》等。

1933 年初，天一公司在原有的摄片部外，又增加了代摄部、播音部、机器部、唱片部和印刷部。这一年，天一公司共拍摄了 10 部影片，其中为百代公司拍摄的、由谭富英主演的《四郎探母》，是中国第一部有声京剧电影。此外，还为香港公司拍摄了有声故事片《白金龙》。1934 年，天一公司共拍摄了 18 部影片，大多是鸳鸯蝴蝶派题材，比较有影响的是根据叶浅予同名连环画改编的《王先生》。

邵仁枚、邵逸夫在南洋经过近 10 年的艰苦努力，在当地打开了局面，具备了一定的经营基础。1934年夏，邵醉翁在九龙清水湾设立香港分厂，专门拍摄粤语片。当时，除港澳外，粤语片在马来西亚、新加坡、泰国、印尼、缅甸、菲律宾、澳大利亚以及南北美洲，都有大量华侨观众，因此业务发展很快。此消彼长，自1935年后，天一公司在上海的制片活动逐渐下降。

1937年8月13日，日军大举进攻上海，淞沪会战爆发。鉴于上海形势不稳，邵醉翁把天一公司的大部器材设备迁往香港。

1938年，邵醉翁和弟弟们创建的南洋影片公司（后更名为"邵氏父子公司"），已拥有香港九龙清水湾制片厂4座摄影棚，以及在香港和东南亚的40家电影院。后又在新加坡建立摄影棚，可以在香港和新加坡两地同时拍片。

1941年12月，太平洋战争爆发，不久香港沦陷，邵氏兄弟的电影事业陷入困境。1945年8月日本投降后，邵氏兄弟重振雄风。

邵醉翁因家眷住在上海，经常往返沪港两地。抗战胜利后他已年过半百，留港时间逐渐减少，事业大权逐步移交到邵仁枚、邵逸夫手中。晚年的邵醉翁闲居上海，1979年在上海病逝。

三、中国电影界先觉人物——任矜苹

1926年4月，上海合作出版社出版了一部由徐耻痕主编的《中国影戏大观》。这部电影史料专著编纂严谨，保存了大量中国无声片时期的资料，是研究中国早期电影发展历史的重要文献。该书辑录了上海明星、天一、国光、友联、大中国、长城、民新等23家影片公司的创立经过，还介绍了90位电影企业家、导演、编剧、演员的简历。其中详细介绍了一位宁波鄞县籍鸳鸯蝴蝶派作家兼中国早期电影界的一位重要人物——任矜苹先生。任矜苹被《中国影戏大观》评价为"中国电影界之先觉人物"，但是生卒年月不详，甚至也没有留下一张清晰的正面照片。在中国早期电影公司创立、电影明星发掘、电影类型片拍摄、电影发行放映宣传、电影专业期刊出版及电影合作制片等方面，任矜苹都进行了可贵的探索，他的勇敢、智慧、敬业和开创性尝试，给后来的电影人带来有益的启发和激励，任矜苹也被称为电影界"多面手""智多星"和"交际博士"。

作为明星公司主管宣传兼交际的公司要员，为了宣传电影，开拓观众视野，提高观众的欣赏能力，任矜苹成立了晨社，并担任经理和明星公司内部刊物《晨星》杂志主编。1924年5月，任矜苹在晨社创办了报道电影动态的专业刊物——《电影杂志》。《电影杂志》每期都会介绍一部明星电影公司发行的影片，并且在刊物封面或页眉上标明为"《晨星》××号××影片特刊"，简称"××影片号"。无意之中，任矜苹开创了电影公司出版电影特刊的先河。事实证明，通过刊载电影拍摄花边新闻、电影明星轶事等内容，很容易引起读者观影的兴趣。1925年，他又创办了《电影周报》。在发刊词中，他指出，

“凡中国自制影片之公司，吾人皆乐为赞助，而促成其进步……对于有关电影之学术历史消息等，皆乐与他人共讨论”，显示了开放的胸襟与姿态。

任矜苹在当时电影界有非常好的口碑，上海有报刊发文评论说：“任矜苹在明星影片公司时代，沪人咸视其为交际大家，奔走寓公之门，俨居闻人之列，举动轻捷，谈吐清隽，以年龄尚不满三十，不啻张绪[①]当年……”

任矜苹在业界的好口碑，客观上源于明星公司给了他很多施展才华的空间。在明星公司这个舞台上，无论是发掘明星演员还是引资扩股方面，公司都给了他极大的信任。当然，没有他的聪明勤奋和敬业精神，他也不会给自己赢得好口碑。譬如，正是他慧眼识珠，挖掘出了我国大名鼎鼎的第一代女明星王汉伦（1903年—1978年）。

王汉伦在一篇回忆文章《我的从影经过》中写道：“我当时与一姓孙的住隔壁，明星影片公司的任矜苹常常去找孙家小姐玩。一天，任矜苹与我偶然在孙家相遇，他说我很像一位大家的少奶奶，并说导演张石川正要觅一位这样的演员呢！我先前连电影都没看见过，但经不住他们再三的怂恿，便随他去了……经过任矜苹的介绍，张石川便带我到乡下摄影，并叫我在镜头跟前作喜怒哀乐的表情。每一次他都说好，于是与我签了合同，作他的演员。”

王汉伦也凭着《孤儿救祖记》一举成名，该片于1923年12月22日在上海爱普庐影戏院上映。有史料记载：“未二日，声誉便传遍海上，莫不以一睹为快。”“营业之盛，首屈一指；舆论之佳，亦一时无两。”

《孤儿救祖记》让明星公司名利双收，而且还找准了观众的“兴趣”所在，那就是关注家庭亲情。明星公司此后又接连拍摄了《玉梨魂》《苦儿弱女》等近似题材的影片，这股关注家庭亲情的热潮，一直持续到1928年《火烧红莲寺》等武侠神怪片出现才告一段落。

在《孤儿救祖记》大获成功后，为图更大发展，任矜苹担任了明星公司扩股的负责人。在此期间，他四处奔走，充分施展其交际特长，1924年为明星公司成功实现了扩股，也为国产电影事业的进一步发展作出了积极贡献。任矜苹朋友程步高曾这样描述他：“任君为广告事，终日奔波，马不停蹄。爱穿中山装，挟大公事包，出入交际场中。善辞令，笑口常开。朋友多，人头熟，兜得转，有办法……上海滩一名人也。”明星公司扩股成功后的一次行政会议上，郑正秋推荐他为公司“协理”第二把交椅，肯定了他的贡献和智慧。

由于电影公司之间竞争激烈，公司之间少有合作，更别提借用对方的明星演员了，但任矜苹就能打破这个壁垒。1925年，他在拍摄影片《新人的家庭》时，创造性地集中了当时中国各家电影公司的精英合作拍片。该片演员除了明星公司的张织云、王汉伦、宣景琳、郑小秋、王献斋等明星外，还邀请了汪福庆、黎明晖、杨耐梅等其他公司的明

① 张绪，南北朝时期人，以谈吐风流著称。

星。《明星五虎将》一文中曾记载：“国产影片公司一家家地创办了出来，戴上电影明星荣冠的也产生了不少，于是他又想到联合十大明星来合摄的计划。果然，凭着他交际的手腕，游说的本领，居然得以拉拢了当时的十大明星，而拍摄一部《新人的家庭》。”

四、中国最早武侠片明星——张翼

张翼（1909 年—1983 年），原名张雨亭，出生于上海，原籍宁波慈溪。

张翼中学毕业后当过水手和店员，1925 年前后做过上海海峰影片公司、暨南影片公司的演员，主演了 70 余部武侠片，成为当时知名的武侠明星。1934 年起任联华影业公司演员，在《大路》《狼山喋血记》等影片中扮演角色。

抗日战争时期，曾在香港南洋、上海民华、艺华、光华等影片公司拍摄的《孔夫子》《中国罗宾汉》等影片中饰演重要角色，并主演《武则天》等影片。后在重庆中国电影制片厂任演员。

抗战胜利后加入昆仑影业公司，参加拍摄《丽人行》《大地回春》等 10 余部影片。中华人民共和国成立后，任上海电影制片厂演员，在《宋景诗》《林冲》等影片中担任重要角色，艺术生涯跨越默片至彩色电影时代，一生拍摄影片 120 余部。

五、国歌从这里唱起——金城大戏院

现今，上海黄浦剧场大门口有一行醒目的标语：“国歌从这里唱起。”黄浦剧场前身为“金城大戏院”，1935 年 5 月 24 日，电影《风云儿女》（见图 2–9）在金城大戏院举行首映仪式，电影主题曲就是《义勇军进行曲》。1949 年中华人民共和国成立时，该曲被定为代国歌。金城大戏院老板是宁波鄞县的柳中亮（1906 年—1963 年）、柳中浩（1910 年—1990 年）两兄弟，他们的电影公司和放映场所在当时的上海占有重要地位。

图2–9　金城大戏院《风云儿女》放映广告

柳氏兄弟的父亲柳钰堂早年在上海轮船招商局任职，积攒了一笔不小的财富。由于从小耳濡目染了上海滩各种新鲜时髦的玩意儿，兄弟俩对继承父亲的航运事业不感兴趣，而是将目光和财富投向了当时最热门的电影业。

20 世纪 20 年代，全球电影业都在蓬勃发展，上海这个远东最大的城市也不例外。在宁波老乡张石川、邵醉翁等人的带动下，电影行业迅速崛起，看电影俨然成为那个年代最时髦的消遣。因为有市场，竞争自然也很激烈。那时上海有上百家大大小小的电影院，而且多以放映好莱坞电影为主，一线影院几乎都被洋人控制。想要进入上海电影业，柳氏兄弟根本没有经验，也没有经济实力去参与竞争。

1927 年，国民政府刚刚定都南京，南京的电影市场潜力很大，于是他们把目光瞄准了南京。1929 年 10 月，柳氏兄弟在南京新街口拥有近千个座位的世界大戏院开门营业。柳氏兄弟的这一策略果然大获成功，世界大戏院一经开张，生意就十分红火。

在南京试水成功后，柳氏兄弟不仅积累了经营经验，还挣到了不少钱，于是他们接下来就杀回上海，毕竟上海才是当时中国的经济和文化中心。1933 年，柳氏兄弟承租联华影业罗明佑在上海北京路、贵州路口投资兴建的金城大戏院。1934 年 2 月 1 日，拥有近 1800 个座位的金城大戏院正式开业，前来捧场的观众一时爆满。据《申报》报道："楼上楼下均告满座，门前车水马龙，盛极一时。该院建筑之宏丽，设施之新颖，布置之完美，座位之舒适，莫不称羡，均道极端完美。"

为了吸引更多观众，柳氏兄弟一方面推行低票价策略，一方面十分重视宣传，不仅在各大报纸刊物上刊登影片放映预告，还出版免费的《金城月刊》向观众赠送，以期扩大宣传效果。

1931 年九一八事变后，各界掀起了声势浩大的抗日救亡浪潮，电影界也不例外。为了支持民族电影事业，柳氏兄弟将金城大戏院定位为专门放映明星、联华、天 等国内电影公司出品的新片，以抗衡好莱坞影片。1934 年 6 月，由联华影业公司出品、蔡楚生编导、王人美主演的影片《渔光曲》在金城大戏院首次公映。之后的 84 天里，金城大戏院几乎场场满座，天天加场，不但创造了国内电影史上的票房新纪录，也让金城大戏院声名鹊起，中国电影从此扬眉吐气。该片曾参加莫斯科国际电影节，荣获第 9 名，这是中国首部获得国际荣誉的影片。

1935 年 5 月，由田汉、夏衍编剧，许幸之导演的电影《风云儿女》在金城大戏院上映。田汉作词、聂耳作曲的《义勇军进行曲》作为影片主题歌，首次在这里唱响，并迅速传播到全国各地。1935 年 7 月 17 日，聂耳在日本游泳时不幸溺亡。8 月，金城大戏院举行聂耳逝世追悼会，再次唱响《义勇军进行曲》。由于柳氏兄弟经营得当，金城大戏院一时被誉为"国片之宫"。

随着电影事业不断壮大，柳氏兄弟接收明星影片公司摄影场地和设备等，于 1938 年 9 月成立了国华影片公司，将产业延伸到电影制片业，由此形成拍片、洗印、放映、发行的完整产业链。公司相继拍摄了《风流冤魂》《孟姜女》《碧玉簪》《三笑》《金粉世家》等40余部影片，成为国内电影界异军突起的一支劲旅。

值得一提的是，老上海大红大紫的歌影两栖明星周璇，其由歌星转为影星，就得力于柳氏兄弟。在当歌星时，柳中浩夫妇已经十分欣赏周璇，他们认周璇为干女儿，视同己出。国华公司成立后，柳氏兄弟更是力捧周璇为公司的台柱。从1939年起，周璇一连拍摄了《李三娘》《孟姜女》《董小宛》等20余部民间故事片，《孟姜女》更是开创了中国古装音乐故事片的先河。国华公司还聘请当时著名作曲家陈歌辛、贺绿汀等为周璇量身定做相关歌曲，并联合百代等唱片公司为周璇灌制唱片。在柳氏家族不遗余力的扶持下，周璇可谓火上加火，红极一时。

1940年，柳氏兄弟又筹建一座新的影院——金都大戏院，放映金城大戏院已经放过的影片，主要作为二轮影院。1941年珍珠港事件爆发，日军占领租界。柳氏兄弟因拒绝加入汪伪组织的中华联合制片公司而停办国华影片公司，金城和金都两家戏院也不再放映电影，转为上演戏曲和话剧。

1940年—1941年上海"孤岛时期"，租界出现了无政府状态，影片公司之间进行恶性竞争，一切制片活动都以商业为导向，行业规范屡屡被突破。国华影片公司在与其他电影公司竞争的过程中，闹出多起"双包案"。"双包案"即同名影片出现不同版本，涉及影片分别为《三笑》《玉蜻蜓》《碧玉簪》《孟丽君》《花魁女》《太平天国》和《珍珠塔》等。在"双包案"恶性竞争中，国华影片公司并未占据优势。由于经营不景气，柳氏兄弟不得不变卖4幢花园洋房来弥补亏损，给公司员工发放工资。

抗战结束后，柳氏兄弟创办了国泰影业公司。由于柳氏兄弟的经营活动触动了某些国民党要员的利益，他们诬告柳中浩在战时"附逆"，于是柳中浩的名字被列入法庭传讯的"附逆分子"名单。在上海进步电影工作者的纷纷声援下，柳氏兄弟才得以免此无妄之灾。事后柳中浩表示，"今后出品自当力求上乘"。之后国泰公司相继聘请应云卫、吴天、周伯勋等人参与拍摄影片，还聘请田汉、于伶、洪深等为特约编剧，在3年内拍摄了《无名氏》《忆江南》《假面女郎》《湖上春痕》《龙凤花烛》《平步青云》《残冬》等30余部影片。1946年，柳氏兄弟实施资本分家，柳中浩继续经营国泰影业公司，柳中亮和儿子柳和清另立大同电影公司。

1952年2月，国泰影业公司与文华、大同、大光明等影片公司合组成立上海联合电影制片厂（即上海电影制片厂）。1955年，金都大戏院更名为瑞金剧场。1957年，金城大戏院更名为黄埔剧场。

六、共和国电影艺术领导者——袁牧之

袁牧之（1909年—1978年，见图2-10），原名袁家莱，生于宁波鄞县，毕业于上海

沪江大学（后转入复旦大学），中国电影事业最早的组织者和领导者之一。袁牧之 13 岁就读上海澄衷中学期间，即受到新戏剧运动的影响，当时他最喜欢的游戏是学演文明戏。15 岁那年，他加入了上海学生剧团，成为一名小演员。

18 岁时，正在上海上大学的袁牧之加入辛酉剧社，开始参与戏剧革新运动。他在一些话剧中的出色表演受到戏剧界的重视，成为辛酉剧社的主要演员，主演了俄国安特列夫的《狗的跳舞》和日本武者小路实笃的《桃花源》等剧。袁牧之对人物精密的设计和构思以及逼真的造型，都是表现派艺术中的精华。他创造的众多角色中，对人物的神态刻画尤为突出，故有“千面人”的称誉。

图2-10 袁牧之

随着左翼文学运动的兴起，1934 年春，司徒逸民等在上海创建了电通影片公司，这是一家中共地下党直接领导的制片公司。公司成立之初，中国共产党的电影小组就派司徒慧敏、夏衍、田汉等领导公司的电影创作，司徒慧敏担任摄影场主任，编导有袁牧之、应云卫、许幸之等，摄影师有吴印咸、吴蔚云等，演员有陈波儿、王人美、王莹等，作曲有聂耳、吕骥、贺绿汀等。电通影片公司因政治压迫与经济困难于 1935 年 9 月停办，存续期间总共拍摄了《桃李劫》《风云儿女》《自由神》《都市风光》等 4 部电影。

1934 年，袁牧之编剧并主演的《桃李劫》上映，在当时引起了很大反响，成为左翼电影的经典，其塑造的悲剧知识分子形象在社会上引发共鸣。影片中流传久远的插曲《毕业歌》，就是由田汉作词，聂耳作曲。

1935 年，袁牧之开始自编自导中国电影史上第一部音乐讽刺喜剧——《都市风光》。

同年 5 月，由许幸之执导，袁牧之、王人美、谈瑛等主演，田汉原案、夏衍编剧的电影《风云儿女》上映，第一次在银幕上唱响了《义勇军进行曲》。

1937 年，袁牧之自编自导的《马路天使》(见图 2–11) 上映，该片由赵丹、周璇主演，以 20 世纪 30 年代上海都市生活为背景，讲述了社会底层人物的遭遇以及歌女小红与吹鼓手陈少平之间的爱情故事。这部影片代表了左翼电影的最高成就，是中国电影史上的经典之作，被认为是中国有声电影艺术走向成熟的标志。1955 年，美国《视与听》杂志评选“世界电影史上十大佳作”时，这部影片是唯一入选的亚洲电影。1982 年，这部影片获得第 12 届葡萄牙菲格拉达福兹国际电影节评委奖，这是中国电影第一次走出国门，扬名西方。20 世纪 80 年代，意大利著名影评家达西拉奇惊叹地说：“《马路天使》堪称一个奇迹。它所体现的‘新现实主义’的创作方法，比意大利在战后提出的要早得多。”法国电影史家乔治·萨杜尔称其为“中国新现实主义的先声”。

图2–11 《马路天使》剧照

抗日战争爆发后，袁牧之积极从事抗日宣传活动，与宋之的、陈波儿、崔鬼等参加上海救亡演剧一队，于1937年8月离开上海，开赴抗日前线。离开上海前，袁牧之还参加了著名抗战话剧《保卫卢沟桥》的演出工作。

1938年，上海救亡演剧一队来到武汉。在汉口中国电影制片厂拍摄的《八百壮士》中，袁牧之客串团长谢晋元。不久，袁牧之接受周恩来同志的委派，参加根据地的电影筹建工作。1938年9月，他前往延安，组建了“延安电影团”。在此后的大部分时间里，他深入陕甘宁边区和华北抗日根据地拍摄纪录片，编导了解放区第一部大型历史纪录片《延安与八路军》。

1940年4月，袁牧之加入中国共产党。同年6月，袁牧之受党的委派赴苏联学习、考察。在此期间，他参与苏联著名电影大师爱森斯坦拍摄的影片《伊凡雷帝》，同时独立导演纪录影片。1946年袁牧之回国，同夫人陈波儿一起赴东北组建东北电影制片厂并任厂长，筹备拍摄中华人民共和国成立后的第一部故事片《桥》。

1949年4月北平和平解放后，袁牧之奉命回京，组建全国电影领导机构——中央电影管理局，并被任命为局长。第一次全国文代会之后，他被选为中华全国电影艺术工作者协会副主席。

1954年以后，他因病长期离职休养。1978年6月30日，袁牧之在北京病逝，终年69岁。

七、中国娱乐业大亨——邵逸夫

邵逸夫（1907年—2014年，见图2-12），原名邵仁楞，出生于上海市，籍贯宁波镇海，中国娱乐业大亨、慈善家、制片人，香港电视广播有限公司（TVB）荣誉主席，邵氏兄弟电影公司创办人。从默片到有声电影，从黑白电影到彩色电影，中国电影事业的每一次重大演变，都有邵氏兄弟的贡献。

邵家五兄弟三姐妹中，邵逸夫排行第六，旧上海人称其为“邵老六”，香港影视圈尊称他为“六叔”“六老板”。

邵逸夫早年就读于家乡宁波庄市叶氏中兴学校，与包玉刚、包从兴、赵安中等为前后届同学。后赴上海就读美国人开办的英文学校——上海基督教青年会中学，练就了一口流利的英语。在中学期间，他就已经加入长兄邵醉翁（邵仁杰）主导成立的上海天一影片公司，并帮助兄长开拓外埠发行业务。

天一公司成立之初，清一色是家族班底，四兄弟仁杰、仁棣、仁枚、仁楞全部投身娱乐圈，并且弃本名而改别号，依次为醉翁、邨人、山客、逸夫，四兄弟别号均为大哥所起。创业之初，他们分工合作，完成公司所有工作，公司犹如家庭式作坊。老大邵醉翁是制片兼导演，老二邵邨人主管财务与制片管理，老三邵山客精于发行，老六邵逸夫则擅长摄影。

图2-12　邵逸夫

天一公司摄制的第一部影片《立地成佛》放映后，受到上海市民欢迎，首周票房收入达2000银圆。当时上海滩抢吃电影这碗饭的公司不止一家，天一公司的迅猛发展，让当时上海其他几家影片公司感受到了威胁，这几家电影公司采用"合纵"之策，于1926年2月组成六合影业公司，共同围剿天一公司，迫使上海戏院不再播放天一公司的电影。

为求一条生路，天一公司被迫将发展重点转向南洋市场，老三邵仁枚负责南洋市场拓展。初到新加坡，浙江口音的邵仁枚被来自广东、福建的新加坡华人拒之门外。幸得一位浙江老乡王雨亭的帮衬，邵仁枚带去的几部天一公司的影片才大受欢迎。邵仁枚在新加坡忙得不可开交，于是拍电报要六弟邵逸夫来当帮手。

1926年，刚从中学毕业的邵逸夫赶到新加坡，协助三哥开拓南洋电影市场。创业的日子里，他们像苦力一样，扛着电影机和影片在烈日下长途跋涉，深入华侨众多的农场去放露天电影。那时的放映设备还很落后，手摇式放映机要用人工一格格地摇片子才能放映。一场电影放下来，累得腰酸手痛，还要忍受蚊虫叮咬。

兄弟俩在南洋的艰苦打拼，终于开创了一片新天地，也积攒了一定的资金实力。1930年，兄弟俩挂牌成立了邵氏兄弟公司，并先后购入多间戏院，专门放映天一公司的新电影。他们的事业在南洋不断扩张。

电影是一种高科技产业，随着有声电影的出现，他们必须跟上时代发展的步伐。1931年，邵逸夫远渡重洋，前往美国购买有声电影器材。归国途中乘坐的轮船触礁沉没，落水的邵逸夫抱着一小块木舢板，在大海上漂泊一夜后获救。最终，他从美国好莱坞买回所需的“讲话机器”，并把这些讲话机器安装在他的电影院里。

1931 年九一八事变爆发后，因上海局势不稳，天一影业迁往香港发展，并建立了天一香港分厂。这一年，邵逸夫高价请来粤剧名伶薛觉生担任主演，自任制片和导演，拍出了一部有声电影《白金龙》。影片 1933 年上映后轰动一时。有一次在泰国放映该片时，观众硬是把留声机砸开，看看是不是有人藏在里面。以后每次放电影，邵逸夫都要派专人保护留声机。这部影片成本 1 万元，仅在广州一地的放映收入就达 60 万元。

1929 年美国爆发经济危机，引发了世界性的经济萧条，不少电影院都不得不关门停业。《白金龙》的成功不仅使邵氏兄弟公司转危为安，也让邵逸夫确信电影产业是有前途的，从此一生投身于电影和娱乐业。

到 1937 年，天一影业在上海，邵氏兄弟在南洋的新加坡、马来西亚、爪哇（今印度尼西亚）、越南、婆罗洲（今分属马来西亚、文莱及印度尼西亚）等东南亚各地，已拥有 110 多家独资与合营电影院和 9 家游乐场，并建立了完整的电影发行网络。他们南北呼应，分工协作，共同打造邵氏家族的电影及娱乐王国。

1938 年，天一影业香港分厂正式改名为“南洋影片公司”。第二次世界大战波及东南亚，1942 年，香港、南洋地区相继沦陷，邵氏家族的电影事业大受打击。邵氏兄弟惨淡经营，直至难以为继，被迫关门。

第二次世界大战结束后，1946 年，二哥邵仁棣回港重建业务，并于 1950 年将南洋影片公司改名“邵氏父子公司”，主营影院与影片发行，1955 年开始涉足制片。由于遭到“电懋”和“长城”两大电影公司竞争，邵氏父子公司在香港的经营并不好。

这期间邵逸夫考察了澳大利亚和美国，迫切感到邵氏电影事业不应该只是恢复旧业，而是要创立一个全新的事业。他决心寻找一个地方，实现他对电影事业的梦想。最后他选中了香港，因为香港有二哥的生意基础。

1957 年，邵逸夫决定接管二哥在香港的电影生意。首先，他以 32 万港元买下邵氏父子公司在清水湾的地皮；其次，他于 1957 年 8 月和三哥邵仁枚成立邵氏兄弟（香港）有限公司，邵逸夫任总裁，开始在香港制作电影。电影产业需要有自己的影院和自己的影片生产基地，影院花钱可买可建，相对容易，而制作影片难度很大，特别是要有制作电影的摄影厂。清水湾这块地皮是一座荒山，1958 年，邵逸夫花费 18 万港元，将这座荒山夷去 60 英尺（约 18 米），拓为平地，在上面建设制片厂。一期工程于 1961 年正式启用，这便是邵氏兄弟电影制片厂，又称“邵氏影城”。

有了厂房，还必须找到优秀的电影人才。邵逸夫在报纸上大肆刊登广告，广泛招揽人才，物色到一大批导演、演员、剧作家、摄影师、制片、化妆、剪辑等优秀人才。邵氏影城全盛时期，员工超过 1300 人，被外国媒体誉为“东方的好莱坞”。从这里拍摄的影片源源不断地流向邵氏电影发行网络，高峰时期每年达 40 多部影片，远远超过香港其他电影公司的影片产量。

邵逸夫还聘用邹文怀作为《电影周刊》主编，宣传推广邵氏兄弟的电影。《电影周刊》内容丰富，生动活泼，特别是“影星生活”“邵氏明星”“国际影坛消息”等栏目，吸引了大批年轻人关注。

这里有必要介绍一下邵氏影城启用后拍摄的第一部大制作电影。为了打响影城的第一炮，编剧们准备了几十部剧本供邵逸夫挑选，最后邵逸夫选中了介绍貂蝉故事的《江山美人》。这部电影当时预算至少要花 100 万元港币，很多人劝邵逸夫放弃这部片子。但邵逸夫大胆起用年仅 30 岁的李翰祥担任导演，影片上映后一炮打响，创下当时香港电影票房的最高纪录，并且囊括了第五届亚洲电影节五项大奖。这部电影不但使邵氏兄弟公司在香港站稳了脚跟，也使李翰祥一举成名。

紧接着，邵逸夫又不惜重金，把《杨贵妃》《梁山伯和祝英台》两个故事搬上银幕。《梁山伯和祝英台》在台湾上映时，有位老太太居然连看了 100 多场。各种报刊争相评论邵氏出品的电影，欧美院线也纷纷前来订购邵氏的影片。

邵氏影城共拍摄了 1000 多部电影，这里拍摄的影片获得过金马奖、金像奖等几十项大奖。全盛时，每天有 100 万观众光顾邵氏兄弟的影院。随着电影的热映，邵氏兄弟影业造就了一大批大明星、大导演和名编剧，如李丽华、林黛、陵波、李翰祥、邹文怀、张彻等。反过来，这些明星人物又推动了电影的票房。

观众总是喜新厌旧，所以明星需要源源不断地推陈出新，邵逸夫深谙此道。1971 年 9 月，他开设了被誉为“港星摇篮”的香港无线电视艺员训练班。香港演艺圈“黄金一代”如周润发、周星驰、梁朝伟、刘德华、郭富城、刘嘉玲等，乃至大导演杜琪峰，都出自这个训练班。1973 年，邵逸夫开始举办“香港小姐”选举，该选举成为香港最具代表性的选美盛会。每年选美期间，该话题总会成为街谈巷议的热点。香港的电影明星中，有不少出身于“港姐”。

大家都知道，除了电影事业外，邵逸夫先生还涉足一个重要的行业，那就是电视。1925 年 10 月 2 日，英国发明家约翰·洛吉·贝尔德（1888 年—1946 年）在前人研究成果的基础上，制成了世界上第一台真正有实用价值的电视机，从此，人类开始步入了电视时代，电视机开始改变人类的生活。20 世纪 60 年代，出现了色彩更鲜艳、价格更便宜的彩电，电视机也开始进入寻常百姓家，电视转播、制作这一新兴产业也随之出现。

嗅觉灵敏、市场把握精准的邵氏兄弟，在 1967 年与利孝和共同出资创建香港电视广播有限公司（TVB），这是世界收视率第一大粤语和华语商营电视台。其经营的免费中文电视频道“翡翠台”自 1967 年 11 月 19 日开播以来，一直处于香港电视频道中的收视领导地位，是香港大众文化的重要组成部分。

因看好电视业的发展前景，1971 年，邵逸夫增持香港电视广播有限公司的股权至

32%，成为单一大股东。在邵逸夫的带领下，公司制作出许多经典电视剧，如《上海滩》《射雕英雄传》《神雕侠侣》《鹿鼎记》等，捧出无线"五虎将"黄日华、刘德华、梁朝伟、苗侨伟、汤镇业，女星有汪明荃、赵雅芝、郑裕玲、陈玉莲、曾华倩、戚美珍、黎美娴、刘嘉玲等各具特色的花旦。值得一提的是，"四大天王"的人选和称号也由邵逸夫一手操办。

鉴于邵逸夫在影视行业取得的成就，1974 年，邵逸夫获英国女王颁发的 CBE（大英帝国勋章）勋衔。1977 年，邵逸夫又被英国女王伊丽莎白二世册封为爵士，成为香港娱乐业获爵士头衔的第一人。1996 年，中国政府将南京紫金山天文台 1990 年发现的第 2899 号行星命名为"邵逸夫星"。1991 年，美国旧金山市（三藩市）将每年的 3 月 30 日定为"邵逸夫日"。

2011 年邵逸夫正式退休，他也是全球最长寿、任期时间最长的上市公司首席执行官。2014 年 1 月 7 日，邵逸夫在家中安详离世，享年 107 岁。

八、喜剧之王——周星驰

周星驰，1962 年 6 月 22 日出生于中国香港，父亲是浙江宁波人，母亲是广东宝安县人。毕业于香港无线电视艺员训练班，华语影视演员、导演、编剧、监制、制片人、出品人，喜剧艺术大师，无厘头喜剧电影的开创者。

1980 年，周星驰考入香港无线电视艺员训练班。毕业后签约 TVB，从此进入演艺圈。他先是拍摄电视剧，1988 年开始转向大银幕。1990 年，凭借喜剧片《一本漫画闯天涯》，确立其无厘头的表演风格。此后，周星驰在无厘头表演风格上一路狂飙，广受观众好评，他的电影也不断打破香港电影乃至华语电影的票房纪录。1995 年，凭借喜剧爱情片《大话西游》，周星驰一举奠定了他在华语影坛的地位。周星驰在各种电影节中获奖无数，2003 年还成为美国《时代》周刊的封面人物。《喜剧之王》《少林足球》《功夫》《长江 7 号》《西游·降魔篇》以及《美人鱼》，都是他的代表作。

作为当今华语影坛的"喜剧之王"，无厘头成为周星驰电影的标志。那么"无厘头"的准确含义是什么呢？"无厘头"是广东方言，指一个人的言行毫无意义，莫名其妙。这个词语用于评价周星驰表演的电影，是指故意将一些毫无联系的事物和现象进行莫名其妙的组合串联或歪曲，通过嬉戏、调侃、玩世不恭的表演，不经意间触及社会和事物的本质。周星驰平民化、娱乐化的无厘头表现方式，能够达到搞笑或讽刺的目的，让人欢笑之余也能有所感悟。无厘头电影解构了悲剧与崇高，嘲笑了天真和理想，从而成为电影界的独特现象。

作为一种艺术形式，无厘头有以下几个特点。

首先，就是对传统道德、传统观念进行颠覆，以达到解构经典、展示现代社会面貌的目的。在颠覆传统道德上，周星驰把公众心目中的美丑、对错、文明与猥亵等对立彻底打乱，然后重组。例如《九品芝麻官》中，周星驰毫不忌惮地将黑脸漂白，荒腔走板，对包青天这一百官楷模形象进行了一番戏谑。在对传统观念的颠覆上，对“美”进行质疑并作重新评价，典型案例就是由周星驰的御用丑角李健仁所扮演的“如花”姑娘。

其次，周星驰影片中的人物多是小偷、骗子、店员、伙计、算命先生，这些小人物的“贱性”隐喻了人的劣根性，通过小人物的无能和失败与最终突然成功反转来制造喜剧效果。如《功夫》中，周星驰饰演的市井小混混，在未成名前是个欺软怕硬的小角色，他打劫哑女，害怕斧头帮的淫威，都是人的劣根性的集中体现，这与他后来炼成如来神掌、匡扶正义的形象有天壤之别。小人物贴近普通人的生活，容易引起观众的情感共鸣，这也是周星驰电影的艺术特点。

最后，语言幽默是周星驰电影的一大亮点。可以说，没有一个人能够像周星驰那样将影视语言变为一门艺术。周星驰的许多电影对话人们都耳熟能详，并经常用到日常生活中。如:“人生如果没有梦想，那和咸鱼有什么区别。”“I 服了 YOU！”“屎，你是一滩屎。命比蚁便宜。我开奔驰，你挖鼻屎。吃饭！？吃屎吧你！”“其实，我是一个演员。”“要很努力，很努力，才能做到一点点的成功。”“爱一个人需要理由吗？不需要吗？需要吗？哎，我是跟你研究研究嘛，干嘛那么认真呢？”“人是人他妈生的，妖是妖他妈生的，只要你有一颗善良的心，就不再是妖，而是人妖？”

宁波商帮中从事电影行业的人还有许多（见附录 2），如导演桑弧、干学伟，编剧倪匡及他的妹妹亦舒（原名倪亦舒），演员王丹凤、王志文等。

九、远东最大游乐场——大世界

开办于 1917 年的上海大世界游乐场（见图 2–13），是老上海的象征，也是中国近代典型的都市游乐场。曾有句话说:“不到大世界，枉到大上海。”

宁波余姚人、药业巨子黄楚九，1914 年开始负责经营经润三投资创办的新世界游乐场。新世界游乐场面向大众，票价只要 3 角，游客进场后可以玩一天。游乐项目有大型戏剧和影戏节目，大小型曲艺节目，还有参与性强的游乐项目，如跑驴、溜冰等，游客可以自由选择。

这种丰富多彩的游戏项目和大众化的门票价格，吸引了无数人来新世界游乐场，其知名度也越来越高，每天都能产生丰厚的利润。正在生意越来越红火时，1915 年经润三病逝，黄楚久被排挤出新世界游乐场。

打开了游乐场挣钱密码的黄楚九下定决心，一定要建一个比新世界游乐场还要大的“大世界”。于是他聘请设计过远东饭店、大新公司、中华大戏院等经典建筑的设计师周惠南设计方案，又请外籍设计师李查士对设计方案进行修改。

图2-13　大世界游乐场排队进场的游客

1917 年 7 月 14 日，在舞龙舞狮、锣鼓喧天、人头攒动的狂欢氛围中，地处法租界西藏南路和延安东路交叉口、融合中国古典园林和西洋建筑风格的大世界游乐场正式开业。这是远东第一游乐场，被誉为中国文化的“东方之门”，也代表着老上海的辉煌。

大世界游乐场的建筑颇具特色。外观方面，其标志是由 12 根圆柱支撑的多层六角形奶黄色尖塔。主楼分别由 3 幢 4 层高的建筑群体合璧相连，另有两幢附属建筑，建筑群呈 U 形。内饰方面，底层用的是西式图案，二、三层是中式图案，体现了中外两位设计师各自的设计元素。内在结构方面，单个剧场采用当时最新引进的西式舞台结构，每个剧场有三四百个座位，设置了 10 多个剧场，总共有 4000 多个座位。在绝大部分国人都不懂光线折射原理的情况下，游乐场里面安放的 12 面哈哈镜，成了大世界特有的稀罕物。

在娱乐内容上，大世界游乐场由“游乐世界”“博览世界”“竞技世界”“美食世界”

等四部分组成。特别是“竞技世界”中的“大世界擂台”及吉尼斯纪录擂台赛，引来了全国各地身怀绝技的高人。此外，大世界游乐场还不间断地举办一些“花国总统”（类似选美比赛）评选活动。

大世界游乐场开业后获得了空前成功，每天人满为患。1938年，沪江大学社会学系学生曾对上海游戏场进行过调查，对大世界游乐场有这样的描述：“当我跨入大世界时，就看见如江潮般的游客拥轧在门口，挤得水泄不通，我几疑里面出了什么乱子，哪知他们都在售票处争购游览票呢。外面的人群，虽已轧得不能动弹，可是几位售票员也有些弄得手忙脚乱。”

1946年，大世界发生了严重的劳资纠纷案。当时大世界的员工李旺发写信给上海社会局局长吴钧，信里提到大世界每天卖出的票有12000张，每天盈余四五百万元，但员工工资很低，要求工资加七成。经过社会局调查，后来员工工资涨了两成。

总结大世界游乐场的成功经验，大体有以下三个方面。

首先，游乐项目丰富多彩。大世界演艺节目丰富，堪称表演艺术大型超市。说它百戏杂陈一点也不过分，很多中国戏剧和曲艺种类，都曾经在大世界里露过面。京、昆、越、沪、淮、评弹、大鼓自不必说，另外还有东北蹦蹦戏、皖南花鼓戏和福建采茶戏这样的地方小剧种。在大世界的广告里，也能看到不少新奇的戏曲名称，如常州古曲、常锡文戏、常锡滩簧、苏锡新戏，其实它们都是锡剧的前身。还有沪剧、越剧和滑稽戏这样的剧种，干脆就是在以大世界为首的游乐场里成长起来的。大世界就像个戏曲博物馆，既有横向上多种戏剧的并置和互相借鉴，又有纵向上各种曲艺、戏剧的演变历史，是现代戏剧演变的见证。

在节目的时间安排上，大世界更是大胆。大娱乐套着小娱乐，节目与节目之间不留空当。大世界内有数十个剧场，每个剧场都轮番上演演艺节目，中间没有间隔，游客即使一整天坐在一个剧场内，也能持续欣赏到不同的节目。这就好像今天的电视节目，同时有几十个频道播放，每个频道都不停歇，这可比迪士尼乐园的演艺节目丰富得多。

其次，采取一票畅游制。如此丰富多彩的游乐空间，实行的是一票制，而且票价比电影票还便宜。游客低价入场后可以玩一天，自由选择一天都不可能玩遍的游乐项目，其满足感可想而知。

再次，善于营造狂欢气氛。

1931年1月，黄楚九因突发脑出血去世，不久大世界游乐场落入他的同乡黄金荣（图2–14）手中。

1954年7月2日，上海市文化局奉上海市人民政府陈毅市长令，接管整顿大世界游乐场。

十、益利西的舞会

益利西饭店主人许廷佐（1882年—1941年），浙江定海城关周家塘人，是上海“出租车大王”周祥生的姑父。1894年，13岁的许廷佐到当时上海最好的西式饭店——礼查饭店打工。之后的20年，因勤敏好学，服务周全，许廷佐颇受店主、顾客赞许，获升餐厅领班。其间，他与洋人过从甚密，逐步掌握了英语，对洋人的生活方式和经营之道颇为熟知，还取西名“Charles Eddie”。1915年，许廷佐与同事发生激烈争吵，被报纸刊登出来，外国老板认为此事影响了饭店声誉，就将许廷佐辞退，周祥生也受累丢了礼查饭店侍应生这份工作。

1916年，许廷佐拿出多年攒下的小费开办益利西饭店，并用自己的英文名字命名。3年后饭店进行扩建，面积增大了约3倍。扩建后的益利西饭店不仅提供餐饮服务，二楼还建有一个550多平方米、能容纳千人的舞厅。

上海首家营业性舞厅，应该始于许廷佐打工的礼查饭店（今浦江饭店）。1860年起，礼查饭店的舞厅即已开放。1910年起，礼查饭店内的舞厅成了西人常办舞会之地，而且定期举办茶舞。在此打工20年的许廷佐深谙饭店经营之道，而且对礼查饭店的优缺点烂熟于心。

益利西饭店主打美食与舞厅，并不断在上海主要媒体刊登广告。1926年底舞厅重新开业的广告写道：“跳舞厅增放广阔，特别精装地板，光滑无比；特别延聘音乐队，声韵悠扬；特别加意烹调，美味可口；特别雇用仆役，招待周到。事事新颖，较前更胜十倍。”广告还特别强调饭店的优势：“交通便利，餐具用品纯系银制，日夜营业，便利异常，电梯代步，无劳奔走。”此时，益利西的舞池已可容纳千余人，有数十名美、法、俄、英、日、意及中国舞女为客伴舞。

1928年，跳交际舞的风尚开始向上海华人社会蔓延，跳舞不再是洋人的专长，而是一种广泛面向上海中上层市民的娱乐活动。在这场炽热的舞风和激烈的同业竞争中，益利西饭店着力通过优良服务和别出心裁来吸引客人。特别是从1928年6月起，每逢星期六、星期日下午，新辟“逍遥茶舞会”，聘请中外著名艺人、明星前来表演，旨在吸引眼球，与常规的伴舞活动相辉映。

在求新求变的同时，益利西饭店不断发广告扩大影响力。益利西饭店在介绍舞会的一则广告上称：1.午餐每客1元，可以听音乐看游艺；2.茶券每客半元，奉送茶点一客；3.凡购代价券及舞券5元者，汽车接送；4.舞女俱系上海著名舞星；5.音乐由美国7人班奏演；6.游艺由欧洲漫舞班中外合演；7.午餐12时至15时，茶舞15:30至18时。益利西之所以能为购买代价券和舞券5元以上的客人提供汽车接送服务，是因为有侄儿——出租汽车大王周祥生兜底，这是其他饭店及舞厅所不具有的优势。

为了提高客人的跳舞能力，扩大消费层，益利西还兴办逍遥跳舞传习所，传授狐步舞、华尔兹舞、探戈舞等 5 种交际舞，不论男女皆可免费来学。为了提升舞厅音乐的格调，益利西先是聘请全班菲律宾乐队，后由美国乐队来伴奏。这种现场伴奏的模式，在老上海通常只有中高档舞厅才有。

由于声名日隆，设备完整，这一时期，有不少中外机关团体、民间组织乃至军人社团，常到益利西饭店举办包场联谊活动，饭店经常人声鼎沸，日夜不休。

1930 年 8 月，许廷佐或因名下产业太多，精力不济，或因沪上舞厅、西式饭店经营饱和，利润不够理想，遂以白银 10 万两将益利西饭店盘给对经营饭店颇有经验的美国人。许廷佐经营益利西饭店前后仅历时 7 年半，但在虹口地区和北外滩的娱乐史上留下了绚丽的一页。

随着西方商品不断渗透到国内，国人见到了越来越多的新奇玩意儿，宁波商帮都能把握机会，积极大胆地参与经营。当怀表、眼镜进入中国后，宁波商帮立即抢占商机，进入钟表眼镜业，开办了亨得利、亨达利、美华利等影响到今天的店铺，代表人物有孙梅堂、李惠利、闻儒根等。当西方颜料进入中国后，宁波商帮从开始时给他们当买办，到后来自己经营颜料行，出现了周宗良等颜料大王。日用化学品进入中国后，立即出现了项松茂、方液仙等行业大佬与外商竞争。当现代纺织业生产的布料进入中国后，仅上海就出现了宁波商帮经营的呢绒洋布“三大祥”——协大祥、宝大祥、信大祥。其他如香烟、西药制药业、出租车业、煤气、电话、公共汽车、房地产业等，宁波商帮都能捷足先登。

这里要特别提一下自来水与发电，因为自来水与发电是现代工业化社会的一个重要标志。有人把 1906 年当作武汉进入现代化城市行列的元年，因为这一年宁波商帮中的宋炜臣（1866 年—1926 年），在武汉投资兴建了电厂和自来水厂。1909 年 7 月，这两项工程完工，随着宋炜臣喝下第一口自来水，武汉进入了现代化城市之列。

随着宁波商帮兴办的企业越来越多，规模越来越大，中国也出现了一大批产业工人。在整个国家由传统农业文明转向工业文明的进程中，宁波商帮可以说发挥了不可替代的重要作用。

第三章

宁波商帮之商之道

"道"字出现在老子《道德经》里。《道德经》开篇就说："道可道，非常道。"在老子玄而又玄的文字里，"道"并不容易用文字来定义，它既是存在于万物之中的本原，又是超越万物的至高无上的法则；它既是自然界的运行规律，又是人类社会的指导原则；它既是一种无形无名的虚无，又是一种有形有名的实在。

"道"字的最初含义是道路，后来引申为做事的途径、方法、本源、本体、规律、原理、境界、真理和原则等。商道的核心含义是商业活动中遵循的原则与哲学，其本质在于平衡利益与道德，即面对物质诱惑，内心能否坚守和敬畏这些原则和分寸。对宁波商帮的商道进行剖析，可以总结他们营商成功的经验，供今人思考和借鉴。

第一节　敬畏与诚信

在传统社会里，权力主导社会资源分配；在商品社会里，信用则是交易的核心纽带。诚信经营是商人立业的基本法则。

培根曾经说过："人生如同道路，最近的捷径通常是最坏的路。"很多时候，你自以为投机取巧走了近路，其实可能绕了远路，甚至可能走错了路。因为从捷径中尝到甜头的人，很难再脚踏实地地做事了。

美国物理学家李·斯莫林在其《物理学的困惑》一书中提到三句话："当思想改变你的思想，那就是哲学；当上帝改变你的思想，那就是信仰；当事实改变你的思想，那就是科学。"如果人们既没有思想，又没有信仰，还罔顾事实，那么出现什么灾难都不奇怪。

宁波有句老话，"天下之主，不如买主"，意思是虚设的上帝不如人间真实的、能带来经济收益的顾客。只有敬畏顾客，处处尊重买主，注重商业信用，生意才能越做越大。心中有敬畏，内心就有尺度和底线，就知道商业经营中什么可以做，什么不能做，于是就会形成商业信仰。

亚当·斯密说，"市场经济是信用经济，基础是道德"。孔子在《论语》也有"富与贵，是人之所欲也，不以其道得之，不处也"的论述。明代《增广贤文》把孔子这个论述，归结为言简意赅的八个字："君子爱财，取之有道。"

普罗大众不会喊高尚的道德口号，但他们有自己的价值坚守。在日常经济生活中，大家都会用到一种传统衡器——杆秤。这一古老的称重工具，承载了深厚的生活文化与诚信追求。

传说杆秤是范蠡发明的。范蠡在经商中发现，人们在市场买卖东西都是用眼睛估堆，很难做到公平交易，便发明了杆秤这种测定货物重量的工具。开始杆秤用 13 颗秤花，取南斗 6 星，北斗 7 星。后来添加"福""禄""寿"三星成 16 星，改一斤为 16 两，这就是 16 两制的由来。范蠡发明杆秤，以此告诫同行，"作为商人，必须光明正大，不能赚黑心钱"。他说："经商者若欺人一两，则失去'福气'（幸福）；欺人二两，则后人永不得'俸禄'（做不了官）；欺人三两，则折损'阳寿'（短命）！"这种劝人诚信的恐吓教育方式，对于缺少文化的人来说还是有一定效果的。

其实，维持中国传统社会信用文化的，既非孔孟的道德说教，也非恐吓式的教育，而是熟人社会的生活环境。著名社会学家费孝通先生在《乡土中国》中说："乡土社会的信用不是对契约的重视，而是发生于对一种行为的规矩熟悉到不假思索时的可靠性。”在彼此知根知底、抬头不见低头见的熟人社会，费尽心机不当得来的微薄利益，与付出巨大的个人信用代价完全不匹配。

在《乡土中国》一书中，费孝通还提出了“差序格局”的概念，认为中国传统社会人际关系结构是以个人为中心，通过亲疏远近形成的动态的圈层关系。如同石子投入水中形成波纹，个体与他人的亲密度随“圈层距离”递减，血缘、地缘等要素构成关系亲疏的判断标准。换句话说，中国传统社会的信任模式是建立在“熟人关系”基础上的，为人处事以血缘关系远近为原则：对亲人、熟人是一种态度；对圈子外的人，则是另一种态度。

在商业经营中，只有把诚信上升到信仰的高度，才能不为各种名利所诱惑，才能把一件事情做到极致，做到有灵魂。真正的诚信是超越亲情的，它的最终实现表现在一个人与无数陌生人的关系之中，因此，检验诚信最理想的环境应该是在人群中，在街市间。

早在明代后期，宁波商帮就成立了历史上第一个民信局，也就是现在的邮局，开始将信用从熟人圈扩展到陌生人网络。当时的民信局由私人经营，主要经办书信、契约、银票和汇兑，同时兼送货物。人家凭什么把这些东西交给你？就是因为有“一诺千金”的信用。

上海开埠后，洋人来到上海经商挣钱，华人也来到上海经商打工挣钱。在这个华洋杂处的地方，抬头低头都是陌生人，原有的传统熟人社会结构被彻底打破，上海经受到商业文明脱胎换骨的洗礼。

商品经济是契约经济，需要法律来保驾护航，很明显，清政府当时并没有为商业贸易准备好法律制度。那么选择损人利己的“一锤子买卖”，还是于人于己都有利的“长久买卖”？宁波商帮选择了后者，他们用自己的道德自律和诚信立业的品格践行契约精神，谱写出一曲曲感人至深的商界传奇。

一、修合无人见，存心有天知

“修合”一词是中药行业用语，源于道教炼丹术语，唐以后用于中药制作，强调“天人合一”的工艺伦理。修合指中药的采集、加工、配制过程，意指药材的产地、成色、质量、加工等因素直接影响中药的疗效。“修合无人见，存心有天知”这句话，最早见于北京同仁堂的经营理念，意思是说，在没有人监管的情况下做事，不要违背良心，不要见利忘义，因为你所做的一切上天都是知道的。

同仁堂药铺店主姓乐，乐家祖籍浙江慈溪。几乎是在永乐皇帝朱棣迁都北京的时候，慈溪人乐良才也移居到北京。乐家最初以摇铃走街串巷行医卖药维持生活。

乐家第四代孙乐显扬（1630年—1688年），也把行医卖药作为养生济世、效力社会的最高追求。他说:“可以养生，可以济世者，惟医药为最。”乐显扬自幼耳濡目染，广读方书典籍，致力于方药研究制作。他制作的丸药取材纯正地道，制作精细严谨，患者用后疗效显著。乐显扬曾在太医院任出纳文书吏目，趁此机会，他收集了大量宫廷秘方、古方及民间验方。康熙八年（1669 年），乐显扬在北京西打磨厂创办了同仁堂药室。“同仁”二字取“同修仁德，济世养生”的含义。

清康熙二十七年（1688 年），乐显扬逝世，其子乐凤鸣接续祖业。乐凤鸣幼承家学，精通医药，于康熙四十一年（1702 年）在北京前门外大栅栏街路南开设了同仁堂药铺。乐凤鸣在宫廷秘方、民间验方、祖传配方基础上，总结前人制药经验，历时 5 年，于 1706 年完成《乐氏世代祖传丸散高丹下料配方》和《同仁堂药目》两本书。在《同仁堂药目》序言中，明确提出了“炮制虽繁必不敢省人工，品味虽贵必不敢减物力”的从业训条和“修合无人见，存心有天知”的经营理念，从此这些训条和理念成为历代同仁堂坚守不移的制药原则，为同仁堂赢得了良好的商誉。

同仁堂采用的是“前店后坊”的生产经营方式，前边商店里销售的商品，后边作坊里是如何制作的，消费者看不见。尤其是制成的药物，里面的成分和品质，消费者更是无从知晓。消费者看不见，并不等于可以被糊弄。药效如何，作为“天”的患者是清楚的。

同仁堂历经沧桑，长盛不衰，其关键就在“诚信”二字。同仁堂不管炮制什么药品，都是该炒的必炒，该蒸的必蒸，该炙的必炙，该晒的必晒，该霜冻的必霜冻，绝不偷工减料，严格遵守祖制。相传在制作紫雪丹时，古法要用金锅银铲，当时同仁堂没有金锅，他们就收集乐家各房内眷的金首饰 100 两，放在锅中熬煮。很多药品制成后并不马上就售卖，因为这些药品存放越久，燥气去除得越干净，药效就越高。如虎骨酒要在缸内存放两年再售卖，再造丸密封好存放一年再售卖。这样做要占用大量的资金、库房与设备，一般药铺根本无法做到，药物疗效自然也就无法与同仁堂相比。

凭着优秀的信誉，雍正元年（1723 年），同仁堂被钦定为清宫御药房供药商，独办官药长达 188 年，历经雍正至宣统八代皇帝。同仁堂生产的安宫牛黄丸、牛黄清心丸、乌鸡白凤丸等名贵中药，至今仍然发挥着不可替代的作用。

不仅同仁堂把商誉视作生命，宁波商帮中许多人开设药店，也都力求做到诚信经营。据《中国老字号》统计，中国现存的百年老字号药铺有 200 家左右，其中宁波商帮就占了 13 家（如北京同仁堂、杭州胡庆余堂、上海童涵春堂等）。如果没有良好的商业信用，这些老字号药铺如何能传承百年!

二、做人当如叶澄衷

在民国时期，小学国文课本里有一篇文章，题目是《诚实的孩子》，故事的主人公就是 17 岁在黄浦江上撑小舢板的镇海庄市人叶澄衷（1840 年—1899 年，见图 3-1）。这个

图3-1 叶澄衷

拾金不昧的主人公，日后成了宁波商帮著名的先驱和领袖，也是19世纪末中国巨富。

叶澄衷出生那一年，正好赶上鸦片战争爆发，宁波受到英军入侵，定海和镇海守军与英国侵略者发生了激战，不久国门洞开。鸦片战争结束后，根据中英两国签订的《南京条约》，宁波成了五口通商口岸之一。

叶澄衷出生于一户贫苦农民家庭，上有哥哥，下有弟弟和妹妹。家人为他取名成忠，字家泰，号澄衷，后他以号为名。叶澄衷8岁时，父亲病故，母亲和姑姑辛勤耕种8亩祠田。叶母晚上在昏暗的油灯下纺纱织布，用这些土布到市场上换点油盐酱醋。由于市场上洋纱洋布越来越多，土布已经少有人问津，小农经济面临破产，农民的日子越来越困难。

尽管如此，叶母非常有见识，她觉得子女将来要有出息，必须接受适当的教育，最起码能识文断字，算数记账。9岁时，叶澄衷被送进了村里的私塾。半年后，因无力缴纳学费，叶澄衷不得不辍学。两年后，11岁的叶澄衷被送到附近一家榨油作坊当学徒，白天替老板放养十几头牛，晚上干些劈柴、烧饭、挑水的活儿。雇主提供一日三餐，没有工钱，年底时“岁终计值所得，惟钱一缗、薪一束，肩荷归家”。学徒期间的收入几乎可以忽略不计，还经常要看老板娘的脸色，甚至遭到谩骂。学徒的活干不下去，叶澄衷只好回家，跟家人一起种祠田。

1854年夏天，有个在上海打工的倪姓邻居回老家参加农忙，叶母了解到倪在上海的情况，决定让他带叶澄衷去上海。苦于没有盘缠，叶母只能用刚种下的水稻作抵押，借到了2000文钱。

到上海后，叶澄衷由熟人介绍到一家成衣铺做学徒。当学徒一般要3年才能满师，学徒期间老板只给饭吃，不付工钱。叶澄衷在这家铺子里倒尿壶、刷马桶、生炉子、拖地，干了半年杂活。看到难有出头之日，他主动辞职了。

没有工作，生计一度成了问题。在此期间，虹口百老汇路一家宁波人庄阿连开的大饼铺被他盯上了，他经常过去要饼吃。后来叶澄衷发迹后，为大饼铺送去100两银子。以后每年农历十二月二十，他都向庄阿连送银100两，后来增加到200两，直到庄阿连去世，可见叶澄衷是个知恩图报的人。

不久，带他去上海的倪先生推荐他去法租界一家杂货铺打工。店主给他一只小舢板，让他向停泊在黄浦江上的外国轮船兜售蔬菜酒肉等生活必需品以及船用五金配件，叶澄衷每天从早到晚穿梭在外轮之间高声叫卖。由于语言不通，为把生意做好，他不得不学习洋泾浜英语，配合肢体语言，与老外做些简单的交流。凭着辛勤努力，他几乎每天都能把货物卖光。打工3年，他积累了不少经商经验，如要学会与人打交道，懂得察言观色，投顾客所好，也熟悉了与洋人做生意的种种门道。3年学徒快满时，他决定自立门户，租来一条小舢板单干。

叶澄衷非常善于观察，看到机会立即就能捕捉到商机，这恐怕就是“天赋”。做生意时，他发现洋船上堆放有一些拆换下来的五金用具、绳索、纱布等旧物，有些洋货制作精巧，擦拭干净或稍加修理仍能使用，于是提出用自己小舢板上的生活用品换取这些旧货。洋人自然很高兴，半送半卖，有时甚至白送给他。1862年，生意头脑灵活的叶澄衷在外虹桥沿河浜设立一个杂货摊位——顺记五金洋杂货号，雇人销售这些从洋船上换下来的旧货。因价廉物美，一时生意兴隆。这样他就拥有了两份收入，手头也渐渐宽裕起来。

人的一生经常会碰到一些无法预料的事情，当初看来也许微不足道，却意想不到地影响了后来的人生轨迹，甚至成为命运的转折点。在一个炎热的夏天早上，一名洋人从十六铺码头坐叶澄衷的小舢板到浦东办事。到了对岸，匆匆离船的洋人把公文包忘在了小舢板上。整理货物的叶澄衷发现公文包后，就在原地等待洋人取回。过了一会儿，洋人满头大汗地急急赶来寻找遗落的公文包，叶澄衷原物奉还。看到包里的货单、合同、支票和银圆一样不少，洋人拿出几块银圆表示感谢，叶澄衷坚决地拒绝了。《清史稿》曾这样记载此事：“西人有遗革囊路侧者，成忠守伺而还之，酬以金不受，乃为之延誉，多购其物，因渐有积蓄。”

这位洋人就是在上海开出第一家五金商行的人。他看到叶澄衷小舢板里的五金配件，就跟他说，你以后可以直接到我店里拿货，货品卖掉后再结账。由于越过了中间商，叶澄衷的利润比原来丰厚了不少。半年后，这位英国五金商人看到叶澄衷销售的货品数量不少，而且每次来拿新货时，都能及时把先前的货款付清，认为叶澄衷有经商的天赋，于是邀请他来给自己打工。

在洋行里，叶澄衷的英语水平突飞猛进，而且对西方人的经营理念、记账方式都了然于心。由于工作刻苦，做事有悟性，叶澄衷成了洋行里的明星销售员。英商让他一边给自己打工，一边去开设自己的五金店，唯一的条件就是必须要从他这里拿货。

在英商的帮助下，叶澄衷开始扩张顺记洋杂货号的经营业务和经营规模，专营进口五金和洋油、洋烛、洋线等日用洋杂货。可能顾虑自己太过年轻，也可能为了体现店铺的历史感，1875 年扩张分号时，叶澄衷在店名前加了个“老”字——老顺记洋杂货号。后来这家店在江浙、东北、华北开出了 100 多家分店，成了全国最大的五金行，叶澄衷也有了“五金大王”的美誉。

随着生意日益兴隆，叶澄衷的名声越来越大，许多洋人都来请这个诚实守信又有商业智慧，而且还有销售渠道的叶澄衷当买办，帮助他们推销商品。1880 年，美国洛克菲勒美孚石油公司的人找到叶澄衷，让他帮助推销煤油。美孚开出先拿货、90 天后给付货款、回扣 25%、提供独家代理权等条件。叶澄衷自然答应了美孚。

在批发煤油给全国二级批发商时，叶澄衷根据距离上海远近，要求距离近的 25 天后回款，其他地方 30 天后回款。随着煤油灯不断渗透到百姓日常生活中，洛克菲勒曾经自豪地说，美孚石油点亮了中国，由此可见煤油在中国销量之大，也可看出叶澄衷的营销能力之强。

煤油销量不断攀升，意味着沉淀在叶澄衷手中的资金越来越多。如何处理这些钱？叶澄衷想到了开办钱庄，让钱生钱。为了使销售煤油的利润尽可能留在自己手中，他还涉足航运业，这样大量的煤油可以通过自己的船队转运到全国各地。代理美孚石油 10 年，叶澄衷积累的财富迅速膨胀，接着他又进军煤铁业、缫丝业、火柴业、木业、房地产业。到 1899 年去世时，叶澄衷积存的现金就有白银 800 万两，相当于当年清政府财政收入的十分之一，叶澄衷也成为 19 世纪末中国巨富。

青史留名的，往往不是拥有财富和玩弄权术的人，而是那些积德行善、关怀社会的人。叶澄衷之所以为人尊敬，不仅在于商业上的成功，更在于他对慈善和教育事业的贡献。叶澄衷虽然腰缠万贯，但始终生活俭朴，为人忠厚，关怀社会。早年的经历让他深刻体会到下层民众生活的艰难以及受教育的重要性，叶澄衷自述：“吾少失学，深知贫者之艰，故以兴学为终身志。”在 1871 年的一次慈善会议上，叶澄衷提出“兴天下之利，莫大于兴学”的主张，并开始着力发展教育。

1871 年，叶澄衷为适应商贸业务发展的需要，拨出部分资金，利用老顺记的场地和设备，在上海组织成立顺记商务学堂，用于培训内部员工。1875 年，他又把位于外滩金陵东路一条弄堂内的 14 间老顺记仓库都改作学舍，将顺记商务学堂改称“顺记商务学馆”，开始对外招生。1899 年，叶澄衷捐出虹口塘山路（今为唐山路）30 亩土地，出资白银 10 万两，谋划创办中国第一所私立新式学堂——澄衷蒙学堂。澄衷蒙学堂在叶澄衷去世后的 1901 年建成招生，刘树屏被聘为蒙学堂首任校长，蔡元培曾为总教和校长。澄衷蒙学堂培养出大量有影响力的人物，像胡适、竺可桢、夏宗辉、王玉润、袁牧之等，都曾经在澄衷蒙学堂接受过教育。同样热衷于教育的邵逸夫，曾经就读于叶澄衷后人在宁波创办的叶氏中兴学校。

三、上海道台一颗印，不如朱葆三一封信

朱葆三（1848 年—1926 年，见图 3–2），名佩珍，字葆三，出生于浙江定海一个小军官家庭。他一生开办四五十家工商企业，其中还有两家中外合资公司，涉足制造业、航运业、金融业、保险业和公用事业等领域，是宁波商帮早期领袖之一。他富而思源，积极回报社会，创办和投资了众多慈善公益和教育事业，对近代政治、经济、文化和教育产生过重要影响。

图3–2　朱葆三

13 岁那年，朱葆三父亲突患重病，巨额医疗费使家庭陷入困境。无奈之下，母亲只好把尚未成年的朱葆三送往上海一家五金店谋生。来到大上海，朱葆三大开眼界。店里销售的许多商品，都是从洋行批发来的进口货，直觉告诉他，与洋人打交道是可以把生意做大的，因此学习英语非常重要。自己当学徒的工资根本不够夜校每月 3 块钱的学费，

好在店里有位学徒懂些英语，于是朱葆三把自己每月的“月规钱”（老板每月给学徒的零花钱）交给伙计，权充学习英语的“学费”。朱葆三白天在店堂里勤恳工作，晚上抽时间刻苦自学。除了英语，他还攻读语文、珠算、记账、商业尺牍等有关商业知识，店主夸他“勤敏朴诚，殊于常儿”。

后来五金店总账房去世，店主和经理决定破格让年仅17岁的朱葆三担任总账房和营业主任。5年后，五金店经理病故，深得店主青睐的朱葆三继任经理。在短短的7年中，一个学徒被提拔为总账房、营业主任乃至经理，他的勤奋和好学，深深打动了店主。

在掌管五金店期间，敬业勤业的朱葆三分得了不少红利和额外酬金，收入可观。不久，因店主去世，五金店关门歇业。机会总是给有准备的人，凭着对五金行业的熟悉，1876年，28岁的朱葆三用自己积攒的钱在上海新开河开设了专营大五金的慎裕五金店。凭着之前在五金店积累的管理经验，朱葆三很快让慎裕五金店的生意蒸蒸日上。

朱葆三深深懂得财务管理的重要性。有人向他推荐顾晴川，说顾晴川不仅精通账务，而且人品好。经过考察，他立即聘请顾晴川为慎裕五金店总账房，掌管全店账务。此后，店里银钱进出从无差错。有得力的人把牢财务关，朱葆三可以把精力更多地集中在经营上。

朱葆三知道，要把事业做大，需要一个大的平台和一张可靠的“关系网”，而这需要“大人物”的引荐。他首先结识了在上海滩已经赫赫有名的叶澄衷。经过一段时间的交往，因为身上有太多相似之处——出身贫寒，做事严谨，诚实守信，两人成为惺惺相惜的好友。

叶澄衷看到慎裕五金店的店面有些偏僻，1880年把自己在闹市区四马路（今福州路）13号大厦楼下的店面出让给朱葆三。有了新店址，慎裕五金店的气派和规模显著改观。有叶澄衷这个靠山，朱葆三的生意不再局限于五金行业，他开始跟着叶澄衷投资金融、地产、银行、航运、工矿企业、公用事业等产业，生意越做越大，身份和名望也随之攀升。

朱葆三的另一位莫逆之交是袁树勋。袁树勋是湖南湘潭人，曾在上海县署任主簿（相当于现在的县政府秘书长）。20世纪初，袁树勋像坐了火箭一般，在政界步步高升，先后出任苏松太道、江苏按察使、顺天府尹、民政部左侍郎、山东巡抚、两广总督。在袁树勋任苏松太道时，朱葆三忍痛割爱，将手下得力的财务总管顾晴川推荐给他，担任道台衙门会计员兼道库出纳，以减轻袁树勋管理财务的压力。这无心插柳的举动，竟然给朱葆三带来了更多的财富和名望。

1900年，八国联军侵华战争爆发。次年，清政府于七月二十五日签订《辛丑条约》，这是中国近代史上赔款数额最庞大、丧失主权最严重的不平等条约。其中规定清廷向各国赔偿白银4.5亿两，分39年还清，本息共计约9.8亿两，以海关税、盐税等作抵押。

赔偿款项由各通商口岸海关关税等收入作担保，而这些款项都由苏松太道经手，这么多的钱必须放入上海钱庄里生息。袁树勋上缴的利息一般按官利计算，而钱庄利息一般都高于官利，中间的差额则由袁树勋、顾晴川和朱葆三三人瓜分。钱存入哪些钱庄，存多少，都由朱葆三来分配。在这一时期，每天清晨，地处四马路的慎裕二楼会客室都会座无虚席，那些钱庄经理竞相等候朱葆三拆放头寸。值得一提的是，上海各银号和钱庄利用这笔公款经营存放业务，推动了上海金融市场的运转、流通和调剂，促进了上海工商业的发展。

除了上面提到的两位“贵人”，朱葆三还很善于协调各方面的关系，广泛结交各界人士。在清朝官府、外国领事乃至革命党人中间，均有他的朋友。社会动荡时期，他左右逢源，化险为夷，为自身的事业发展创造了更广阔的空间。鉴于朱葆三在上海商界的影响力，他历任宁波旅沪同乡会会长、上海总商会会长和全国商会联合会副会长之职，这进一步提高了他的社会地位。

1922 年，在法租界，朱葆三创办的华安水火保险公司门前的马路被命名为“朱葆三路”（今溪口路），这是上海第一条以中国人名字命名的马路。一些华商企业为了借用他的声望招徕资本，扩大影响，纷纷聘请他担任董事长或者总经理，洋行也请朱葆三给他们推荐买办。后来许多宁波籍买办，多半出自他的引荐，因而朱葆三也被称作“买办中的买办”。

1911 年 10 月 10 日，武昌起义爆发。革命党人陈其美与光复会李燮和、上海绅商李平书等人联络，商量在上海发动起义。11 月 4 日，上海光复，陈其美随后被推举为沪军都督。当时各省革命军援鄂、援皖、攻鲁，北伐诸军都以上海为后勤枢纽，军费依赖沪军筹措。“大至一师一旅之经营，小至一宿一餐之供给，莫不于沪军是责。”当时战事频频，上海社会人心动荡，商业凋敝，金融萧条，一时间，陈其美为筹措庞大的军费开支伤透了脑筋。

陈其美提议用清政府存于上海各钱庄的道库存款以应急需，但上海道台刘燕翼避入租界后，将存于各钱庄的道库存款存折送交各国驻上海领事团团长保管，各国驻沪领事以尚未承认革命政府为借口横加阻挠，不肯将各钱庄的存折交出。钱庄方面则坚持钱业的行业惯例，不见道台印鉴及存折不能付款。盛怒之下，陈其美下令将上海钱业会馆董事朱五楼、大清银行上海分行总经理宋汉章扣留。一时间，上海钱庄大小老板都陷入了恐惧之中。如何解决这一棘手情况？

陈其美与上海各界代表推荐朱葆三担任沪军都督府财政总长，朱葆三提出“毋苛捐，毋滥费，毋挠权”的任职条件，经同意后履任。为供给沪军都督府开支，他以军用钞票作抵押，利用自己的人缘和一言九鼎，向汇丰、花旗等 4 家外国银行各借款 5 万两白银，向 80 多家华商银行及钱庄各借款 2 万两，共筹得 180 多万两援助革命。

清政府已经被推翻，存在各钱庄里的官方存款也需取出来为缺钱的新政府使用。为打破这个僵局，经多方磋商，大家商量出一个办法：钱庄在道库公款内划出白银给革命军使用，由时任都督府财政总长的朱葆三出面具函签发收据核收。如果各国驻沪领事干预，由都督府承担责任，担保各钱庄不受连累。这实际上是要求朱葆三以个人信誉担保各钱庄太平，从此有了“上海道台一颗印，不及朱葆三一封信”的说法。朱葆三虽然任职都督府财政总长仅几个月，但他竭尽全力支持革命军、力挽狂澜的历史功绩不可磨灭。

1926年夏季，上海时疫流行，朱葆三创办于西藏南路的时疫医院病人骤增，经费短缺。在这种情况下，他冒暑前往察看，顺道劝募捐款，终因伏暑积食，年老气血两亏，一病不起。1926年9月2日，朱葆三因病在上海寓所逝世，享年78岁。3日起，宁波旅沪同乡会为朱葆三下半旗志哀3天，上海商界为他举办了盛大的葬礼。

四、小木匠“筑梦”

沈祝三（1877年—1940年），名栖，字卓珊，浙江鄞县人，汉协盛营造厂创始人。沈祝三是清末民初著名商人，也是中国近代建筑史上声名卓著的人物，他主持建造了20世纪30年代中国唯一完整规划且一气呵成的大学——武汉大学校园建筑群，这个建筑群是中近代建筑史上的典范作品之一。

沈祝三早年丧父，读过几年私塾，因家贫辍学去学木工。后随舅父至上海谋生，进入杨瑞泰营造厂当学徒。杨瑞泰营造厂是一家成立于1880年的中国近代工程施工企业，老板杨斯盛是中国近代著名建筑师，会英语，懂得西方建筑方法。

1903年，杨斯盛帮助年轻的鄞县人张继光开设上海协盛营造厂。杨斯盛把沈祝三介绍给了张继光，让他担任协盛工地看工。不久，沈祝三被派去南京，协助监督英商太古洋行工程施工。

门户开放后，中国建筑业无论是设计还是材料，都有了翻天覆地的变化。国内从事建筑行业的人员，如果不跟上时代发展的步伐，就无法参与新兴的建筑业。从业人员首先要解决的就是语言问题，如果不懂英语，就无法承揽外国设计师的项目，更无法按照设计图施工。沈祝三白天上班，利用现场监督的工作机会，熟悉建筑工程的各个环节，从木工到翻样、定线、工程监理、编制预算和决算书，不懂就向专业人士请教，很快掌握了工程建设的相关知识。下班后，他抽时间向门房里的印度门卫学习英语，只用不到两年时间，就可以无障碍地与洋人交流。

鉴于沈祝三的出色表现，1904年，他被上海协盛营造厂派往汉口，负责承建英商太古洋行1号仓库。1905年，他又主持汉口平和打包厂大楼的施工。这幢4层楼的建筑，采用砖混结构加局部钢梁建造技术，技术含量非常高，是中国近代建筑开始的重要实例之一。88年后，武汉市政府宣布这栋位于武汉青岛路的建筑为优秀历史建筑。

平和打包厂大楼建造成功，让沈祝三在武汉建筑界声名鹊起。适逢英商要在汉口创办电灯公司，于是请他来承建厂房。这栋建筑采用钢制房梁，建造难度很大。此时，不知是担心沈祝三保证不了工程质量，还是怪他自作主张承接工程，上海协盛忽然发表声明：武汉的建筑工程与本厂无关，概由沈祝三个人负责。在这种情况下，沈祝三被迫自立门户。

1908年，沈祝三创建的汉协盛营造厂正式开张。恰巧，毕业于伦敦皇家建筑学院的建筑师海明斯和伯克利共同创立的建筑师事务所——景明洋行也在汉口开张。头脑灵活的沈祝三立即与这家事务所结为盟友，并且承诺：凡是景明洋行介绍给汉协盛的项目，除向业主收取5%～10%的设计费外，还可以从汉协盛得到5%～10%的介绍费。强强联合的结果是，当年就有了合作的作品——德商捷臣洋行大楼。

动工于1914年的英商保安洋行，是一栋西方古典主义建筑风格的建筑，这也是沈祝三建造的经典建筑之一，该建筑于1919年落成。武汉当代作家方方曾这样描述这栋建筑："青岛路上的保安大楼虽然现在已呈一片破败，但走近它细细看过，你完全可以看出它在当年曾经有过何等的豪华大气。这幢有如破落贵族一般的房子，依然努力顽强地证明着它曾经有过的华彩岁月。透过它的缝隙和角落，以及它的浮雕和拱形窗口，能瞥见它闪耀着的光芒。"

因信守承包合同，注重工程质量，汉协盛赢得了社会的广泛信任。到1915年，汉协盛在武汉经营得热火朝天，一二十个项目同时在武汉开工，数千工人同时施工。

为保证建筑材料供应质量，施工用料方便，也为了肥水不流外人田，沈祝三开始涉足建筑材料业，于1913年办起了阜城砖瓦厂，1924年办起了轧石厂，1930年办起了炼灰厂。沈祝三每年从德国克虏伯钢铁公司进口大量钢材，他自备汽车、拖轮、拖驳等运输工具，将原材料直接运至施工现场。同时他还引进蒸汽打桩机、混凝土拌和机、电动卷扬机和塔式起重机等，采取先进的施工方法，承接当时较为复杂的大型工程。

汉协盛在武汉建造的众多优秀近代建筑，至今仍是武汉城市建筑中绚丽的风景。这些建筑中，最负盛名的是武汉大学早期建筑群，它们是中国近代建筑史上的典范作品。

1918年，也就是汉协盛创建10年后，沈祝三因青光眼导致视力受损，1925年完全失明，但他却依然从容不迫地领导着汉协盛。他坐在家里听取汇报，对关键的问题果断做出指示和决断，许多大楼都是在他眼睛完全失明后建成的。然而，蒸蒸日上的汉协盛此时却遭遇了滑铁卢。承担武汉大学建造工程，使沈祝三和汉协盛陷入足以致命的困境中。在与武汉大学的交集中，踌躇满志的沈祝三最终将汉协盛推向了辉煌顶峰，由此也迎来汉协盛由盛转衰的转折点。

武汉大学位于武昌东湖之滨的珞珈山、狮子山等10余座起伏的山丘之间，占地面积

200 多公顷，合同造价约计 300 万银圆，实际造价 450 万银圆。整体建筑由美籍建筑师开尔斯设计，既有中国传统建筑风格，又引入了西方罗马式、拜占庭式等风格，尤其是图书馆这一建筑，成为武汉大学的标志（见图 3-3）。武汉大学建筑群标志着中国近代建筑走向成熟，其建筑之精美，与山水环境之和谐，以及规模之宏大，在当时无与伦比。

经过市场招投标竞争，久负盛名的汉协盛营造厂承担了武汉大学大部分工程。沈祝三倾尽全力来打造这个美丽校园，没想到要挣多少钱，因为合同签订那一刻，汉协盛就宣布要奉送水塔、水池等配套工程。可谁能料到，在招标预算中，汉协盛居然漏估了开山筑路的费用。这一低级错误导致工程造价严重不足，其结果则是巨额亏损。

图3-3　武汉大学图书馆

“屋漏偏逢连阴雨。”在武汉大学建造过程中，恰逢 1931 年历史上罕见的长江大洪水席卷武汉，挖好的墙基、施工道路和临时设施被山洪冲毁，汉阳铁厂停产和国际经济危机，又带来原材料价格大幅上涨。当时很多人劝说沈祝三申请破产，但这将导致武汉大学工程建设停工，而且如此巨额的亏损也不可能有人来接盘。在这个决定企业存亡的关键时刻，沈祝三表示坚决信守合同，材料选优，按照百年大计来考虑，保质保量按期施工，原来承诺的奉送水塔、水池等配套工程依然兑现。为保证工程顺利施工，他将三元里、三多里等多处私宅和阜成砖瓦厂抵押给浙江兴业银行，取得贷款 40 万银圆。

因前期亏损严重，1932 年武汉大学开建第二期校舍工程时，汉协盛已无力参与，工程改由袁瑞泰营造厂营建。有人说“毁家兴学”不值，沈祝三则回答说：“我给洋人盖了一辈子房子，今天，我要给国家盖一所最好的学校。”

1932年1月，武汉大学新校舍一期工程竣工。5月26日，武汉大学举行隆重的新校舍落成典礼，时任南京国民政府大学院院长的蔡元培先生，在典礼上盛赞珞珈山新校舍工程设计新颖，是国内最漂亮的大学建筑。武汉大学校长王世杰在开学典礼上特别提到：“他（指沈祝三）的亏累是无可置疑的事实，可惜本校经费也在十分困难中，无法补偿他。”

为了建造武汉大学，沈祝三这位武汉工商界举足轻重的大人物，从一代富商沦为清贫之人。但这位建筑大亨依然凭借顽强的毅力，继续他的建造事业。到武汉沦陷前，沈祝三终于将银行借款全部偿清，连本带息总共偿还了100万银圆。沈祝三的精神让武汉大学全体师生员工深受感动，他不惜倾家荡产，竭尽全力建造中国最美丽的大学校园，在中国近代建筑史上留下了可歌可泣的篇章。

1941年，沈祝三在萧条寂寞中病逝，终年64岁。

五、上海宝庆路3号

上海市中心黄金地段，淮海中路与宝庆路路口，有一栋上海滩最为著名的洋房，号称“上海第一私家花园”。这座房子没有名字，以门牌号码被人熟知，这就是宝庆路3号。上海文化人圈子里流传着这样一句话，“没到过宝庆路3号，就算不上真正了解上海文化”，可见其在上海文化中的重要性。宝庆路3号1925年由一名德国人出资建造，1930年卖给了“颜料大王”周宗良。

周宗良（1876年—1967年），字亮，又名忠良，浙江鄞县人。19世纪末，随着机制纺织业的兴起，颜料成为大宗进口商品。由于其市场需求大，利润丰厚，不少中国商人涉足其间。其中鄞县商人周宗良勤于经营，善于把握市场机遇，最终打造起一个庞大的颜料商业王国，成为最富有的近代宁波商人之一，商界尊周宗良为“中国颜料大王”。

周宗良年轻时就读于教会学校——宁波斐迪中学，毕业后进入宁波海关工作。独特的生活环境，从小耳濡目染的各种掌故，使周宗良认识到学习外语的重要性，他开始利用业余时间向海关税务司夫人学习英语，还经常与外籍海关人员练习口语。

数年后，周宗良离开海关，到德商爱礼司洋行设在宁波的颜料号工作。一次，德商谦信洋行大班扎罗门到宁波调查颜料销售情况，准备通过当地颜料号推广业务。当时宁波颜料号中，能听说英语的人不多，周宗良的英语此刻派上了用场。在与扎罗门的接触中，周宗良的言谈举止及敏捷思维，给扎罗门留下了深刻的印象。扎罗门非常赏识这位初出茅庐的年轻人，邀请他进入上海谦信洋行担任“跑楼”。旧时洋行中，跑楼是在洋人老板和所雇职工之间做上通下达工作的职员。

1910年，谦信洋行买办姜炳生因体弱多病，不能正常料理行内业务，让位于周宗良。扎罗门给了周宗良足够的经济支持以及相对独立的自主经营空间，周宗良也不负所望。在全国各大城市的经销中，他通过联络交际、赊销优惠、提高回扣等手段，多管齐下，为谦信洋行争取到越来越多的客户，深得扎罗门赏识。

周宗良的“暴富”并不是来自他的“精明”，而是源于他的“诚信”。1914年第一次世界大战爆发，大量德商离沪。1917年8月中国参战后，扎罗门深恐谦信洋行产业遭受损失，因而与周宗良商量，将谦信洋行大部产业改到周宗良名下，由周代为保管，大批栈存颜料也通过折价赊账的方式归周宗良所有。周宗良接受了扎罗门的意见，并保证信守诺言。

周宗良在妥善保管谦信洋行产业的同时，靠着对颜料的垄断发了大财。战后谦信洋行回沪，周宗良一诺千金，将原本代管的谦信洋行资产以及折价赊归他的颜料款，如数交还新任经理魏白兰。他的诚实行为得到德国商人进一步的信任和器重，一般人不能随便进入的大班办公室，周宗良无须通报即可直接进入。

在谦信洋行站稳脚跟并拥有庞大的资产后，周宗良继续高歌猛进。1920年，瑞康颜料号的贝润生与咸康颜料号的薛宝润之间产生矛盾，周宗良瞅准良机，果断出手，集资140万元，收购原本由贝薛二人合伙经营的谦信靛油公司51%的股份，并将其改组为谦和靛油号，自己任总经理，负责实际业务。在周宗良的努力下，谦和号在全国的销售网点从原来的几十家迅速扩增到200余家，资本一度暴涨到400万元。

1924年，德国染料化工业为提升在同行业中的竞争力，联合组建了大德染料公司，在沪德商谦信、爱礼司、礼和等洋行统归新成立的德孚洋行管理。在这些洋行中，由于谦信业务占有领先地位，故而德孚的大班就由谦信洋行大班担任，周宗良也凭借自身在颜料领域的才能以及德国大班对他的信任，扶摇直上，成为德孚名副其实的“总买办”。当时，德孚洋行大班魏白兰还专门委托他管理德孚经营下的3个染料栈房。在担任德孚买办的同时，周宗良还兼任谦信机器公司和拜耳药厂的买办。

德孚成立后，前来寻求供货的客户良莠不齐，很多客户因为资金不足，多有向德孚提出现货赊销的请求。德孚因对客户信用不够了解，一时难以决断。嗅到此商机，周宗良于1930年独资创办了周宗记颜料号，德孚先以现货现款的方式将颜料卖给周宗记，然后周宗记加上一层利润后赊销给其他客户。无形之中，周宗良又开辟了一条生财之道，成为名盛一时的“染料大王”。

周宗良由经销染料起家成为巨富，1929年，他的资产已十分可观，光外汇储蓄就有330万美元。到20世纪40年代，其外汇储蓄更是达到400万美元，成为当时外汇储蓄最多的中国人。之后，周宗良接连投资金融业、工矿企业和房地产业，先后担任浙江实业银行、中国垦业银行和中国银行董事，还投资汉口水电公司、杭州电气公司、中兴轮船公司、宗泰进出口行和镇东机器厂等，在近代中国经济史上占有一席之地。

第二次界大战中，由于日本与德国具有“同盟国”关系，周宗良的产业大体上没受太多损失，但也不时遭到日本人和汉奸的骚扰。比如，有一次周宗良就曾花一大笔钱，去“赎回”被日本宪兵队带走的夫人。

周宗良事业由盛转衰，是从第二次世界大战结束即德国战败开始的。德国人从上海打道回府后，周宗良的德孚买办生涯也落下帷幕。1948 年 6 月，周宗良携部分家属从广州转道到来到香港，其大部分资产也转到海外，分布在南美乌拉圭、瑞士、德国等地。

1957 年，周宗良在香港病逝。宝庆路 3 号原周宗良的豪宅，1950 年由周家捐给上海市政府。2017 年 10 月 1 日，该房产改造为上海交响音乐博物馆，从此翻开新的一页。

六、浇树浇根，交人交心

包玉刚（1918 年—1991 年），名玉刚，字起然，出生于浙江镇海庄市。早年就读于吴淞商船专科学校（今上海海事大学、大连海事大学前身）船舶专业，被外界称为“世界船王”，曾是世界十大富豪之一。

1936 年，包玉刚从宁波来到上海，进入中央信托局衡阳办事处实习，后随机构迁至重庆，在保险部担任练习生。凭借自身的勤奋和过硬的业务能力，他逐步晋升为科员、襄理。1941 年，调任中央信托局产物保险部专员，负责西南地区保险业务拓展。1945 年抗战胜利后，包玉刚返回上海，加入上海市银行，任业务部副经理，1946 年升任经理。在此期间，他积累了丰富的金融业务经验。此时包玉刚前面的道路可谓一帆风顺，可他却对这份工作没有兴趣辞职了。

1949 年初，包玉刚与父亲一起携数十万元积蓄，到香港另闯天下。经过几年的观察研判，他发现香港有优越的地理位置，自由贸易的便利条件，天然的深水泊位，充足的停靠码头，吸引了世界各地的船只。随着战后世界经济复苏，各地之间的贸易往来与日俱增，香港已经成为世界上最繁忙的港口城市之一。

与此同时，在美国的扶持下，日本经济恢复很快，但其自身能源与矿产资源匮乏，需要进口大量的原油、原材料来支持工业生产，因而需要大量船只来承担运输任务。日本政府采取种种优惠政策，鼓励外商参与日本造船业和航运业，为此还提供优惠的贷款利息。包玉刚当机立断，决定参与航运业。1955 年，37 岁的他成立了环球航运集团（见图 3-4）。

航运业是重资产行业，做航运就得买船，可他手中的资金有限。在这种情况下，他以自有资金加贷款，以 22 万英镑从英国购买了一艘 20 年船龄、载重 8200 吨的燃煤旧货船，并命名为“金安号”。至此，“世界船王”就以一艘旧船扬帆起航了。金安号以期租的方式租给一家日本公司，年底包玉刚以旧船作抵押向银行贷款，又买了一条旧船，期租给一家香港公司。

航运业挣钱有两种方式——“程租”和“期租”。程租就是按船只行程计算租金，优点是可以根据情况随时调整租金，缺点是一旦对方撤租，船就得停航，不仅没有收入，还得给付船员工资；期租就是把船租给相对固定的客户，定期收取租金，这种经营方式租金低，风险少，收益比较稳定。

图3–4 包玉刚

1956年7月，埃及总统纳赛尔宣布苏伊士运河收归国有，派军队占领了运河两侧，禁止非友好国家的船只通过。在这种情况下，大多数来往欧亚的船只只好绕道非洲好望角，航程陡增，运费暴涨。这又导致船只需求量大增，采用程租的公司都获得了暴利，可采用期租模式的包玉刚没有挣到多少利润。

为了夺得苏伊士运河的控制权，英国、法国和以色列于1956年10月29日联合对埃及发动军事行动，第二次中东战争爆发。一些船东认为苏伊士运河将长期关闭，纷纷坐地起价。包玉刚依然不为短期利益所动，继续采用期租方式，坚持薄利长租的方针。

英、法、以三国的军事行动遭到国际社会的普遍谴责，美苏两国也介入此事件。迫于强大的国际压力，11月6日，英法两国被迫接受停火决议，以色列也在11月8日同意撤出西奈半岛，第二次中东战争结束。

苏伊士运河复航，国际船运价格应声狂跌，许多船东因无法承受船租暴跌而破产。采用期租的包玉刚毫发无损，反而跟期租公司的合作关系更紧密，不断得到对方的订单，即使在航运淡季仍租约不断。

苏伊士运河事件结束后，包玉刚的船只增加到了 7 艘。最关键的是，他的做法获得了航运界的认可，包玉刚在世界航运界声名鹊起。

20 世纪五六十年代，欧美工业蓬勃发展，能源成了抢手货，中东采油国和西方石油公司大发横财，航运业尤其是石油运输业进入了黄金发展期。在这一时期，包玉刚订造了一批油轮。到 1979 年，20 万吨级的油轮包玉刚就有 50 艘，还有 21 艘小油轮。这个庞大的油船队，昼夜不息地航行在蓝色海洋上，成了包玉刚的“海上流动银行”。到 1981 年，包玉刚一共拥有 200 多条船，总吨位 2000 多万吨，加上在国内订造的数条船，他成了名副其实的“世界船王”。

这里有必要交代一下包玉刚与香港汇丰银行的关系。香港银行业有个业内人士叫作“黑书”的不成文规矩，就是不要投资风险相对比较大的航运业、航空业和电影业。1955 年，包玉刚购买第一条船时，曾向汇丰银行贷款，结果被拒。后来，随着双方交往越来越多，汇丰银行了解到包玉刚稳健果敢、诚信为重的营商风格，双方建立了信任，“黑书”也就不复存在。根据资料，包玉刚订造的许多新船，相当大部分的贷款就来自汇丰银行。

20 世纪 70 年代，包玉刚的海上王国达到顶峰，稳坐“世界七大船王”第一把交椅，环球航运集团也成为香港十大财团之一。美国《财富》杂志和《新闻周刊》称包玉刚为“海上霸主”和“世界船王”。但包玉刚并不满足自己的事业，他决定逐步把重心从海洋转移到陆地上，将赚得的部分财产投资于房地产业，兼营酒店和交通运输。为了在陆上也能取得海上那样的辉煌成就，他和香港首富李嘉诚一起，与英国资本集团展开了一场惊心动魄的斗争，这就是著名的“九龙仓”之战。

九龙仓是香港四大洋行之首——怡和洋行控股的优质资产。1980 年 4 月，在李嘉诚的“担保”下，包玉刚 3 天之内从汇丰银行调集了 21 亿元现款，在股市里花了 2 个小时，便将拥有的九龙仓股份增加到 49%，彻底控制了这家企业。为什么汇丰银行会冒如此大的风险把钱借给包玉刚，就是基于他们长期合作建立的信任。包玉刚曾说，“浇树浇根，交人交心”，只有如此，生意才会越做越大。

刘义庆在《世说新语》中有句常常被后人引用的名言：“德成智出，业广惟勤，小富靠勤，中富靠智，大富靠德，小胜靠智，大胜靠德。”历来成大器者都是靠德取胜的。草根出身的宁波商帮，成功之道就是靠自己的德行，厚德才能载物。从更高层次来讲，商道是一种精神，一种文化，一种哲学。商人要把事业做大做强，做得长久，就要遵循商道，这是事业成功的不二法门。

法国大文豪雨果说：“人有了物质才能生存，有了理想才谈得上生活。”也就是说，人要有物质生活，更要有精神生活。商道、商德，就是商人必须具备的精神追求。

第二节　在商言商

在商业经营中，“在商言商”是企业生存、基业长青的一条重要准则。

孔子在回答子贡怎样修养仁德的疑问时说：“工欲善其事，必先利其器。居是邦也，事其大夫之贤者，友其士之仁者。”意思是说：工匠要做好工作，必须先磨快工具；住在一个地方，要侍奉大夫中的贤人，与士人中的仁人交朋友。孔子说得很清楚，为了实现“仁德”，必须用一定的手段与社会上层搞好关系，善于借助他们的力量。《论语集解》引孔安国的注解说：“工以利器为用，人以贤友为助。”助什么？助自己提升品德，助自己事业成功。

无独有偶，欧洲中世纪宗教改革领袖马丁·路德也曾提到：“不择手段，完成最高道德。”当然，这里的“不择手段”，是在宗教容许的范畴内。为了实现宗教革命，建立基督教新教，马丁·路德也是用尽了各种可能的手段。

在长期封建专制统治的国家，代表政府的官员控制了经济、政治、文化、法令、制度等，如果不跟这些大大小小的官员处理好关系，要想把生意做大，保留自己积累的财富，相对来说是比较困难的。这一点美国汉学家费正清（1907 年—1991 年）先生看得很清楚。费正清是美国著名汉学家、历史学家和哈佛大学东亚研究中心创始人，凭着对中国文化的熟悉，他对中国商人的思维有非常精到的理解。费正清曾经有一句非常经典的判断来总结中国传统官商关系，他说：“中国商人具有一种与西方企业家完全不同的想法，中国的传统不是制造一个更好的捕鼠机，而是从官方取得捕鼠的特权。”

明清时代的晋商、徽商都是官商，喜欢把生意和政治捆绑在一起，试图利用政治力量来谋取经济利益，因而他们的起起落落，大都跟政权和依附的官员有关。这两个商帮的代表人物是胡雪岩和乔致庸，前者有“红顶商人”的称号，依傍的是左宗棠。后者靠山就更多了，有赵尔巽、赵尔丰、端方、张之洞等封疆大吏。朝代有兴替，官员有浮沉，随着政权的更迭和官员的陨落，他们的命运也随之改变，于是“其兴也勃焉，其衰也忽焉”。当然，晋商衰落还与近代海运兴起导致陆路商路衰落、票号业务未能适应金融现代化有关。徽商衰落还与太平天国运动、盐政改革等因素有关。

宁波商帮几乎都出自草根，生意就是生意，很少将生意与政治和权力掺和在一起。他们总是努力置身于政治旋涡之外，这就是明清时期十大商帮中，宁波商帮能够生存下来的秘密。此外，宁波商帮及时转向航运、金融等近代产业，也是商帮得以顺利存续的重要原因。宁波商帮在处理政商关系时，一个重要的策略就是“在商言商”。“在商言商”，这里包含两层意思：一是了解政治但不参与政治；二是与掌权者处好关系，但不依附于他们。近代宁波商帮从依赖特权转向市场竞争，是他们不同于晋商和徽商的重要特点。

这里对“了解政治但不参与政治”作一些说明。细细盘点清朝灭亡以前即发达的宁波商帮中的一些大佬，如乐印川（从二品）、严信厚（二品）、叶澄衷（二品）、宋炜臣（二品）、虞洽卿（五品）等，他们都捐有官位，那么这是否就算参与政治呢？要解释清楚这个问题，必须对我国历史上的“捐官”制度有所了解。

捐官又称“捐纳”，就是士民向国家捐资纳粟以取得爵位、官职。捐官始于秦朝，史书曾有记载：“秦得天下，始令民纳粟，赐以爵。”到西汉时，捐纳已形成了制度，唐、宋、元、明都有捐纳，到清朝时此风最盛。清朝的捐纳制度始于康熙并得以大范围施行，此后捐纳成了与科举相互补充的一个重要制度。康熙推行捐纳制度，原因是讨伐准噶尔经费不足，于是下诏鼓励富户捐纳。康熙中晚年，曾掀起几股捐纳高潮，都是为了筹集更多的银子用于出兵或赈灾。此后，清朝历代皇帝都把捐官当作国家一项重要的财源来组织经营。

清朝末年，正常情况下，一般在京城任职的，最高只能捐五品官；地方任职的，最高可捐四品官。后来晚清门户开放，一些商界大佬生意越做越大，社会影响也越来越大，清政府有时也不得不借助他们的力量，所以就打破先前的惯例，给那些影响大的商人以更高的官位。通过捐官，商人获得了顶戴和官方身份，能够参与地方事务协商，增加自己在商界的声誉，也有利于保障自己的产业免受政府和黑社会的侵犯，但他们并没有担任实职。

官商交往要有道，要“相敬如宾”，而不要勾肩搭背、不分彼此，要划出“公私分明的界限”。为官之道，乃造福于民；从商之道，乃造富于民。官商勾肩搭背，继而合谋勾结，是邪道。淡如水、公私分明的君子之交，是官商正道。官商能做到各安其道而又并行不悖，有交集而无交易，就不会沦为“一根绳上的蚂蚱”。宁波商帮“在商言商”的经营策略，使他们在“官”“商”之间进退自如。

一、宋汉章三次抗命

宋汉章（1872 年—1968 年，见图 3-5），名鲁，字汉章，后以字为名。祖籍浙江余姚，出生于福建建宁。宋汉章一生与金融保险事业紧密相关，是中国近代著名的金融家。他年轻时即患有耳疾，交谈时需要戴上助听器。随着年龄的增长，他的耳疾不断加重，最后双耳完全失聪。但是，宋汉章并没有因耳疾影响事业的发展，相反，某些时候，耳疾还成为他抵制官府无理要求的有效手段。当时就有人说：宋汉章听得进去的话，他的耳朵就不甚聋；若是不入耳之言，他就会很聋。

1895年，宋汉章考入上海海关做关员。他信仰天主教，因此结识了不少外国友人。1897年，中国第一家银行——中国通商银行成立，宋汉章任“跑楼”，负责洋务和纸币发行工作。这一时期他逐渐掌握了中国钱庄和西方银行的经营管理方式及各项业务运作，养成了照章办事、严格遵守各项制度的严谨作风。1906年后，宋汉章任大清银行附设之储蓄银行经理，经营成绩斐然。1907年，他又任大清银行上海分行经理。辛亥革命后，大清银行上海分行改组为中国银行，1912年2月，宋汉章开始任中国银行经理，在金融界崭露头角。

图3–5　宋汉章

宋汉章最令人称道的是其刚直不阿的品格和独立不羁的人格。在他看来，银行是一项受人之托、为人谋利的事业，身在其位，必须对众多股东负责。观其一生，宋汉章一直竭力和政治保持距离，如他本人所言：“但求维持沪行，纯为营业机关，避免政治漩涡。”在中国银行经理任内，宋汉章曾经三次冒着性命危险，为中国银行和客户的利益抗命，第一次是陈其美，第二次是袁世凯，第三次是蒋介石。三次抗命都是他力避政治影响商业经营的案例。

1911年11月上海光复，面对沪军都督陈其美的协迫，宋汉章第一次抗命。

革命党人、浙江同乡陈其美就任沪军都督后，命令大清银行上海分行经理宋汉章与大清银行北京总行断绝关系，由民国政府接收大清银行上海分行官股，并把该行官款收归沪军都督府使用。宋汉章认为此时大局尚未澄清，个人不能自作主张，所以拒绝了这一要求。陈其美提出以沪军都督名义向大清银行上海分行借银50万两充作军饷，宋汉章又以不合手续为由拒绝。屡遭拒绝的陈其美大怒，设计将宋汉章从租界骗出来，扣押于曹家渡都督府，逼他就范，但宋汉章仍不予答应。

宋汉章被扣押后，一时间上海各界风声鹤唳，商人纷纷感到忧惧，革命政权面临巨大考验。在各方斡旋之下，两周后，宋汉章被释放。后来宋汉章向南京临时政府申述不交付款项的原因时说："大清银行内部资本有官股，也有商股，不能完全视为政府财产，应注意保护商股利益。"为了解决政权更替带来的银行存续问题，宋汉章订立计划，提出将大清银行改组为中国银行，因此，近代金融界有"先有中国银行上海分行，后有中国银行北京总行"的说法。

对辛亥革命时期的国情，宋汉章有清醒的认识：政治动荡，军阀混战，统治者更替频繁，军费消耗巨大，政府入不敷出；上一届政府借的钱，下一届政府是否认可都是问题。无论北洋政府还是国民政府，都把银行当作提款机。大清银行和中国银行只负担垫付国家债务，根据政令发行债券，至于盈利这种关系银行生存的问题，大清银行和中国银行只能靠自己的力量解决。这种情况严重威胁到了银行的生存，威胁到了股东的利益，也威胁到了储户的资金安全。

辛亥革命后，一向唯北洋政府之命是从的交通银行过度承担军政借款，加之管理体制僵化，遭受了巨大的经济损失，经营陷入困境，一时难以为继。作为与中国银行同为中央银行的两家银行之一，交通银行的影响力因此与中国银行相比差距越来越大。为了继续生存，交通银行被迫于 1922 年 6 月召开股东大会，重新调整自己的经营方针，其中重要的一条就是："对政府旧欠进行清理，拒绝一切军政借款。"

很明显，在当时的政治局面中，一味依附政治，对银行正常开展金融业务会产生不少消极影响；远离政治，与政府对峙，又会使银行遭受灭顶之灾。上海中国银行是中国银行的龙头和利润主要创造者，作为上海中国银行经理，宋汉章承受的压力可想而知。为了使上海中国银行正常经营下去，此时，宋汉章采取了与官府若即若离的态度，与政治保持适当的距离，专心致力于经营事业，使上海中国银行保持了稳定的发展。

在北洋政府执政期间，作为上海中国银行经理的宋汉章，冒着生命危险成功抗拒了北洋政府"停兑令"，第二次抗命令他声名鹊起。

北洋政府自执政之日起，财政就十分拮据。到 1912 年底，北洋政府共欠内外债高达 1.7 亿元，其中还不包括庚子赔款。为了筹措款项，袁世凯准备合并中国银行、交通银行两家银行，集中两行各地分行里的所有库存现金，一并交给北洋政府使用。1916 年 5 月 12 日，北洋政府以国务院名义，发布了震惊中外的"停兑令"，强令中国银行、交通银行两家银行兑换券停止兑现现款。"停兑令"引发储户疯狂挤兑，造成金融业极度混乱，中国银行和交通银行也面临生存危机。如果无法发挥中国银行、交通银行这两家中央银行维持市面的作用，北洋政府也会面临倒台的危险，中国又将陷入动荡不安的局面。

为了避免引发严重的后果，上海中国银行在经理宋汉章和副经理张嘉璈的主持下，拒不遵从袁世凯的“停兑令”，这一做法得到上海外商银行的支持。据当时一位营业专员回忆说，“宋汉章、张嘉璈和我们日夜开会，商量应付办法”。二人抱着“宁可刑戮及身，不忍苟且从命”的决心，将百姓利益放在首位，极力捍卫中国银行的诚信，并在《申报》登报公示照常开门兑现。与此同时，宋汉章又委托几家商业银行及钱庄代办兑换。经过一星期挤兑，储户看到中国银行实力雄厚，兑换正常，人心渐定。

宋汉章拒不执行“停兑令”，气得袁世凯暴跳如雷。袁世凯几次派人暗杀宋汉章，幸得上海银团的维护，宋汉章才未遭毒手。最终结果正如宋汉章所愿：国家维持一分元气，人民留一线生机。经过这次事件，上海中国银行声誉益隆。时人赞誉宋汉章在这一事件中表现出了“以大局为重，不顾个人得失，胆识俱优的金融家风范”。

动荡社会，你方唱罢我登场，“城头变幻大王旗”。随着国民革命军北伐胜利和南京国民政府成立，面对蒋介石要求借款的命令，1927 年，宋汉章又上演了悲壮的第三次抗命。

南京国民政府成立后，面临的燃眉之急又是如何解决军政费用问题，蒋介石的做法也相当粗暴简单。1927 年 3 月北伐军抵沪，蒋介石以北伐军总司令部军需处名义，向上海中国银行借款 100 万元，并要求在限期内将款项交至南京。宋汉章按章向蒋介石索取担保品，致使蒋介石大为不满，遂将借款增为 500 万元。宋汉章看得很清楚，蒋介石名为“借款”，实同敲诈。为捍卫银行经营原则，在强大的压力下，宋汉章没有妥协。在发给蒋介石的电报中，宋汉章表示：“汉章个人死不足惜，唯恐银行从此倾覆，金融亦将不可收拾。”

作为银行家，宋汉章不反对对蒋介石给予适当接济，但他恪守银行的业务规章，强调银行经营规范，反对随意动用银行款项，以免影响银行信誉。宋汉章抗命蒋介石的行为，使中国银行在国内外保持了良好信誉，为业内人士所称颂。中国银行发行的纸币，凡有宋汉章签名盖章，民众就深信不疑。

1928 年，南京政府建立中央银行，指定中国银行为经营国外汇兑业务的专业银行。如果没有宋汉章给中国银行建立的优秀信用，国民政府怎么可能把这个重要业务交给它，西方银行又如何信任它，与其兑换外汇。

经历多番磨难后，身心受到严重打击的宋汉章心灰意冷，主动向中国银行总行提出辞去上海中国银行经理一职。1927 年 6 月，中国银行总行调香港分行经理贝祖诒接任上海中国银行经理。但对于宋汉章这样一个难得的金融家，中国银行是舍不得让他离开的。1931 年 11 月，中国银行投资 200 万银圆，与交通银行、浙江实业银行共同设立中国保险公司，宋汉章以中国银行常务董事的身份兼任中国保险公司董事长。

在中国保险公司刚刚走上正轨时，1932 年 1 月，由中保承保的汉口申新纺织四厂突遭大火，损失达200余万银圆。失火后工厂停产，工人失业，劳资双方都切盼保险公司尽快赔偿火灾损失。若全部照赔，赔付额约占中保实收资本的80%。面对如此局面，社会各界莫不关注，尤其是参保的其他客户，更是忧心忡忡，唯恐中国保险公司“拆烂污”。宋汉章没有二话，立即开始理赔，要求太阳保险公司为首的各保险分公司遵守契约规定，迅速承担责任，汇来应负担的赔款，连同中保自身应承担的部分赔款，及时足额赔偿给申新纺织四厂，使之及早重建，恢复生产，消除人们对保险行业“十赔九不足”的疑虑。

申新纺织四厂是无锡荣宗敬、荣德生兄弟兴办的企业，对于中保公司按约赔付保险金，荣氏家族非常感谢。他们在《申报》《新闻报》等各大媒体上刊登整幅鸣谢启事，以事实为中国保险公司作了有力的宣传，使中国保险公司名声大振，业务日增，生意更加兴隆。

宋汉章敢同陈其美、袁世凯、蒋介石抗争，是为了恪守银行经营规范，维护银行信誉与广大储户的利益。作为一位金融家，他清楚银行信用是靠制度来保证的，任何违背交易管理制度的行为，都会给银行带来风险，是坚决不能出现的。作为中国现代金融事业的主要奠基人之一，宋汉章的所做所为受到国内金融界的高度评价。1935年，时任财政部部长兼中央银行总经理的宋子文，特意委任宋汉章为中国银行总经理。

抗战期间，有一年春节，中国银行在重庆玉灵洞总管理处举行团拜会。在会议致辞时，宋汉章说他不同意金融事业依附于政治，强调了“在商言商”“独立经营”的理念，并以此勉励到场人员。在他的影响下，昔日上海中国银行中鲜有职员加入国民党，应该说这和宋汉章倡导的“在商言商”“独立经营”理念不无关系。

二、虞洽卿的“原则”

虞洽卿（1867年—1945年，见图3-6），名和德，宁波镇海县龙山乡山下村人。虞洽卿是早期旅沪宁波商帮的头面人物之一，也是“在商言商”理念的践行者。

虞洽卿，人称“阿德哥”。小时家境贫困，6岁丧父，15岁到上海瑞康颜料行当学徒，后升至“跑街”。以后当过德商鲁麟洋行、华俄道胜银行和荷兰银行的买办，还捐钱从朝廷领得了一个候补道台的顶戴头衔（五品官衔）。同时，他还创办了一家房地产公司和一家银行，甚至升任上海总商会会长。在上海，虞洽卿发展得可谓顺风顺水，这主要得益于他出众的调停能力。虞洽卿善于游走在洋人、官府、流氓大亨和劳工之间，而且左右逢源，可以说是上海滩最有威望且讲公道的“老娘舅”。

虞洽卿一生不愿做官，用他的话说：“做官如做戏，我做生意还来不及，还做啥戏！”然而，他十分懂得政治与商业之间的关系。

虞洽卿一生经历了清末、民国两个时代，在这个社会动荡的时代，他与各方面的关系都处理得非常好，可以说是八面玲珑，同时又不失原则。在1898年第二次“四明血案”“俄兵杀死周生有案”“大闹公堂案”等当时的热点事件中，虞洽卿都积极为普通百姓出头，替他们鸣冤，不怕得罪租界工部局，组织领导同胞为维护百姓权益与租界当局进行斗争。

图3-6 虞洽卿

1920 年 4 月，虞洽卿当选为全国工商协会会长。在这个位置上，他确定了敦促和协助政府实施改良税则、保护专利、奖励发明、改善交通和发展金融的活动方针，还亲自到北京和南京等地，为推动修改税则奔走。

1924 年 8 月，虞洽卿转任上海总商会第五届会长。同年底，北京段祺瑞政府电聘虞洽卿为善后会议专门委员，到北京参加善后会议。1925 年 2 月，段祺瑞政府任命虞洽卿兼任淞沪商埠督办公署会办。4 月 27 日，虞当选为全国商会联合会候补副会长，5 月 20 日成为副会长，社会地位进一步提高。

晚清时期，虞洽卿与清政府的关系非同寻常，他不仅捐了五品顶戴，清政府在南京筹办我国首次全国性博览会——1910 年南洋劝业会时，他还积极募集资金，促成大会的顺利举办。

辛亥革命期间，虞洽卿积极参与孙中山组织的革命活动，尽力推动社会进步。1920 年，在孙中山先生的要求下，他开办了上海证券物品交易所。在这里，虞洽卿结交了一大批国民党军政要员，如张静江、戴季陶、陈果夫、蒋介石等人。据传，蒋介石私下里总是称虞洽卿为“洽公”。南京国民政府成立时，蒋介石还邀请他担任财政部部长，但被他婉拒。

1925 年 5 月，上海爆发了群众性的反帝爱国运动——五卅运动。当万余名愤怒的群众聚集在老闸捕房门口演讲示威时，英国捕头爱伏生竟调集通班巡捕，公然开枪屠杀手无寸铁的群众，打死 13 人，重伤数十人，逮捕 150 余人，制造了震惊中外的五卅惨案。身为上海总商会会长的虞洽卿，于 6 月 10 日召开总商会大会，成立上海总商会五卅惨案委员会，积极与英国殖民当局交涉，援助上海罢工工人。在五卅运动中，虞洽卿积极募捐资金，从 1925 年 6 月到次年 6 月底，经上海总商会募捐的款项总计 236 万大洋，银 43.3 万两，这些巨款成为罢工工人生活费的基本来源。上海总工会委员长李立三曾说，在五卅运动中，“虞洽卿的捐款我们随时要，他随时拿”，这是虞洽卿和上海总商会对五卅运动的巨大支援。

1945 年 4 月 26 日，虞洽卿因病在重庆去世，蒋介石派员致送特大花圈，并亲笔书写“乡国仪型”四字，绣在红色绢条上，覆盖在虞洽卿的遗体上。7 月 24 日，国民政府发布褒奖令：“虞洽卿秉性忠纯，志识明达。早岁旅居沪渎，创兴实业，开发交通。辛亥淞沪光复，劳军筹饷，弗避艰危。抗战军兴，间关西来，耆期爱国，曾不后人。兹闻病逝，悼潜良深。应予明令褒奖，并将生平事迹存储宣付国史馆，用彰硕德，而励来兹。”

运送虞氏灵柩的专轮，11 月 20 日自渝启航，24 日晨抵沪，停泊在南京东路外滩码头。下午 2 时，在四明公所举行规模空前的追悼大会，上海军政界要员、工商界名流及各界人士数万人赴会，极尽哀荣。尽管与国民党高层交好，但虞洽卿并未加入国民党，政治上一直保持中立。

虞洽卿坚守“在商言商”的信条带来一个启示，商人追逐利润实属正常，但不能与官场里的官僚“勾肩搭背”，利用官员的权力攫取公共利益，要与他们保持好距离；更不能只顾自己，见利忘义，置法律法规于不顾，置商业伦理于不顾，置大众情感于不顾，做违背良知的事情，这显然不是正道。“在商言商”，恰恰体现了宁波商帮的智慧和人格。

人的一生格局很重要，格局大的人做人有气度，做事有温度，人品有厚度，目光更长远，不拘泥一时的得失。从商之路越走越远，人生也才会越来越顺。

第三节 组织的力量

鲁迅先生曾经沉痛地揭示过两种人：被糟践的示众材料和沉默不语的看客。在传统社会里，大多数情况下，普通的芸芸众生既不具备保护自己的能力，更不具备保护他人和维护正义的能力。面对生活中的不平与不公，人们寄希望于主持正义、惩恶扬善的“英雄”。但理性告诉我们，英雄可遇而不可求，靠“水浒”式的英雄通过暴力来主持公平和正义的社会，肯定不是一个好的社会。

在屈辱中只能指望英雄出手相助的人，肯定是个懦夫。当然，这懦夫很“精明”，他会核算成本，知道“出头椽子先烂”的道理。一个社会充斥懦夫，一定是制度设计出了问题。当一个人因主持正义而付出了不该付出的代价时，这个社会的大多数人就会变成沉默不语的懦夫。俗话说：“一根筷子容易折，一把筷子折不断。”可问题是谁能把一根根的筷子弄成一把筷子呢？

1945 年 10 月，马丁·尼莫拉牧师对新教支持希特勒和纳粹的行为进行反省和忏悔时，写下了一首著名的忏悔诗——《起初他们》：

起初他们

起初他们追杀共产主义者，
我没有说话——因为我不是共产主义者；
接着他们追杀犹太人，
我没有说话——因为我不是犹太人；
后来他们追杀工会会员，
我没有说话——因为我不是工会会员；
此后他们又追杀天主教徒，
我没有说话——因为我是新教徒；
最后他们奔我而来，
却再也没有人能站起来为我说话了。

马里兰大学曼瑟尔·奥尔森教授在他的代表作《集体行动的逻辑》里，提出了著名的集体行动困境：当一件事情的受益者越多，反而越不容易成功，因为个体都有“搭便车”的心理，都追求自身利益最大化，就不容易为一件事情出力。

传统中国浸淫在实用主义的处世哲学里，对现实利益的追求远高于对自尊的追求，自尊意识麻木和对功利的追求形成强烈的反差。宁波商帮则跳出了这一窠臼，打破了这一宿命。他们通过组建各类同乡会，参与各种社会组织，及时有力地发出自己的声音，不仅宣示了自己的存在，赢得了话语权，也为自己主张了权利。

宁波商帮为自己赢得话语权的平台，是各种形式的同乡会和商会。宁波商帮同乡会是以地缘乡谊为纽带，以会馆、公所、同乡会等形式组织起来的同乡工商业者组织，其功能是通过同乡聚会、祭神以及各种公益活动联络感情，促进互助，排忧解难，增强对外帮商人的竞争能力。宁波商帮诞生的标志性事件，是在明末天启、崇祯年间（1621 年—1644 年）鄞县药商在北京设立的鄞县会馆，以及清初京城经营药材业和成衣业的慈溪商人创立的“浙江省慈溪县成衣行业商人会馆”（简称“浙慈会馆”）。鸦片战争后，随着宁波成为通商口岸，上海对外开埠，宁波商帮迅速崛起，成为近代中国最有影响力的商业群体之一。

在晚清和民国时期，宁波商帮影响力最大的同乡会，当数旅沪同乡在上海成立的“四明公所”，以及 1980 年 8 月由香港中华总商会会长王宽诚先生与 200 多位在港宁波籍人士创办的“甬港联谊会”。

2017 年 11 月 27 日，宁波召开甬商总会成立大会，发布了一组统计数据：宁波有 42.7 万华侨华人和港澳同胞，遍布世界 103 个国家和地区；拥有 16 个港澳台宁波同乡社团，207 个海外侨团，涉及 47 个国家和地区；在北京、上海、广州等国内 37 个城市建有宁波商会，拥有会员企业 7400 余家。

建立同乡会和商会，是各地外出经商者的常规做法。同乡会和商会力所能及地给自己同乡做些事，也并不稀奇。但能形成合力，对制造不公的组织进行大张旗鼓的奋力抗争，推动中国商业社会的法制化进程，在中国历史上却是不多见的。

一、四明公所血案

四明公所是清嘉庆二年（1797 年）由旅沪宁波人办起来的同乡组织，其宗旨为“联乡谊而安旅”，对外维护同乡权益，对内从事丧葬公祭以及疗病济困、调解纠纷等事务。该公所发起人为旅沪宁波商人钱随、费元圭、潘凤占、王秉刚、王忠烈等，开设公所的经费源于旅沪同乡中发起的“一文捐”活动。四明公所动员在沪宁波人每天节省一文钱，一年可积 365 文，以 365 文为一愿集中起来，至第二年就募集到相当数目的捐款。四明公所同时发动同乡著名士绅捐资，很快就聚起了一大笔钱。

四明公所成立次年，就在上海县城外西北侧紧邻护城河处购买到 30 多亩地，随后建起了砖木结构的硬山顶房屋 20 间用作寄柩，其余土地计划用作义冢。同时，公所还承办代运棺椁到宁波的业务。1803 年，四明公所建成正殿，大殿门上挂“四明公所”匾额，“四明”为宁波别称。四明公所（见图 3-7）建成后，成为宁波人在上海的公益性联谊组织。公所对成员入会无严格限定，只设立董事会为办事的最高机构。

1831 年，四明公所董事会发起新一轮募捐，以“四百八十文为一愿”，计募到一万六千余愿，用于垫高地面，重建公所殡舍，同时建造地藏殿和纯阳殿。工程竣工后，四明公所设立赊材局这一福利机构，规定凡宁波籍贫苦百姓可先领棺木，随后量力交费，不索偿，不取利。从此四明公所名声大振，入会者无数。

1843 年上海开埠以后，宁波人在各式行业中人数骤增，有许多同业团体加入四明公所。如商业行帮中有同善会（渔业）、崇德会（海味业）、济安会（酒业）、永兴会（南货业）、敦仁堂（猪业）、喻义堂（药业）、诚仁堂（肉业）、永济堂（洋货业）；手工业行帮有长寿会（石作业）、年庆会（木业）、同义会（银匠）；另外还有劳工团体，如四明长生会、水手均安会等。随着新式行业的出现，钱业公会、五金公会等也都加入了四明公所。

图3–7　四明公所门楼

道光以后，董事会先后由经济实力强大的富商来主持公所事务。如镇海方亨宁和方介堂兄弟、李世亭家族、严信厚家族、朱葆三家族等，分别在董事会占有重要地位，其中不少董事会成员在清廷拥有各种官衔。由这些背景特殊的人员组成董事会，在社会上更增添了四明公所的影响力和号召力。四明公所成立后，逐渐发展成为上海势力最强的同乡会馆，也成为宁波人的情感归依之所。

四明公所成立后，一直向清廷地方官署缴纳常规税务。1843 年，公所董事通过定海人、上海知县蓝慰雯的关系，将四明公所所在地编入“官图”，免除税课，从此公所经费更为充裕。

1845 年 11 月 29 日，清政府苏松太兵备道宫慕久与英国领事巴富尔共同签署了《上海土地章程》，划定洋泾浜（今延安东路）以北、李家庄（今北京路）以南之地，准租与英国人为建筑房屋及居住之用。中国租界一般认为就是从这个章程签订之后开始的。1846 年 9 月，又议定以边路（今河南路）为西界。1848 年 10 月，英国领事阿礼国又把地界向西延伸到城浜（今西藏路），向北开拓到苏州河边，整个租界面积达 188 公顷。

法国政府 1848 年才在上海建立领事馆。经过半年多交涉，1849 年 4 月 6 日，上海道台麟桂与法国驻沪领事敏体尼正式签字换文，法国租到英租界以北当时还很荒凉的虹口 986 亩土地，上海法租界就此建立。随之，四明公所所在地也被划入法租界地界里。

19 世纪 50 年代初，随着太平天国占领南京，上海发生了反抗清政府的小刀会起义。社会动荡，导致大批上海县城以及周边乡下的难民涌入租界，租界人口爆炸性增长，使得租界第一次出现“华洋杂居”的情况。人口增长带来对住房的需求，在沪外商此时开始大规模建设简陋的联排木板房，并以高价租给涌入的难民，这是上海里弄以及石库门建筑的开端。

出于战乱中自保以及管理日益增长的人口等目的，在未知会清政府的情况下，法国驻沪公使与英美公使 1853 年一同签署了《上海英法美租界租地章程》。该章程名义上统一了三国的租界，同时明确了租界各国将原本交给地主的地租直接交给清政府，实质上将租界变为各国的自有领地，否定了原业主对土地的所有权。一年后，三国合议成立工部局，租界内事务统一由工部局管理，租界内人士从此只向工部局纳税，租界随之成为“国中之国”，清政府也只能接受这个现实。1862 年，法租界退出联合租界，自设公董局，负责管理法租界内事务。1863 年 9 月，英国和美国在上海的租界正式合并，这就是所谓的“公共租界”。公共租界内事务仍由工部局统一管理。

1870 年以后，有安全保障的租界发展日趋加快，对土地的需求剧增。由于四明公所沿惯例不给法租界公董局课税，影响了法租界的收入，法租界对此耿耿于怀。

1873 年，法租界公董局认为四明公所附近人口稠密，公所里的坟墓有碍卫生，是传播疾病的渊薮，于是以修筑宁波路（今淮海东路）、西贡路（今丹阳路）为借口，要求四明公所迁让坟冢。中国人有入土为安的文化传统，祖坟是万万迁不得的，法租界的要求显然不能接受。四明公所董事据理力争，建议道路稍向北迁移，并愿意支付因改道而产生的一切费用，同时还呼吁上海道和上海知事及法驻沪领事出面协调，但公董局态度强硬。

早在 1862 年，法租界当局曾两次准备买下四明公所土地，平去坟冢后辟为马路，因四明公所据理力争，法国人只好暂罢。但法租界当局没有死心，这一次决定要动真格，冲突一触即发。

1874年5月3日下午，法租界当局闯进四明公所，拆毁建筑，挖掘坟地。大批市民，特别是旅沪宁波同乡，聚集到四明公所周围进行抗议，引发与法国巡捕的冲突。随后围观民众冲向路政工程师佩斯布瓦住宅附近进行抗议，佩斯布瓦向人群开枪，打死一人，导致事态进一步扩大。宁波人包围了法租界公董局，焚毁法国人房屋40多间。法国水兵上岸镇压，又打死6人，伤20人，其中重伤7人，酿成了第一次“四明公所血案”。

宁波人吃了大亏，为此四明公所号召在法租界打工的宁波人罢工、罢市以示抗议。各行业协会迅速行动，组织各自会员响应公所号召。当时在上海的宁波籍商界大佬严信厚、叶澄衷、朱葆三与同仁一起领导了这场抗议活动，一方面要求法租界公董局惩办凶手，赔偿损失；另一方面公所组织资金募集委员会，让有钱的商人捐款，募得的资金以原来打工收入7成的标准，发给因罢工而失去收入的同乡，解除他们的衣食之忧。

双方经过多次交涉，直至1878年8月15日，才由上海道台褚兰生和法国驻沪总领事李梅订立《四明公所协议单》，中法双方达成和解。协议规定：

（一）法租界承认四明公所地产为公所产业，保证以后不以任何方式闯入或破坏其产业；

（二）中国政府一次性补偿37000两银两作为冲突中受损失的法国、意大利和奥地利侨民的补偿；

（三）法国驻沪总领事自愿从上述补偿款提出7000两银两作为冲突中死难中国人的抚恤金。

事后，法国领事告示安众，明确四明公所房屋土地永归宁波同乡会经营，法国领事勒石为记。法国公董局对这块土地的觊觎之心并未因此终止，总想找借口占据四明公所。20年后，因这块土地归属问题，再次爆发四明公所血案。

1898年，上海鼠疫猖獗。据当时租界工部局卫生机构调查，这次鼠疫是因海关验关不慎从海船上带进来的。但是，法租界为了将四明公所驱出租界，一口咬定是四明公所坟地卫生管理不善所致。

1898年5月，法租界当局背弃前约，以修造马路、学校、医院为由，欲强行征收四明公所地产。7月15日，法国驻沪总领事向上海道发出最后通牒，限令四明公所交出产权。

四明公所董事会立即召集扩大会议，严信厚介绍了法国驻沪总领事白藻泰照会上海道台的情况，说上海道台已明确答复法国人的通牒是无稽之谈，不予理睬，公所应立即采取行动，并派人与他们交涉。会议讨论认为，严信厚、叶澄衷、朱葆三等会董均已年迈，决定由热心公益、善于调停劳工纠纷、富有正义感的虞洽卿和沈仲赉两名代表负责办理这件大事。

虞洽卿、沈仲赉这两位慈溪人接受公所董事会的任务后，立即商定书面意见，并将20年前的《四明公所协议单》带给法国驻沪总领事白藻泰，白草草应付了这两位代表。

沈仲赉作为四明长生会（洗衣业）的会长，预判白藻泰这次要来硬的，就率领千余名宁波籍劳工在四明公所周围戒备。果然，16日清晨，100多名法国水兵荷枪实弹来到公所，对公所周边的交通要道实行戒严，法国水兵和宁波籍劳工双方陷入对峙。不久，白藻泰来到现场，一面指挥水兵拆除四明公所围墙，一面招来一批法租界巡捕，冲进四明公所，拼命往外驱赶工人。沈仲赉认识到工人们手无寸铁，无法与法租界巡捕和水兵抗衡，正欲寻找虞洽卿商量如何与对方谈判时，突然听到一阵枪声，法国水兵向人群开枪，2名洗衣工人当场死亡，10余人受伤。沈仲赉立即下令撤退，安顿好死伤人员后，去找虞洽卿和严信厚商议应对措施。

在严信厚寓所召开的四明公所董事紧急会议上，董事们一致提议，除了要向法国驻沪总领事馆提出严正交涉外，还致电清政府照会法国公使进行交涉。法国人毫无让步的表示，反而敦促水兵们连夜刨挖四明公所内的坟茔。

7月16日夜间，旅沪宁波同乡在四明公所董事会的号召下纷纷来到现场，阻止法国人的强盗行径。17日，法国水兵和巡捕居然向手无寸铁的人群开枪，当场打死12人，伤数十人。

再次发生的血案使旅沪的30万宁波人群情激愤，宁波籍群众掀起了声势浩大的反抗怒潮。次日，在买办虞洽卿及洗衣业领袖沈仲赉等人的带领下，宁波籍商人全体罢市，法租界里的宁波籍洗衣工、厨师、车夫、佣工等纷纷罢工、怠工或辞职不干，连外轮上的宁波籍海员也加入罢工队伍。聚居上海的其他省籍人士，也不再像第一次血案那样袖手旁观，而是同仇敌忾，坚决支持旅沪宁波人的正义斗争。罢市罢工从法租界蔓延到公共租界，从宁波籍职工扩展到非宁波籍职工，致使那些平时衣来伸手、饭来张口的洋大人们吃不上饭，坐不着车，衣服也没人洗。英国《字林西报》报道："本埠商界顿时大乱特乱。"美国总领事古德惊呼："上海约有三分之二的商店关门，全部中国钱庄停止营业，贸易陷于停顿，驰沪各航轮无法装卸货物，没有一家洗衣作坊开张营业，马路上只有为数极少的东洋车和马车。"英国领事也承认，罢市"对于上海贸易已产生极其严重之影响"。

英美等国领事纷纷出面调停，他们一方面劝法国人立即撤兵，另一方面要求四明公所尽快让各行业复工。经过中国政府与法国政府交涉，中法双方达成四项协议。21日，四明公所向全市发出数千张传单，宣告罢市结束。

协议明确：

（一）由上海道台划出周泾（今西藏南路）以西、打铁浜以东地产作为法租界的新界；

（二）维持四明公所土地权，法租界再次重申保证永不侵犯四明公所；

（三）四明公所坟地不得掩埋新尸或停柩，旧坟陆续起运回籍；

（四）四明公所土地上可以开筑交通所需要的道路。

从这四项协议可以看出，四明公所终于得以保住，但由于清政府软弱无能，划归法租界的八仙桥西首那片空地比四明公所的面积还大，达50余亩，法租界的实际面积反而扩大了。法租界实现了扩张的目的，四明公所的权益受到了一定程度的损害。

“四明公所血案”，是中国近代第一次民众自发反抗殖民暴行的斗争，表现了中国人民顽强的斗争精神和英勇气概，更是旅沪宁波人“团结一致，爱国爱乡”精神的体现。特别是第二次“四明公所血案”中，以严信厚、叶澄衷等为首的四明公所会董，在斗争中很好地发挥了首倡、联络和领导作用，集中体现了四明公所的组织和领导能力，以及宁波商帮众志成城的团结精神。

在这次事件中，买办虞洽卿鼓动洗衣业领袖沈仲赉带领全市洗衣业工人拒绝为法国人服务，使虞洽卿成为沪上妇幼皆知的知名人士，他也因此被选为四明公所会董，从此走上了中国政治和经济舞台。沈仲赉则由一名洗衣业头领荣升为四明公所经理，深得大家的信任与拥护。

二、周生有案

为了争夺中国东北的利益和朝鲜半岛控制权，1904年2月8日，日本海军未经宣战，突然袭击俄罗斯驻扎在中国旅顺口的舰队，日俄战争爆发。12日，清政府以日俄两国“均系友邦”为由，宣布“局外中立”，并发布了《局外中立条规》，旁观了一场日俄在中国领土上进行的战争。俄军由于补给困难及指挥失当，屡遭失败，1904年5月日军占领大连；1905年1月，旅顺又陷落；3月，日本夺取奉天（今沈阳）；接着，日本海军又在对马海峡击溃俄罗斯前来增援的太平洋第二分舰队。由于对马海战惨败及俄国国内革命爆发，俄罗斯已毫无获胜的可能。此后美国出面调停，8月10日，日俄双方在美国朴次茅斯正式举行和谈。

根据《局外中立条规》，日俄战争交战国败逃至上海的军舰、军队，应当收其军器，听中国官员约束，不得擅自行动；如交战国军人在中国犯法，应由中国官员依中国法律审理。1904年8月，俄国阿思乐号巡洋舰和格罗苏福意号鱼雷舰拆卸军械后拖往浦东，规定舰上人员在沪活动范围是浦东东清附近华俄道胜银行空地，并可在浦滩散步，不得到处闲游。即使偶至租界，也应限定人数和时间，并派妥当之人巡察。但是俄兵不守规定，时常越限游荡酗酒。

12月15日，俄国海军士兵亚其夫和地亚克两人不遵守约束，私自外出，酗酒后乘出租车至南京路外滩，因拒付车资与车夫发生争吵，殴打车夫。争执中，看到路旁有木匠在修理码头，亚其夫抢走木匠的斧头乱砍，恰好砍中了路过的周生有头部。周生有被送往仁济医院，不治身亡。周生有是寓沪宁波人，在沪有家小。两俄兵当场被巡捕拘捕，解至俄总领事馆。

事发后，上海道道台袁树勋照会俄国领事，主张按大清中立条规，俄方交出凶犯，由中方按律惩办，清政府外务部也以此方案照会俄国公使。对这些照会，俄国驻沪领事及驻京公使都采取了拖延和消极的态度，俄国政府则饬令其在上海的领事不准将案犯送交中国，而是由其海军舰官自己审判。

对于俄兵擅杀无辜、俄国拒不交出凶手的态度，上海市民极为愤慨。始则上海，继则全国，各界反应强烈，要求严惩凶手，并爆发了大规模的抗议和申权运动。“始而甬人之旅沪者，莫不疾首蹙额，欲得俄兵而甘心；既而各省人民之旅沪者，亦莫不疾首蹙额，欲得俄兵而甘心；今则不独旅沪之人为然也，凡中国各行省以及久旅外洋之华商，亦莫不义愤填膺，深恶俄人之无理。”

12 月 27 日，四明公所致函外国驻沪领袖领事，请求主持公道，惩办凶手。28 日，宁波商人严信厚、沈敦和、周晋镳、朱佩珍、虞洽卿等人致电外务部，要求政府出面，饬令俄国领事交出凶犯。

俄国总领事不顾舆论和上海道的反对，擅自在 1905 年 1 月 13 日开设特别法庭，判决主犯剥夺一切权利，押回俄国罚做苦工 4 年。俄国领事馆审判结果传出，上海各界反应强烈，寓沪宁波商人发布传单，表示抗议，号召宁波绅商起来反对，“声势汹涌，将聚众罢市”。上海各省商董也举行集会，同时电禀外务部、南洋大臣，要求据理力争。

1 月 14 日，四明公所会董开会决定：即日起停止使用华俄道胜银行发行的钞票；致电清政府外务部、商部，要求照会俄驻华公使转令驻沪领事赶快交出罪犯，设立特别公堂，由华官会同审讯，严定罪名；限令俄国逃舰及鱼雷艇等即刻驶离上海口岸，以安定人心。四明公所董事会还致函外国驻沪领事团领袖、德国人克纳贝，与克纳贝进行面谈，望其能主持公道。

此时，清政府外务部担心“事端猝起”，“恐启极可危险之祸”“有碍租界之治安”，电令盛宣怀督同上海道袁树勋、两江总督魏光焘及四明公所代表等，与俄国领事筹商“周案”，表示能争则争，不能争则了，不可再节外生枝。遵循清政府的谕令，盛宣怀、袁树勋等与上海宁波籍绅商代表经过磋商，照会俄总领事阔雷明，提出 4 点折中要求：（一）将案卷验送清驻俄公使胡惟德，照询俄外交部转咨俄海军部复核，对亚其夫判禁 8 年；（二）亚其夫刑期应以自押到俄国之日算起，在沪监禁无论久暂，不在限内；（三）应给抚恤银两，可听苦主自做善举；（四）俄舰兵民来者应援引威海卫等处章程圈禁保护，不得任令游荡，酗酒滋事。

同日，盛宣怀电告外务部“周案”了结。“抚恤甬人虽不甘接受，然华民得恤亦数少见。”外务部复电“所议甚妥，自可就此结束。希电商南洋督饬袁道将善后事宜妥办，期息事宁人，以维大局”。“周案”就此了结。

在周生有案中，四明公所与清政府外务部、上海道台和上海驻外领事反复交涉，积极参与此案的处理，为一个生活在社会底层、无助的小人物鸣不平，极力争取利益，真如盛宣怀所说“非常少见”。

那么，一件普通的杀人案，为何会引起如此轩然大波呢？对此，《申报》的分析可谓鞭辟入里。《申报》指出，此事之所以激起如此大的义愤，既有历史的宿怨，也有现实的诱因。上海开埠以来，外国水手在沪杀人已经司空见惯，市民“一语及西兵，几若谈虎者之色变”。人们对外国侵略者的愤怒，早已郁积了很久。再有，同病相怜之感，也是诱发这场运动的重要原因。周生有只是一个普通的佣工，牵动范围之所以能够如此之广远，“是非与周生有亲故之情也，亦非真笃于同乡同种之谊也。良以周生有系中国无罪之民，一旦被俄兵无故杀之”，“旅沪各甬人与旅沪之各省人民，目击心伤……今以俄兵之来，以致如周生有者命且不保，何暇望安”？

此外，在对俄交涉的过程中，在沪甬人、四明公所以及上海道袁树勋为代表的地方官吏的强硬态度，对于运动的高涨也有一定的积极影响。

三、大闹会审公廨案

“老乡见老乡，两眼泪汪汪。”如果一个人的情感只局限在血缘、地缘关系上，这样的格局未免小了点。当陌生人身陷困境时，路见不平，拔刀相助，则体现出维护社会公平正义的勇气和担当，这种精神是社会的宝贵财富，也是人类文明进步的动力。1905 年 12 月，上海爆发的“大闹会审公廨案”，是 20 世纪初上海市民反对殖民帝国肆意破坏中国司法主权的一次著名抗争，四明公所及会董虞洽卿等人，在其中发挥了突出的作用。

1905 年 12 月 6 日晚 10 点光景，一艘英商太古洋行经营长江航运的班轮“鄱阳号”，缓缓停靠在十六铺的金利源码头。此前一天，上海公共租界巡捕房收到镇江一位传教士发来的电报，声称在鄱阳号班轮上有两名女人口贩子，从四川拐骗了十几个幼女来上海贩卖。正在根据电报线索布控的上海公共租界工部局巡捕房捕头木突生，率领几名巡捕逮捕了这两名女子，一场震惊上海的大闹会审公廨案就此引发。这里需要说明的是，当时有钱人家家里的妾和丫环许多都是买来的，人口买卖在当时是合法的。

被捕的女主人名叫黎黄氏，其丈夫黎廷钰曾任四川府经历（相当于省府秘书）。黎廷钰因病亡故，黎黄氏携带年轻丫环、女佣 10 多人，扶其丈夫灵柩转道上海，回广东原籍安葬。

12 月 8 日上午，按照惯例，由工部局巡捕房起诉的黎黄氏拐骗人口案在公共租界会审公廨开庭审理。

会审公廨，说起来也有一段历史。

上海开埠后不久，凡在租界内违警的华人罪犯，都先由租界巡捕押往英国领事馆，由英国领事审理，轻者罚款，重则押往上海县城，交道台处罚。后来英国领事和租界当局发现移交上海道台处罚的那些犯人，多数都被从轻发落，有的又回到租界继续作案，因此提议在租界内设立一个专门的司法机关，审判在租界内拘捕的华人案犯。经过洽商，1868 年，清政府总理衙门和外国驻华使团批准在上海公共租界内设立一个中国司法机构——会审公廨（又称“会审公堂”），由上海道台任命中方专职会审官（谳员），与外方陪审官（领事）会同审理租界内与华人有关的诉讼案件。根据中外双方约定，如果案件涉及洋人或洋人雇佣的华籍仆人，由外国领事参加会审或观审；纯粹华人案件，由中国谳员独自审断。

到 1905 年时，会审公廨每天审理的案子平均 100 多件，最多时达 500 件。会审公廨成立 30 多年来，外国殖民者利用不平等条约，肆意扩大陪审官在会审公廨的权力，不仅对华洋诉讼案的审理横加干涉，甚至对纯粹华人案的审理也加以过问，企图完全控制这个司法机构，由此，中国会审官同外国陪审官之间的矛盾时有发生。老百姓对外国陪审官在会审公廨里颐指气使的做派颇为反感，反抗情绪长期郁积，遇到一点火星随时就会爆发。

12 月 8 日，会审公廨开庭审理黎黄氏拐骗案，承审人是关炯之（华人），陪审官为金绍成和英副领事德为门。由于各家报纸在头天已发布了消息，所以这个案件格外引人关注，公廨旁听席上挤满了人。除了闻讯赶来的上海各界人士、黎黄氏在上海的广东同乡，还有英国《上海泰晤士报》等一帮记者。

中午时分审讯结束，会审官关炯之认为巡捕房控告黎黄氏拐骗案证据不足，需作进一步调查，拟将黎黄氏诸人关押在会审公廨女押所听候处断。未待关炯之念完判词，英国陪审官德为门即大声说道：“此案固然需要做进一步调查，但犯人必须由捕房带回。”

围绕黎黄氏应该关在公廨女押所还是西牢，双方发生争执。为抢夺黎黄氏，德为门率领工部局巡捕捕头木突生，在公廨上公然出手，殴打了金绍成，并打伤两名公廨差役。

第二天《申报》《时报》《万国公报》等报纸对英国陪审官德为门领头大闹会审公廨作了详细报道，一些报纸纷纷谴责德为门肆意践踏和破坏中国司法主权的行为，社会民众也纷纷举行抗议活动。

为维护司法主权，上海商界著名人士徐润、周晋镳、曾涛、朱葆三、虞洽卿等联名向清政府外务部和商部、两江总督周馥、江苏巡抚陆鼎发出电报，呼吁官方俯察舆情，查照条约，切实办理，以安众心而维大局。

上海民众的抗议浪潮一天高过一天。12 月 12 日下午，2000 多人在四明公所集会。17 日下午，四明公所再次有 1000 多人集会，抗议工部局的野蛮行径。

迫于清政府抗议和外国使团指令，黎黄氏于 15 日释放，但英国工部局不肯处罚德为门和木突生。当时租界内已陆续有一些店家举行罢市以示抗议。18 日，上海商会发出通知，要求各店各业一律暂停交易，一场全市性的罢市斗争拉开序幕。

12 月 18 日清晨，上海全市开始罢市。上午 9 时许，到老闸捕房和工部局市政厅示威的群众越聚越多。上午 9 时 30 分，示威群众开始围攻老闸捕房。约半小时后，示威的群众突破巡捕的防线，冲入老闸捕房，并放火焚烧捕房（见图 3–8）。几乎同时，聚集在工部局市政厅外面的示威群众开始向市政厅进攻。守候在那里的巡捕奉命开枪，愤怒的群众用砖瓦进行还击，将几个巡捕打得头破血流。不久，英国军舰上的水兵闻讯赶来镇压，示威的群众才纷纷散去。这一天的流血事件中，总共有 15 名华人平民被打死，几十人受重伤，500 多人被逮捕。

图3–8　被焚毁的老闸捕房

中英双方的谈判陷于僵局。由于虞洽卿曾在调停四明公所等案件中取得了较好结果，他也成了华洋交涉中的名人，因此上海总商会请虞洽卿出面调解。

根据四明公所案经验，虞洽卿发动英租界中为外人服务的佣人、厨工、车夫、清洁工、洗衣工大罢工，逼英租界当局让步。虞洽卿承诺：罢工工人职员按月发给生活费，经费由他向工商界募捐。于是更多人加入游行和罢工队伍之中，人数上万。这次罢工持续了 3 周之久，群众性的罢工罢市，显示了非凡的威力。

虞洽卿凭着他10多年在德商鲁麟洋行和荷兰银行当买办的交际和脸面，找到德、俄、法、日、荷等国驻沪领事馆，向他们殷切陈情：“上海乃大清国土，自应按我大清律行事。西人捕头公然违抗主审官命令，且肆意厮打主审官，此乃暴行，实难容忍。望各国领事主持公道，伸张正义。我朝廷上下，全体国人都在拭目以待，看友邦各国作何反应。若此事尚不能公正解决，哪里还有公理可言？我商民各界又如何与各友邦合作？”虞洽卿的这手“以夷制夷”的策略产生了效果，各国领事担心罢工损害自身利益，纷纷向英国领事馆施加压力。英国人无奈作出让步，无条件释放了被捕人员。

大闹会审公廨案经过中英双方多次来往照会，到1907年年底才有了最终结果：德为门被英国租界当局调离司法岗位，调任镇江，中方以上海道台袁树勋个人名义，为焚烧巡捕房和打伤巡捕赔偿英国5万两银子。该银两分期支付，部分银两由商界承担。

大闹会审公廨案以清政府息事宁人和妥协退让告终，黎黄氏获释后返粤，丫环多数被教会收容。在此事件中，上海市民为抗议英国殖民者肆意破坏中国司法主权所表现出来的英勇行动，大大鼓舞了我国民众的志气，在近代中国人民反帝斗争史册上留下了光彩夺目的一页。

大闹会审公廨案还有一个意想不到的结果：两江总督兼南洋大臣周馥（1837年—1921年）于1906年向朝廷上了一个奏折——《禁革买卖人口折》，提出“嗣后无论满汉官员军民人等永禁买卖人口，违者以违制论”。1910年12月25日，清廷颁布《钦定大清刑律》，并于1912年正式实施，中国历史上存在了几千年的人口买卖制度被彻底禁止，主奴名义在法律上成为非法，这在立法上敲响了中国奴隶制的丧钟。

四、火柴大王刘鸿生

火柴是根据物体摩擦生热的原理，利用强氧化剂和还原剂的化学活性，制造出的一种能摩擦发火的取火工具。火柴于18世纪中后期由西方人传到中国，所以早年叫“洋火”，也称“自来火”。晚清文人孙玉璋撰写的《异闻琐录》，约略记载过火柴输入的情况：“道光间，英夷所贡杂物，多谣巧好玩。中有自来火者，长仅盈寸，一端五色洋药，擦之而火爆发。士大夫见之莫不惊奇，以为鬼物。今各大商埠均有市者，唯索值奇昂，非豪商显宦无力求之耳。”

外国人靠“洋火”赚走了中国人不少真金白银。为了解决外国火柴垄断的问题，19世纪末，国人开始开办火柴厂，独立生产火柴，并自主完成技术突破。国产火柴厂的出现，让“洋火”逐渐摆脱了“洋人制造”的标签。

1879年，华侨卫省轩来到广东佛山县，开办了中国第一家火柴厂，取名“巧明火柴厂”。由于资金不足，该厂创办之初并无机械生产，全靠工人手工制作，工人大多是佛山地区的居民。因为工艺落后，所以该厂生产的火柴产量相当有限，每天仅能制作出几箱火柴。

宁波府镇海县庄市人叶澄衷善察商情，认为投资火柴市场必有大利，于是有意创办火柴厂。时逢旅日归国侨胞、镇海同乡张阿来向叶澄衷主动提议创办火柴厂，并向他介绍了自己的日本籍妻子。张妻在日本当过火柴厂职员，懂得制造火柴的技术流程，叶澄衷当面听取了张阿来夫妇的提议。1890 年，叶澄衷出资 5 万两银子，在上海虹口朱家大桥（今唐山路）创建了当时上海最大的火柴厂——燮昌火柴厂。公司拥有工人 800 名，日产火柴 36 万盒。燮昌火柴产品优良，胜过英商燧昌自来火局，燧昌厂因竞争失败而倒闭。日商看到英商工厂倒闭，想趁机而入，把大批日本火柴倾销到上海，以图压倒燮昌厂。叶澄衷以汉口、芜湖、宜昌、镇海等地火柴厂为依托，大幅降低火柴价格，与日商抗衡，逼得日商一再降价。

此后几十年，中国人虽然开办了不少火柴厂，但由于原料贵，税收重，技术落后，竞争不过进口火柴。特别是瑞典新型火柴大量涌入中国市场后，在绝对的质量劣势和价格劣势下，中国本土火柴厂扛不住压力，纷纷宣告停业，国内火柴市场基本被瑞典和日本控制。

第一次世界大战期间，西方列强忙于战争，输入中国的商品包括火柴数量都大为减少。此时五四运动爆发，中国人民奋起抵制日货，提倡国货，全国各地又兴起了办火柴厂的热潮。短短几年中，全国的火柴厂就增加到 100 多家。在英商开平矿务局当买办积累了巨资的刘鸿生，也加入到这股投资火柴厂的热潮中。

刘鸿生（1888 年—1956 年），浙江定海（今舟山）人，出生于上海。刘鸿生以经营开滦煤炭起家，后将资本投资火柴、水泥、毛纺等业，被誉为“中国火柴大王”和“毛纺业大王”。

1919 年，刘鸿生在苏州创办鸿生火柴公司，这是他兴办的第一个实业。之所以选择火柴工业，是因为岳父叶世恭（叶澄衷之子）就在上海经营燮昌火柴厂。刘鸿生认为投资创办火柴厂，机器设备简单，大部分工序是手工劳动，所需资金少，风险也比较小。同时，火柴又是生活必需品，价格低，销路不成问题，经营得好，一定能获得高额利润。

经过紧张的筹备，1920 年 11 月，鸿生火柴公司正式开工生产，这标志着刘鸿生从一个洋买办开始向民族企业家转型。当时全厂拥有各式设备 40 余台，职工 1700 多名，每天能生产火柴 20 多箱。然而，由于产品质量不过关，用户称其为“烂糊火柴”，结果工厂连年亏损。第一次世界大战结束后，洋货卷土重来，激烈的市场竞争再次使大批民族工业濒临破产。1924 年，燮昌火柴厂破产，刘鸿生接收了岳父的这家工厂。

工厂扩大了，可不解决生产火柴的化学配方问题，提高产品质量，企业生存问题就无法解决。这时，有人向刘鸿生介绍了刚从美国留学归来的沪江大学化学博士林天骥。刘鸿生聘请林天骥为总工程师，并为他开出了 1000 银圆的天价月薪。

林天骥到厂后，经过半年多的试验研究，采用高强度胶粘剂，解决了火柴头受潮脱落的难题。工厂还添购磨磷机，提高赤磷面的质量。此后又经过多次大大小小的技术改进，鸿生火柴产品质量大幅提升，成为国产名牌产品，不仅在国内畅销，还销售到越南及南洋市场。

鸿生火柴的出现，打破了国内火柴市场的格局，原来占市场垄断地位的瑞典凤凰牌火柴，市场份额受到挤压。瑞典凤凰火柴凭借技术、资金和品牌优势，使出商界常见的降价手段挤压鸿生火柴，一时间鸿生火柴可谓是腹背受敌。外有凤凰火柴杀价，内有一众低劣火柴厂家竞争，结果是大家都挣不到钱。如何摆脱当前面临的市场困局，刘鸿生认识到必须组织行业协会，协调同业利益，减少同业之间的恶性竞争，共同抵御瑞典火柴的打压。

1928 年，刘鸿生与荧昌火柴厂老板朱子谦联合发起成立江苏省火柴同业联合会。同业联合会规定共同议价，避免争相降价；向国民政府联合上书，要求限制瑞典火柴进口数量；组织抗议、罢工活动，以求得政府降低火柴捐税。

1929 年，在刘鸿生等人的组织下，全国 52 家火柴厂代表聚集上海，决定成立全国火柴同业联合会，以共同抵制瑞典火柴。会议公推刘鸿生为全国火柴同业联合会常务主席，由刘鸿生率领大规模请愿团向南京国民政府请愿，要求政府采取措施保护民族工业。可惜由于瑞典政府外交施压，南京国民政府不支持，加之瑞典火柴商的破坏，这次行动没有取得效果。

既然全国性的行业协会组织不起来，那就先联合江苏的火柴企业。1930 年 7 月，经协商，鸿生、荧昌和中华 3 家江苏最大的火柴厂组建成立大中华火柴公司，刘鸿生被推选为总经理。刘鸿生把林天骥研发改进的火柴生产技术给两家企业共享，品牌统一为“大中华”，按照合作时的生产量分配销售比例。合作重组后的新公司，生产销售立竿见影，到年底，产量和销售量达到了全国火柴产销量的 22%，成为中国最大的火柴公司。

紧接着，刘鸿生又马不停蹄，先后合并或购买了九江、汉口、芜湖等地的火柴厂，资本日益雄厚，生产规模越来越大，在同行中的威信也步步提高。因为大中华火柴公司拥有显著的地位，上海各大银行纷纷主动向它提供贷款。

由于瑞典、日本洋火柴不断在中国低价倾销，国内竞争激烈，火柴价格猛跌，火柴企业盈利依然困难。刘鸿生仔细谋划，采取了“联华抗洋，联美制日，发展全国火柴产销联营”的策略，以求达到限制生产、制止倾销、稳定价格的目的。

1935 年 7 月，刘鸿生首先邀集国产火柴制造同业成立联合办事处，继而与美商开展合作，以联合办事处的名义与美商火柴公司达成协议，成立华中地区火柴产销管理委员会，并制定了相应的火柴生产、销售限制办法。最后，刘鸿生又以中华火柴同业联合会首席代表名义，与日商在华火柴同业会进行谈判。迫于华商联合会与华中管理委员会的一致行动，日商不得不加入中华全国火柴产销联营社。

1936 年 3 月，中华全国火柴产销联营社正式成立，总经理为刘鸿生。社章规定，总社有权对各社员分配生产指标，社员产品交由总社统一发卖，社员不得请求退社。这一措施有力地限制了日本火柴的走私和偷制，而且也减轻了国内厂家之间的矛盾，使得火柴销路渐趋稳定，售价也有所回升。这一年，大中华火柴公司终于改变了亏损局面，盈利额达到了历史最高水平。

刘鸿生过人的经营胆识和谋略，成全了自己“火柴大王”的美誉。此外，他还在水泥、毛纺、煤炭、钢铁等行业跑马圈地。由于涉足诸多领域，他被冠以众多“大王”的美称，比如“毛纺业大王”“煤炭大王”“火柴大王”等，成了名副其实的“中国实业大王”。

第四节　商人的理性

大家可能都听说过“株连十族”的典故。明初“靖难之役”，当时台州府宁海人方孝孺不叛旧主，为建文帝殉生，被燕王即后来的明成祖朱棣“灭十族”，杀了800多口人，牵连了近万人。方孝孺同时的另两位宁波人袁拱和金忠，则是鼎力帮助朱棣推翻建文帝的主要谋臣。

“靖难之役”是朱家皇室内部厮杀，侄子做皇帝还是叔叔做皇帝，与这几位宁波人何干？从治国谋略论，建文帝自不能与其叔相比。“读书种子”方孝孺殉生，仅仅是为了向建文帝尽忠，而800多个亲友则因为方孝孺的“气节”而丧命，何其怨哉枉也！

明末清初的“反清复明”运动中，在江浙一带持续时间最长的，要数宁波人黄宗羲、张苍水、王翊等反清力量。1645年6月，余姚孙嘉绩、熊汝霖起兵抗清，黄宗羲变卖家产，召集家乡600余青壮年，组织“世忠营”响应。1646年6月“世忠营”兵败，黄宗羲3次被清政府通缉，避居在外。弟弟黄宗炎也两次被抓，如果不是乡绅万泰担保，几乎被处极刑。从35岁到50岁，是黄宗羲积极献身抗清运动的15年，但经过多年的折腾，他总感无法撼动清政府的统治，于是主动放弃武装抗清，于1663年开始回家读书。后黄宗羲撰成了《明夷待访录》《明儒学案》等辉煌巨著，奠定了明末清初三大思想家之一的地位，以及“中国思想启蒙之父”的美誉。

从以上历史故事中，多少能看出宁波人的价值取向：义利兼顾，保持清醒的实用理性，处事既讲究原则，又保持一定的灵活性。做生意需要清醒和理性，这在宁波商帮的经商实践中有突出的表现。

一、叶澄衷的“生意经”

叶澄衷在他传奇的创业过程中，总共涉足了9大行业。诚信宽厚的品格，帮助他获得了经商所需的人气。审慎又不失大胆的理性投资风格，又帮他一次次化危为机，真正做到了“任尔东西南北风”，“我自岿然不动”。

生意经之一：知彼知己。

生意场上的谨慎，其实追求的就是知己知彼，努力实现商业利益最大化，这在叶澄衷的经商实践中表现得尤为突出。

1880年，美国洛克菲勒创立的美孚石油公司进入上海。为了站稳脚跟，拓展业务，他们主动找到叶澄衷，表达合作的意愿。基于对生意的敏感，叶澄衷早已对上海煤油销售情况作了深入调查。当时除租界和沿海城市居民外，了解和使用煤油灯的用户并不多。中国农村是煤油最大的潜在市场，可是面对中国错综复杂的地方势力、混乱的货币与度量衡制度，洋行很难把煤油销往内地。

美孚石油公司之前委托英商怡和洋行在中国销售煤油，但怡和洋行只是把美孚石油公司的煤油运到中国，销售问题并没有很好地解决，导致美孚石油公司的煤油迟迟打不开销路。叶澄衷有遍布全国的商业网络，构建了洋行无法复制的分销体系。为了抢占中国市场，美孚石油公司给叶澄衷提出了优厚的合作条件——由叶澄衷作为独家代理，代理人佣金由常规的 20% 提高到 25%，并且货到后 90 天结账。

根据这份合同，叶澄衷就可以利用 90 天结交货款的时间差（叶与内地商户的结算时间为 1 个月左右）周转资金，发展地产和钱庄放贷生意。煤油销售量越大，获得的可支配资金越多，且 90 天内无须支付利息。据统计，从 1880 年到 1890 年，10 年之间，叶澄衷单单在经营煤油方面获得的盈利就超过百万银圆。用美孚石油公司沉淀在他手中的资金投资获得的利润，则无法计数。

生意经之二：审时度势,灵活机变。

1883 年，对上海来说是个不幸的年份。这一年不仅时疫流行，暴雨成灾，又因蚕丝价格大跌，上海发生了严重的金融风潮，工商业刮起了停歇倒闭之风。就连万贯家财的“红顶商人”胡雪岩也无力应对，在上海开设的钱庄最终歇业倒闭。仅仅 1 个月的时间，近 70% 的上海钱庄宣告歇业，由此又累及无数中国商行、小型企业和手工作坊。

叶澄衷凭借他的敏感，抢先抽回存放在银行和钱庄的资金，同时火速催促客户交付欠交的煤油货款，想尽一切办法回笼资金。这时，美孚石油公司却将更多的煤油运进上海，希望增加销售，以弥补全球市场波动带来的损失。

叶澄衷抓住这个时机，及时调整自己的经营方针，避开风雨飘摇的上海滩，全力向长江中游和沿海广大地区开拓业务。这一年，叶澄衷先后在宁波、温州、镇江、芜湖、九江、汉口、天津、烟台、营口、广东等地和通商口岸，设立顺记分号或联号达 18 家之多。叶澄衷知道，金融风潮不会波及以小农经济为主的广大农村。金融风潮又削弱了众多洋行和中国商行的实力，无形中减少了竞争对手，叶澄衷不但顺利躲过了这场危机，还趁机发了一大笔财。

为了培育市场，美孚石油公司在推销煤油时，会免费赠送煤油灯和灯罩。叶澄衷估算了农村一般家庭一年的煤油使用量，自己设计了煤油桶，让美孚石油把大铁皮桶改为小桶。煤油用完后，把油桶沿对角剪开，装上手柄，即可获得两个当时非常时尚的洋铁皮畚箕。

“货不停留利自生”，但苦于运输不便，各商号的货物滞留在上海，无法及时运往各地分号。叶澄衷趁上海棉花行纷纷倒闭之机，用低廉的价格收购了棉花行 10 多艘运棉用的沙船，建立了自己的沙船队。后经十多年不断扩充，沙船队拥有沙船多达 100 余艘，频繁往来于沿海和长江航线，及时将煤油、煤炭、钢铁等货物运往各地，美孚煤油的销量也因此骤增。在多难的 1883 年，许多商家朝不保夕，经营如履薄冰，而叶澄衷却逆势盈利，仅销售煤油一项，年盈利竟达 10 万两银子之多。

生意经之三：大胆投资新行业。

经营新兴行业是要冒风险的，但是风险与收益共存，风险越大，成功后的收益也就越丰厚。叶澄衷敢于开拓，敢冒风险，但又不盲目冲动，所以能够把握高风险中的高收益机会。

他 1981 年接手的可炽洋行，原是一家英国人开设的煤铁号，专营西洋进口的煤炭和钢铁。但是煤铁号连续几年打不开销路，连年亏本，于是贴出了盘让告示。叶澄衷知道后，仔细对煤炭与钢铁市场进行了分析。

他认为，随着上海工业的发展，对煤炭和钢铁的需求量会越来越大；农村也需要煤炭和钢铁来制造各种农具，所以煤铁业务是有钱可赚的。前些年进口钢铁之所以滞销，是由于中国土铁和铜的价格相对便宜。近年来，由于西洋各国冶炼技术不断提高，生产成本下降，进口的生铁、铜、钢材以及煤炭价格也在下跌，由于其质量好，销量将超过土铁。江南机器制造总局、天津机器制造局、安庆军械所正在大批制造枪炮，也需要大量的钢铁、铜及煤炭。

叶澄衷很想盘下可炽煤铁号，但苦于手头资金不足。关键时刻，良好的信誉和善于经营的名声再次给他带来了机遇。有朋友主动表示愿意提供资金，与叶澄衷合股盘下可炽煤铁号，由叶经营，红利四六分成，叶得六成。该煤铁号由叶澄衷接手后，改名为“可炽顺记”，成为近代上海最早经营进口煤炭和钢铁的民族资本企业。

1887 年合股者退股，可炽顺记成为叶澄衷的独资商号。可炽顺记与上海祥生船厂、耶松船厂、江南机器制造总局建立业务往来，向这些工厂供应船舶五金，还包揽了这些工厂的钢铁和煤炭供应业务。

在经营进口煤铁时，叶澄衷还购置了一台剪刀车，将铁板和钢材余料加工裁剪成农村急需的条铁、筷条、钉条和铸模字板。他还低价购买了一些外国旧船，拆下船上的铁板加工出售，获得了丰厚的利润。

生意经之四：一箭三雕。

叶澄衷从外商经营地产获得厚利的事例中得到启示，投资地产大有可为，但须精心操作，不可过于轻率。1883 年，上海有家钱庄以 4 万银两押进苏州河北岸虹口一带 40 亩土地，押期至年底。但到了年终时，因上海爆发金融风潮，业主无力赎回。钱庄经理急切向叶澄衷求助，叶没有当即表态，而是先向租界工部局调查问询。当他获悉租界当局打算在吴淞江上建桥以沟通两岸，只因资金不足尚未动工，马上意识到此桥一旦建成，苏州河北岸的地价必定升值，于是他一面向工部局表示愿意认购 2 万银两市政债券以支持建桥费用，一面答应钱庄经理以 3.6 万两银两接手该块土地。

几年之后，桥梁建成，苏州河北岸的地价果然上涨，他以 3.6 万银两购进的地产 3 年之间增值了 3 倍多，既解了钱庄经理之急，又赢得了资助造桥的赞誉，还获得了地价升值的厚利，可谓是"一箭三雕"。在此基础上于 1887 年成立的树德地产公司，此后几年为他创造了大笔可观的利润。

二、张济民学外语

语言教学一般是从字、词、句开始，再到篇章结构，学洋泾浜英语也是这样。这种注重基础，注重举一反三的学习方法，自然有它的道理，但学习过程比较漫长。一个人到了异国他乡，迫在眉睫的问题是解决交际交流的问题，在这种情况下如何快速掌握外语呢？北美"房地产大王"张济民先生提供了一个快速学习外语的榜样。

张济民，原籍浙江镇海贵驷王家桥，1920 年 6 月 2 日出生于上海，父亲在上海城隍庙附近开一家专营四川榨菜的小土产行。1935 年，怀着"好男儿志在四方"的信念，张济民带着父亲给他的 20 瓮榨菜，独自一人乘船远赴新加坡和菲律宾，之后辗转来到香港，开设了一家大华贸易公司。

图3–9　张济民

第二次世界大战结束后，日本由于战败，国内经济进入最萧条的时期，通货膨胀高企，物资奇缺，在黑市上买根缝衣针都十分困难。备尝艰辛、生意渐有起色的张济民，认为极度困难中往往蕴藏着难得的机遇，于是他带着 3 万美元到日本寻找商机。在日本做生意必须懂日语，为了过语言关，他每天读 9 份报纸，听 2 小时的广播，边学语言边了解政治经济动态。

在阅读报纸的时候，他发现战败后日本到处都是伤兵，药品非常紧张，于是他创办了日独药品株式会社，主要代理德国先灵药业公司的药品。不懂医药，张济民就拼命学习，研究医药行情趋势及经营之道。功夫不负有心人，经过一段时间的业务拓展，公司雇员由刚成立时的 3 人发展到 1000 多人，规模也由一家小门店发展到拥有总公司和 33 处分公司。

根据日本权威经济刊物《东京经济新闻》和《财富》杂志统计，以申报缴税的利润计算，在当地营业的所有外国投资企业中，日独药品株式会社多年来排名在第 20 至第 40 名之间；以销售金额计，在全球大公司中排在第 530 名左右。

事业如日中天的张济民，为了子女能得到更好的教育，1973 年带着 3000 万美元移居美国。留在日本的产业，则请他人代为运营管理。

到美国后，这个已过“知天命”年龄的千万富翁，开始进行二次创业。在美国，他遇到的问题和刚到日本时一样，首先还是语言问题。年轻时，张济民在新加坡、菲律宾和香港地区学过一些英语，但仅会一些简单的交流。从 1949 年到 1973 年，他长期居住在日本，英语已忘掉大半。美国是个法治国家，各项法律非常严格，做生意就要依法纳税，否则不仅会被重罚，还会留下商业污点。在这种情况下，他必须越过语言关。

张济民想出一个“傻瓜”式学习方法——从头到尾抄写厚达 1 英寸的《美国税法大全》，边查生字边读内容，既学习英文又研究税法。开始时他每天抄 1 页，后来越抄越熟练，预计抄写 1 年的时间，结果只用了半年多就完成了。他抄完一遍，就懂了一半，于是埋头再抄一遍，对英文和税法的了解飞快提升，很快就能够应付日常的交流和经营所需了。后来，他又不断学习税务知识，俨然成了税法专家，以至于朋友们经常向他咨询税法问题。

有了必要的知识储备后，1974 年，张济民出手了。他以 1100 万美元现金买下北加州帝利市的西湖购物中心，开始了他的房地产事业。其实他并不熟悉房地产业，当时只是根据美国税法的规定进行避税。但机会总是给那些有准备的人，此后加州的房地产行情一路看涨，于是他全力投入，逐步从单纯的地产投资过渡到房地产经营管理，最后扩展到全面地产开发。经过多年经营，张济民已拥有北加州 11 座办公大楼，14 座公寓住宅楼，5 个大型商业购物中心，6 座高级老年人公寓和赌城雷诺的旅馆等，在华人中号称“房地产大王”，名列北美地区 20 位亿万华裔富翁排行榜第 5 位。

在吸引房客问题上，他说：“老年人公寓是老年人最后的家，一定要让他们有安全感、信任感，心情舒畅才行。”他告诫行销人员，在推广业务时不可操之过急。据他的经验，从接触客户到建立友谊，取得信任，使客户高高兴兴地搬进来，平均要花两年左右的时间。他经营的老年公寓按欧美风格设计，有豪华的大厅、健身房、游艺室和游泳池，整体规格达到三星或四星级旅馆的标准，并有专人专车送老年人去医院康复中心或外出购物，所以颇受中等收入美国老年人的青睐，被美国建筑商会评为“最佳退休社区”。

只读过5年小学的张济民，1971年出版了凝结他半生拼搏经验教训的图书——《我的经营观》。他在书中阐述了自己独特的管理方式与经验。他指出：“制度的创建，由学识和经验结合而成，犹如渔网由直线和横线编织而成。渔网愈精细，捕到鱼的机会也就愈多；我们的学识经验愈丰富，事业成功的机会也就愈大。这敦促我们不断研究学习和汇集经验，不但成就自己，也裨益企业。”

他认为，商品销售能否成功，主要基于三大因素：成本、品质及销售策略，其中销售策略尤为重要。有时一些成本低、品质优的商品，如果没有适当的销售策略，也不一定有良好的销售业绩。但成本与质量均属一般的商品，如果有了适当的销售策略，常常能创造出良好的销售业绩，因而销售策略要与营销的商品相结合。

以药品为例来说明。药品分为两大类，一类是根据药理作用治疗疾病的，虽能对症下药，但因为有副作用，不能大量使用，所以药品销量增长就比较慢。另一类是根据病人心理治疗疾病的，是辅助用药，利用心理感觉改善或减轻患者的病痛，即使长期大量服用也没有副作用，所以药品销售量大，而且增长快。针对药品特点，在宣传策略上，前者要面向医生及医院，要采用集中型宣传；后者面向广大潜在消费者，就要采用分散型宣传。

在销售区域上，张济民认为也有两种相对不同的区分，即大都市与中小城市及农村。他始终采取从中小城市着手，然后推广到大都市的策略。因为中小城市这一区域的购买力虽然较低，但竞争压力也较小，较易占领市场。这就是《孙子兵法》里所谓的“避重就轻”，或者也可以称为“农村包围城市”。

张济民后来说过：“我15岁到外国去，不认识人，也没有钱，只有靠自己奋斗。那时我就像一匹马，后面好像有一把火将要烧到尾巴，想不跑也不行。我常常不知道自己究竟做得对不对，什么能填饱肚子就做什么。”一切从生活实际出发的实用理性，为他的事业成功提供了保障。

张济民的西湖公司从1993年开始投资中国大陆，投资项目主要集中在内蒙古自治区，其宗旨是帮助祖国落后地区的经济建设。张济民先生说：“我在内蒙古投资并不是为了赚钱，如果我把资金投到沿海地区，可以赚钱，但那是锦上添花。今天我把资金投到祖国经济落后的西北地区，这是雪中送炭。我愿意雪中送炭，不愿意锦上添花。”

大家经常见到锦上添花的例子，锦上添花可能会造成“赢者通吃”这种不公平现象。

雪中送炭最能救苦救难，最能体现社会对弱势群体的救济，也能有效补齐社会短板。张济民先生的理性、情怀和善良，由此可见一斑。

三、张敏钰：在平凡中创新机

台湾“水泥大王”张敏钰（1913年—2008年）写过一部回忆录——《平凡中创新机》，书中记载了他看似平凡实则富有深意的商业谋略和经营才干。平凡中创新机，“新机”两字也道尽了张敏钰的成功秘诀。

张敏钰，字兆庆，浙江镇海人（今属北仑）。少时入私塾，14岁辍学去上海谋生，从学徒、跑街做起，20年间创办起悦新纺织厂等多家纺织企业，并在南京、杭州、宁波、定海等地设立多家联号。1949年到台湾后，相继创办中国悦新纺织厂、嘉新面粉厂、嘉新水泥公司、益新纺织公司等企业，成为台湾岛内著名实业家。他捐献巨资，先后创立嘉新奖学金、嘉新文化基金会，多次获台湾地区教育部门、经济部门的嘉奖，1969年获得美国林肯纪念大学人文科学荣誉博士学位。

张敏钰有一句名言：当一个危机来时，往往是另一转机的开始。由于家境贫寒，张敏钰9岁才上私塾，可第二年就因交不起2块银圆的学费面临失学的困境。家里无钱，又想上学，一个10岁的孩子决心自己来挣学费。那年夏天，他向一位同学的父亲赊来一只西瓜，放在井水中凉透，均匀地切成16片，然后拿到路边的凉亭叫卖，每片西瓜3个铜板。过路的商旅、挑夫，或是出海归来的打鱼人，天热难耐，纷纷买他的西瓜，居然卖得48个铜板。于是他赶快付清赊欠，再赊一个西瓜来卖。一天下来，居然净赚50个铜板。当时300个铜板等于1块银圆，一个暑天卖下来，2块银圆的学费也挣出来了。

这笔小得不能再小的买卖，让张敏钰自幼就懂得了“就近找机会”的道理，也让他第一次懂得“危机”的后面就是“转机”。

张敏钰当上老板纯粹是一个“意外”。1929年全球经济危机爆发，为了摆脱经济危机，西方国家把中国当作倾销棉纱、棉布的大市场。由于国内连年自然灾害，再加上军阀混战和日本帝国主义的侵略，中国本土棉纺织业几乎停滞不前。数据显示，到1935年5月，全国华商纺织厂中有24个停产，12个生产逐步萎缩。这里面，有17家停产工厂都在上海。

1935年，张敏钰任职的上海义生染织厂发生无法调和的劳资纠纷，内外交困的老板决定关门大吉。这时张敏钰已经从一个普通学徒成长为跑街好手，是义生厂老板的得力助手。面临这样的局面，张敏钰和另外两位中层管理者反复劝说老板继续把工厂办下去，可老板心意已决。看到他们三人对纺织厂如此热爱和执着，老板决定将纺织机送给他们，由他们三人去经营。

天上掉下个“馅饼”，自己可以办厂当老板，这不是梦寐以求的事吗？张敏钰高兴的同时，想到万一将来工厂生意好转，老板会不会收回工厂呢？于是他提出把机器作价，当作遣散费发给他们。老板一口答应下来，随后将纺织机转到三人名下。就这样，22 岁的张敏钰成了个小老板。

有了纺织机后，面对萧条的市场，另两位同事不免打起了退堂鼓。三个人的意见不统一怎么办？张敏钰想起一句话：与其两人打只虎，不如一人打条狗。这句话的意思是说，有时候人多反而会因意见分歧做不成大事，还不如一个人去做件小事。他的想法是，在创业初期，一定需要一个自己能说了算的天地，这样才有可能真正实现梦想。于是他提议三人将 15 台纺织机平分。另外两人把纺织机拿去变卖，获得了一笔可观的现金。张敏钰则以这 5 台纺织机起家，在上海滩创立自己的事业，兆庆染织厂就这样诞生了。

尽管张敏钰没读过多少书，更不知道博弈论，但他的理性选择契合了“囚徒困境”的要义。

20 世纪 30 年代，上海有一家名叫“纶昌洋行”的印染厂，其生产的布匹不但花样新颖，而且货色齐全，因此销路非常好，可是纶昌洋行只肯批发，不做零售。每一箱布有 30 匹，内有 5 种花色。当时从全国各地到上海办货的布贩，或因数量或因花色等原因，不敢整箱买下。

整箱批发，从批发商的角度看，这样经营起来比较方便，避免了拆箱、选色再重新包装的麻烦。但从分销商的角度看，存货会占用较多资金，而且不同地区对花色有不同的偏好，如北京偏好红、绿等鲜艳的花色，杭州偏好灰、褐等素净花色，西北偏好大红大紫的花色，这样势必造成布贩们有些花色卖不掉。

见此情形，张敏钰找到了赚钱的机会。他从纶昌洋行进来货，化整为零，让布贩随意选择花色和数量，还协助布贩重新包装，只有一个附带条件：每匹布加收 5 角钱的手续费。对张敏钰来说，最大的风险在于某一花色可能滞销。但放眼全国，各地区有不同的花色需求，自然能把风险化为乌有。

张敏钰每季大约可卖出纶昌洋行 500 箱至 1000 箱布匹。若以 1000 箱计算，一箱 30 匹，一匹布赚 5 角，1000 箱赚 15000 元，这相当于当时一个业务员 200 个月的薪水。

张敏钰的“打狗理论”，促成了他事业起步。不过，事业要做大、做强，就需要与人合作了。

进入 1938 年，经历了几年苦熬的中国民族纺织业，终于迎来了发展的“黄金时期”。这时候的张敏钰，已跟人合伙办起了规模更大的悦新纺织厂。

衣服是人们的日常消费品，战争期间，对于纱布的需求更大。有资料记载，当时抗战大后方每年缺少棉纱 12 万件，棉布 40 万匹，都依赖上海方面供给。同时，由于国民纷纷抵制日货，选用国货，日商纱布在内地基本断绝销路，上海纱布则成了畅销货。巨大的市场空间刺激了纺织厂的发展，一时间，大大小小的纺织厂如雨后春笋般在上海冒出来。

张敏钰经过逃难重返上海后，发现悦新纺织厂已陷入敌占区。战乱中重新投资建厂，风险太大，于是张敏钰采用借鸡生蛋的策略，自己提供原料、设计，由别人代工生产。这样一来，他既赚到了钱，又尽可能降低了风险。直到 1941 年，悦新纺织厂才重新开工。

1945 年 8 月抗战胜利，民族纺织业迎来了又一个发展的关键时期。办实业需要一个和平安定的环境，可张敏钰发现国共两党又剑拔弩张起来。鉴于这样的形势，他不主张扩大再生产，而采用“联营生产，利益均沾”的经营模式，以降低企业经营风险，这就是大家常说的“有钱一起赚，风险一起担”。

“联营生产”，就是寻找一些质量有保证、品质信得过的小厂与之合作，把生产任务交给他们完成。小厂有了稳定的业务，悦新纺织厂则满足了扩大生产的需求，合作双方将风险降到了最低，做到了双赢。

当然，联营也有风险。要使联营的姻缘长久，维持自己在联营休中的主导地位，必须保护自己的核心竞争力——生产技术和销售渠道，否则合作企业掌握生产技术后，以低价外卖，就会扰乱悦新纺织厂的正常经营。为了消除这一风险，张敏钰让每个厂家只负责一个生产工艺，不知道其他生产工艺，也就无法扰乱联营体系了。“联营生产”模式一直持续到 1949 年张敏钰告别大陆去台湾，为悦新的发展壮大打下了极坚实的基础。

张敏钰还有一句名言：“机非常来，常来非机。”把握商机需要独具慧眼，见微知著，见人所未见。

国民党退守台湾后，岛内人口激增。1946 年台湾还只有 609 万人，到 1949 年已经增加到 739.6 万人，而台湾的工业生产水平只有 1941 年的 45%。这么多人挤在一个岛上，衣食住行等生计问题一下子严峻起来。

到台湾后，张敏钰决定重操旧业，在这里开设纺织厂。1951 年 3 月，张敏钰利用从香港转运来的 32 台丰田织布机，在台北三重埔成立悦新染织公司，这是战后台湾成立的首批民营纺织企业。1955 年，张敏钰还在台湾创办了嘉新面粉厂，生产嘉新牌面粉。该面粉厂初期日均产能仅 80 包（美援小麦占原料 70%），却为后来台湾“进口替代”时期的食品加工业奠定了基础。

20 世纪 50 年代，台湾通货膨胀非常严重，不仅粮食紧缺，纺织业也十分落后。当时百姓衣食困难，居然有人把面粉袋做成衣服穿在身上。有一个经典笑话，说是有人在街上行走，他的短裤上前面印有“小心受潮”，后面印有“净重三十斤”，常惹得路人掩口而笑（见图 3-10）。

别人仅仅把这个当成笑话，可张敏钰却看到了一个巨大的商机。面粉袋为什么一定要用白布袋，难道用花色布袋来区分面粉等级和净重不可以吗？ 1956 年，他把悦新染织公司生产的布染成红、绿、蓝、黄 4 色，再印上 3 个三角形组成的嘉新商标，以面粉袋颜色来区别面粉的等级和净重。面粉吃完后，还可以得到一块花布，用来做衣裙、枕头、窗帘，使得家庭妇女都乐于购买嘉新面粉。这项创新，使嘉新面粉的市占率从 1955 年的 7% 一下子跃升到 1959 年的 39%。

图3–10　面粉袋做的背心

为了避免同行恶意竞争，他为花布袋这项创新申请了 5 年专利，其他面粉厂只能眼睁睁地看着而无法模仿。直到晚年，张敏钰对他的花布面粉袋创意依然津津乐道："我的花布面粉袋竟成了活广告，也使我的嘉新面粉在众多品牌中脱颖而出，成了一个出众的品牌，牢牢地占据了市场。"

中国改革开放后，大规模的基础设施建设和城市建设铺开。张敏钰 1993 年在江苏句容投资 2.15 亿美元，独资建设了江苏京阳水泥厂。之所以选址在句容，是因为这里蕴藏着 3.2 亿吨富含氧化钙的石灰石矿，而且此地北临长江，南有铁路，水陆运输都很便捷。为了将矿区和厂区连成一体，京阳特地委托德国 PHB 公司，设计制造一条全长 14.6 公里的皮带输送机，皮带输送机的长度和技术含量当时均属世界第一。尽管传输机初期投入巨大，但在使用过程中，比卡车运输成本更低，更安全，更环保，效率也更高。

凭着把握机会的能力，到1995年，张敏钰的嘉新集团从小到大，已发展成为多元化的集团企业，拥有水泥生产、预拌混凝土、建筑、纺织、贸易、资讯、金融、航运等8大产业，旗下有20多家附属公司和关联企业，资产也由最初的0.24亿新台币增加到近78亿新台币。

四、叶友才们下的“双黄蛋”

叶友才（1888年—1952年），浙江定海人。少年时代在上海电机商行当学徒，后在怡和、威灵、福昌等洋行任跑街，从事电器、机械、五金等销售业务。1909年，因业务关系，叶友才结识了裕康洋行司账杨济川、久记木行跑街袁宗耀。1914年，三人拼凑资金，由杨济川带头，仿照美国奇异电风扇，于1915年制成中国第一台电扇。1916年5月，他与杨济川、袁宗耀又集资200元银圆，在四川北路横浜桥创办华生电器制造厂（寓意中华民族更生），开始制造限流电流表、输电变压器和直流发电机等产品。

1917年，他与杨济川、袁宗耀集资1000余两银子，买下兆丰路（现高阳路）锦瑞里的元达电器厂，作为华生电器厂新址，扩大生产规模。由于产品销量不断增长，也有一定的市场占有率，不久三人辞去高薪的洋行职务，专心经营华生电器厂，叶友才任经理，杨济川主持生产，袁宗耀负责财务。1919年，他们又在周家嘴路购地10多亩，扩建华生电器厂。

1924年，他们开始批量生产16英寸华生牌台扇。1927年，又开始生产48英寸吊扇。为了开拓市场，叶友才通过上海华美电料行与香港华美电料行的关系，与南洋各地商会联络，举办电扇展销会，使华生电扇畅销国内外。

由于华生电扇热销，美国奇异风扇在中国市场的销量锐减。为了争抢市场，美商慎昌洋行企图用降价倾销来扼杀华生。面对恶意竞争，叶友才三人商议后，决定采取两条措施：一是进一步提升华生电扇的质量，宁可暂时减少产量，也不轻易降价，而且还进一步向消费者承诺，华生电扇保用10年，10年内如有损坏，免费更换零部件；二是另创狮牌电扇，以较低价格与奇异电风扇直接短兵相接。1933年，由于华生电风扇的崛起，美国奇异电风扇在中国市场节节后退，最终不得不退出中国市场，叶友才三人为中国民族品牌争了一口气。

产品竞争主要是技术与价格的竞争。在技术水平相同的情况下，价格竞争是一把双刃剑，既杀伤对手，又伤害自己。当价格低到一定程度，势必要降低产品品质，最后被市场淘汰。华生的双品牌经营策略，用不同的价格满足了中高端与低端消费者的差异化需求。以狮牌电风扇与奇异电风扇打价格战，最终保护了华生品牌。叶友才下的“双黄蛋”，确实是一招经营妙棋。

在20世纪二三十年代，华生电扇不仅在国内获得12项最优等奖、超等奖和金奖，还在菲律宾获得中华国货展览会奖状，在泰国获得中华商会国货陈列奖，蜚声海内外。上海华生电器制造厂 15 周年厂庆时，许多国民党元老及知名人士均题词祝贺。华生电扇以其在消费者心中的良好口碑称雄市场，直到 2005 年还被评为“最具影响力的上海老商标”，2006 年再次被认定为“上海市著名商标”。

五、和而不同

2017 年 2 月 27 日，为纪念商务印书馆成立 120 周年，中国邮政发行了一枚特种纪念邮票（见图 3-11）和首日封（见图 3-12）。

图3-11 商务印书馆纪念邮票

图3-12 商务印书馆首日封

商务印书馆1897年2月11日创立于上海，是中国出版业中历史最悠久的出版机构，与北京大学一起被誉为“近代中国文明之双轮”。商务印书馆创办人为浙江鄞县人鲍咸恩（1861年—1910年）、鲍咸昌（1864年—1929年）兄弟俩和他们的同学夏瑞芳（1871年—1914年，上海人）、高凤池（1864年—1950年，上海人）。商务印书馆成立之初，仅仅是一个合伙经营的小型印刷工厂，初始资本金为400银圆，其中鲍氏兄弟占股52.5%，夏30%，高17.5%。

1902年初，张元济（1867年—1959年）应夏瑞芳邀请，辞去南洋公学（今上海交通大学）教职，正式加入商务印书馆，并相约“吾辈当以扶助教育为己任”。随着张元济的到来，商务印书馆开始从印刷作坊向现代出版企业转型，企业进入了一个新的发展时期。在商务印书馆的发展历程中，张元济作出了巨大的贡献，可以说，没有张元济，就没有商务印书馆在国内出版印刷业中的巨无霸地位。当然，没有商务印书馆这个平台，也就没有张元济巨大的成就。

在商务印书馆发展历史上，高凤池与张元济的紧张关系是一个绕不过去的话题。高凤池至今还被人们提起和关注，很大程度上是因为他是张元济的“对立面”。这两人的关系或可这样形容，叫作“意见常相左”而又“斗而不破”。

1916年4月18日，商务印书馆董事会推举高凤池为经理，张元济为编译所所长兼司理。商务印书馆这两位主持工作的高管，在公司大政方针上却一直不能统一意见，且矛盾不断，高、张两人为此均多次扬言要辞职。直至1926年7月张元济辞去监理，完全退休后，两人的矛盾才算结束。商务印书馆的老人说，高能顾全大局，但脾气别扭，而张是不让人的。两个性格、办事风格与理念不同的人，在公司的用人与经营管理等重大问题上意见完全相左，所以经常出现矛盾。高是公司创始元老，张也全身心地投入商务印书馆的经营发展事务中，他们矛盾的出发点都是为了公司的发展。除了工作，两人在个人事务方面并没有恩怨。

譬如在人事管理上，高实行“家文化”管理，对人心肠软，而张推崇“绩效主义”，对人不计私情，比较严厉。高主张用旧人，因此不到万不得已，绝不辞退在商务印书馆服务多年的老员工。高鼓励乐天安命的职工安于职守，不作非分之想，因此对增强企业凝聚力有一定的作用，但对企业经营也有不利的一面。老员工薪水比新员工高，但有些工作并非经验丰富的老员工才能做好，一味使用老员工，从企业经营上看，劳动力成本增加了。张一直主张辞退慵懒的旧人，大胆使用有干劲的新人，并且认为进来一个有干劲的新人，可以辞退三四个因循守旧的旧人。其实使用“新人”和“旧人”各有利弊，不容易说得清。

1920年商务印书馆改制，实行“三所一会”（总务处、编译所、印刷所加董事会），分权管理使用新用旧等人事矛盾基本得以解决。退职之时，高张两人都表现出了良好的职业操守。在提交辞职信后，张与高相遇，张先向高私下表示道歉，表示“董事会如允余辞退，吾辈私交丝毫无伤”。在正式辞职会议上，高先表态说，“久困病体，今能如此，得如所愿”，并表示“以后要多招有学问之人，于公司甚有裨益”，算是对几年来与张就用人问题上的分歧做了一个交代。张对高的表态极为认可，并表示任监理后，“待遇必须亚于翰卿（高凤池字翰卿）”，并在会上正式向高道歉。高凤池 80 岁寿诞时，张元济还特意撰写了《高翰卿先生八十寿序》。

《论语·子路》里有句名言：“君子和而不同，小人同而不和。”人有个性很正常，在公司业务中有不同意见也很常见，只要不掺杂个人私利，就没有解决不了的问题。

六、灵桥还是中山桥，这不是个问题

宁波城内的灵桥始建于唐朝，曾名东津浮桥，横跨穿城而过的奉化江，民间俗称“老江桥”。灵桥原为船排连锁而成的浮桥，是宁波最古老的大跨度浮桥。历史上灵桥屡修屡坏，屡坏屡建，至清末民初，始有人创议改建。

在宁波旅沪同乡会资助下，1934 年，灵桥改建工程正式动工。该桥由上海公共租界工务处英籍工程师詹姆生和新江记营造厂竺泉通设计，丹麦康益洋行总承包，德国西门子洋行提供钢材。1936 年 5 月 25 日灵桥正式完工，设计使用期限 50 年，是宁波最有代表性的近现代建筑之一。

大桥完工后，国民党宁波党部提议以“中山桥”命名，但大部分人觉得不妥。从公元 822 年设立浮桥开始，这座桥就以“灵桥”的名字命名，如改为“中山桥”，就截断了这段延续 1000 多年的历史。对孙中山先生的崇敬，可以用其他方式来表达。1936 年 4 月，经宁波市政府市政会议决议，该桥仍用原名。

理性的思考需要文化的支撑。在宁波商帮的经营活动中，像上述这样理性经商的案例比比皆是，这恐怕也是宁波商帮长盛不衰的原因之一。

商业经营是一场持久战，一开始比的是灵感、勇猛和运气，接下来拼的是坚韧、格局和理性。

第五节 超越名利的执着

印度著名哲学家、当代最受推崇的心灵导师克里希那穆提说:“你一旦发现真正爱做的事，你就是一个自由的人。”“如果你已经清楚了什么是自己爱做的事，并且献上自己的整个生命，那么你的心中就没有矛盾。在那种境界里，你的存在和你的行为就完全合一了。”

生命中真正的乐趣，是当你沉潜于某一事物，完全忘我的刹那。那是一种内心的平静，已经超越了贫穷，也超越了物质上的享受。

一、当爱遇到书——张静庐

张静庐（1898年—1969年），镇海龙山人（今属慈溪），原名张继良。1915年起使用笔名“静庐”在《申报》发表文章，从此以“张静庐”名世。张静庐一生致力于出版事业，为中国新文化运动作出了重要贡献，是现代著名的出版家。他与人合资创办了光华书局、现代书局、上海联合书店，独资创办了上海杂志公司。这些书局、书店虽然无法与商务印书馆、中华书局、三联书店、开明书店等大书局相提并论，但他出版了大批现代作家作品，在中国现代思想文化史上占有重要的地位。

张静庐一生经历了现代出版史上许多重大事件。20世纪50年代初，在学界尚未开展对出版史的研究时，张静庐就已完成了182万字的《中国近现代出版史料》这一皇皇巨著。书中收录了自1862年京师同文馆创立，至1949年中华人民共和国成立87年间我国出版事业发展的重要资料，包括图书、报纸、期刊、教科书、印刷、法令等，成为研究中国出版史、报刊史、现代文学史、教育史、文化史、学术史的必备图书，张静庐也因此成为中国近现代出版史上的重要人物。

张静庐出身于屠户之家，1911年龙山演进国民学校毕业后，先后在上海烧酒行、纸行当学徒。他酷爱读书，在当酒保、学徒期间，因看书写稿忘了干活，两度成为“回汤豆腐干”。“回汤豆腐干”是指那些3年学徒期未满、中途被店主辞退者。他常去书店林立的上海棋盘街几家书店翻看书刊，被同事喻为“棋盘街巡阅使”。

书籍激发了这位小酒保的无限遐想，他唯一的愿望就是到出版《小说月报》的商务印书馆里去当一名练习生，这样就可以永远与书为伍了。他白天做工当学徒，晚上熬夜读书。凭借对书籍的迷恋和对文学的执着，16岁的他自办《小上海》《滑稽林》等刊物，18岁去天津任《公民日报》副刊编辑，后随报馆迁京。这些经历使他与书结下了不解之缘，为他从事出版发行工作、首创书店开架售书埋下了伏笔。

张静庐爱书成癖。他说：“所谓爱，不是珍本古版，而是很习见的普通书。所谓爱，并不是想将它珍藏在柚木的玻璃书柜里，而是买来看，看了就随便放在枕边、案头或书架上。无论它是怎样好的书，定价怎样贵的书，想看它就要买回来，朋友借给我的我不要，图书馆有的我也不去借，一定要自己出钱将它买回来才愿意看它。有时看不下去，或明明晓得没时间再看它，还要花一笔钱去买回来，翻看一下目录和序文，就抛在枕边，到记起时再去翻一下。这样，全不是为想多读书而爱书，为要增进知识而爱书，岂非‘怪癖’！”

正因爱书，他虽然饱经失业、监禁和流浪之苦，但对出版工作的钟爱和执着不曾动摇。报酬极低他不在乎，日日伏案工作也没关系，即使赔本破产，甚至吃官司遭误解，依然无怨无悔，编书、印书成为他生活中最大的慰藉。他曾说：“我有爱书的怪癖，所以将一本书从付排到装订出版，都由自己亲手操办，真有说不出的快乐。而于营业方面的‘生意经’，倒也感觉相当的兴趣。责任的驱使，下雨落雪都要到太平洋印刷公司去走一遭，日夜工作，乐此不倦。”由渴求知识到酷爱书，由酷爱书到精心编印书，或者说由不自觉地读书到自觉地印书，最终献身书籍出版，这是张静庐作为出版家的突出特征。

张静庐进入出版界纯属偶然。上海有家泰东图书局，书局老板叫赵南公。1920 年，赵南公在全国各界联合会中认识了张静庐，就请他到泰东图书局当襄理（副经理），担任《新的小说》月刊编辑。这期间他经手出版了郭沫若的《女神》，这是我国第一部新诗集，打响了新文化运动的第一炮。

不久，张静庐主持泰东图书局出版部工作，同时协助赵南公办理发行业务。从这个时候起，张静庐开始同许多著名作家交往，建立了友谊。尽管泰东图书局经济上很拮据，职工收入微薄且不固定，但张静庐并不在意，专心投入出版事业中。

做出版工作需要人脉，谁写了什么书，谁要办什么杂志，都要留心留意，然后才能帮人家出版。张静庐在上海建立了广泛的人际关系，与陈布雷（慈溪人，曾任蒋介石秘书）、潘公展、郁达夫、张资平等人都有很深的交往。后来郁达夫的《沉沦》《茑萝行》、张资平的《冲积期化石》、倪贻德的《玄武湖之秋》等新书，都由泰东图书局出版。

1921 年 6 月 8 日创造社成立后，泰东图书局与其合作紧密，出版发行了创造社众多书刊，如《创造》季刊、《创造周报》，掀起了中国新文学的浪潮。从此泰东图书局生意兴隆，摆脱了经济上的困境。可以说泰东图书局是创造社的摇篮，而创造社又使泰东图书局事业兴旺。

1925 年，张静庐与沈松泉、卢芳创办了光华书局，张静庐任经理，沈松泉主管出版，卢芳负责营业。几年后，卢芳和张静庐先后退出。光华书局是旧上海第一家专门出版新文艺书刊的出版机构，与郭沫若、成仿吾、郁达夫等作家组织的新文学团体——创造社关系密切。

在光华书局工作的几年间，张静庐主持出版了大量新文艺书籍，包括创造社同仁和左联作家文集，如郭沫若的《三个叛逆的女性》《文艺论集》《我的幼年》《沫若小说戏曲集》、丁玲的《自杀日记》、胡也频的《三个不统一的人物》、郁达夫的《小说论》、茅盾的《路》、苏曼殊的《曼殊小说集》《曼殊诗集》等。主持出版的社会科学书籍有张廷灏的《不平等条约的研究》、漆树芬的《经济侵略下之中国》、周建人辑译的《进化和退化》（鲁迅作引）等新书400余种。主持出版的期刊主要有周全平主编的综合性半月刊《洪水》，叶灵凤、潘汉年主编的《幻洲》半月刊，叶圣陶主编的《光明》半月刊，高长虹主编的《狂飙》周刊，鲁迅主编的《萌芽月刊》（第6期后改为《新地》月刊），叶灵凤主编的《戈壁》半月刊，李一氓主编的《巴尔底山》旬刊，周扬等主编的《文学月报》，徐懋庸主编的《新语林》半月刊，章锡琛主编的《新女性》月刊等20余种。

从1926年3月创造社出版部成立，到1929年2月被国民党当局查封，光华书局为创造社出版了不少刊物和图书。郭沫若在《创造十年续编》中曾说："那书店（光华书局），可以说是作为创造社的托儿所的形式而存在的，这关系在后来创造社被封以后是尤其显著。"由于光华书局出版的书刊有40多种被国民党查禁，经济上受到很大打击，营业收入每况愈下，无力偿还对印刷所和纸行的欠债，于1935年5月被法院查封。

张静庐曾于1927年和1931年两度与洪雪帆合办现代书局并任经理。现代书局成立之初曾集资5000元，并向银行贷款数万元。因意见分歧，张静庐被洪雪帆排挤出去，后来又走到一起共同经营。

现代书局以出版新文艺和社会科学新书为主，到1934年，先后出版了郭沫若的《反正前后》（被禁后改书名为《划时代的转变》）、《创造十年》《沫若诗集》《中国古代社会研究》，田汉编著的《卡门》《田汉戏曲集》，蒋光慈的《丽莎的哀怨》《光慈遗集》，洪深编译的《西线无战事》和《洪深戏曲集》，郁达夫的《屐痕处处》《饶了她》，洪灵菲的《流亡》《归家》，张天翼的《从空虚到充实》《大林和小林》，高语罕的《语体文作法》《青年书信》，华汉编的《社会科学概论》《社会运动史》等图书500余种。

现代书局还出版了叶灵凤、潘汉年主编的《现代小说》月刊，蒋光慈主编的《太阳月刊》《海燕周刊》《新流》月刊，钱杏邨主编的《拓荒者》，郁达夫主编的《大众文艺》，田汉主编的《南国月刊》等10余种刊物。

由于《拓荒者》等是左翼作家联盟机关刊，先后都被禁停刊，但这些书籍为现代文学留下了一笔宝贵的财富。1931年，现代书局在国民党当局逼迫下出版了文艺刊物《前锋月刊》。

张静庐编辑出版的书籍经常被国民党查封，导致现代书局损失惨重。根据长期出版工作的经验和切身体会，张静庐认为当时出版界只有三件事情还可以做：一件是编辑出版中小学教科书；一件是古籍标点整理，主要是笔记小说类；一件是经营杂志发行业务。

经过反复考虑，张静庐决定创办上海杂志公司。

1934年5月1日，上海杂志公司开业，这是我国第一家以代订、代办、代理杂志发行为业务的新型书店，仅有200元法币（约合60银圆）作为创办费。由于资金太少，张静庐采取“代订代办发行为主，出版为辅”的经营方针，但还是出版了鲁迅主持、黄源主编的《译文》，孟心主编的《自修大学》，艾思奇、柳湜主编的《读书生活》，沈兹九主编的《妇女生活》等杂志。

1936年起，张静庐把工作重心转移到出版上，此后他出版了《高尔基选集》《中国文学珍本丛书》《青年丛书》等100多种图书。上海杂志公司最让人津津乐道的是，张静庐邀请施蛰存、阿英等名家编辑校对《中国文学珍本丛书》，将一些流传下来的较为罕见的古籍，用低廉的价格刊印出来，达到了文化普及的目的。

抗日战争全面爆发后，上海杂志公司迁到重庆。为配合抗日宣传，上海杂志公司编辑出版了一批战时图书，这些图书主要由两部分组成：一是张静庐自己编辑的图书，如《在西战场》《东战场》《平汉前线》和《闸北血史》等；二是由别人撰写的抗日救亡书刊，如丁玲、舒群主编的《战地》，胡风主编的《七月》，陈毅的《怎样动员农民大众》，萧红的《呼兰河传》，老舍的《火车集》，艾青的《他死在第二次》，姚雪垠的《战地书简》，刘白羽的《游击中间》，舒群的《西线随征记》等。此外他还出版了一批政论书籍和剧本，如洪深的《飞将军》、崔嵬的《八百壮士》、章乃器的《出狱前后》等。抗战期间出版了文艺书籍百余种，对鼓动和宣扬民族抗战起到了积极的舆论宣传作用。

据曾任上海杂志公司经理的张鸿志粗略估计，上海杂志公司前前后后出版图书上千种，为传播新文化、新思想和宣传抗日尽了自己的一份力量。

张静庐有明确的出版观，他曾说：“我是个‘出版商’，二十年来生活在这圈子里，姑不论对于文化工作做到如何成绩，对于社会影响达到怎样程度，但是，我是个‘出版商’而不是‘书商’，希望认识我和不认识我的朋友们，对于我有这最低限度的了解！——这是‘差之毫厘谬以千里’的分界线。”他认为：“钱，是一切商业行为的总目标。然而，出版商人似乎还有比钱更重要的意义在这上面。以出版为手段而达到赚钱的目的，和以出版为手段，而图实现其信念与目标而获得相当报酬者，其演出的方式相同，而其出发的动机完全两样。我们——一切的出版商人——都应该从这上面去体会，去领悟。”

二、邵洵美与他的出版事业

鲁迅先生在《拿来主义》一文中谈到文化遗产问题时，曾这样影射了几个人：“我们之中的一个穷青年，因为祖上的阴功（姑且让我这么说说罢），得了一所大宅子，且不问他是骗来的，抢来的，或合法继承的，或是做了女婿换来的……”

时过境迁，今天的读者阅读鲁迅先生这篇文章，只能借助注解才能明白他影射的是谁。当时的读者则很清楚，“做了女婿换来的”指的是邵洵美。1927 年 12 月 1 日，邵洵美（1906 年—1968 年，祖籍余姚，出生于上海）和盛佩玉（1905 年—1989 年）在上海卡尔登饭店举行的“世纪婚礼”轰动上海滩，婚礼主持人是震旦大学教务长胡文耀神父，主婚人是邵洵美表叔、国民党元老张静江，证婚人是当时德高望重的中国天主教耶稣会神父马相伯先生。马相伯是著名的政治活动家和教育家，震旦学院、复旦公学（复旦大学前身）创办人，也是辅仁大学创办人之一。参加这场婚礼的各界名流有大家熟知的文化界名流徐志摩、陆小曼、郁达夫和刘海粟，政界名流孔祥熙，银行家陈光甫等 300 多人。他们的结婚照还登在了 1927 年 12 月 8 日出版的《上海画报》封面上（见图 3-13）。这场婚礼耗资 2 万银元（相当于今 400 万元），《申报》称其为“民国十大婚礼”之一，是宁波商帮（邵家）与苏州士绅（盛家）跨地域精英融合的标志。

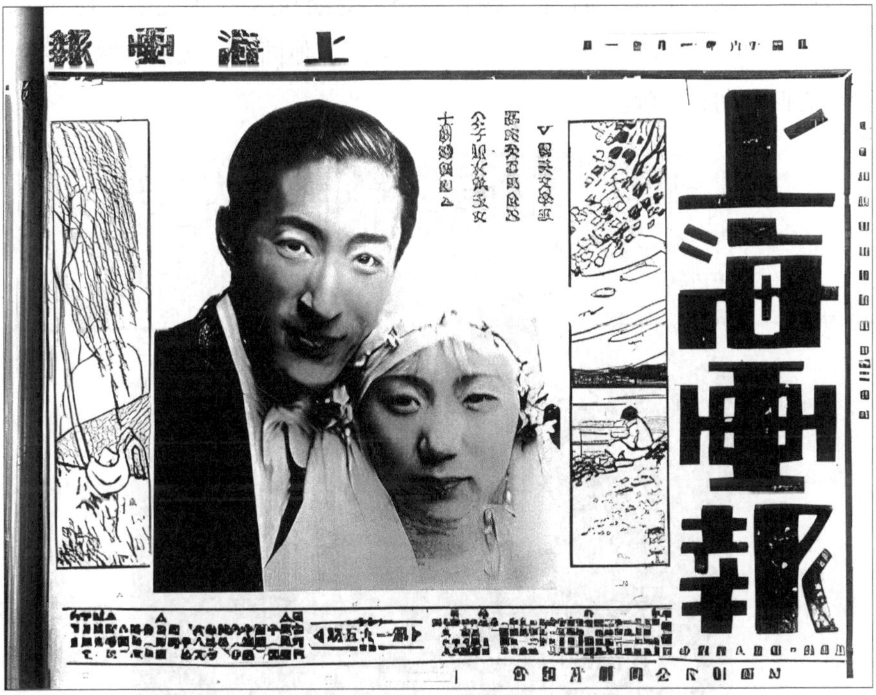

图3-13 《上海画报》刊载的邵洵美与盛佩玉婚礼照

邵洵美和盛佩玉相识在 1916 年 4 月举办的实业家盛宣怀葬礼上，盛宣怀是邵洵美的外祖父，也是盛佩玉的爷爷。没错，他俩就是表姐弟关系。两个幼小的心灵从此留下了美好的情愫，邵洵美开始对盛佩玉念念不忘。有一次，邵洵美在《诗经 · 国风 · 郑风》中读到“佩玉锵锵，洵美且都”这八个字的时候，心中泛起涟漪：佩玉和洵美，真是天作之合。为了与“佩玉”遥相呼应，邵洵美自作主张，把原名邵云龙改为邵洵美。

1924 年，邵洵美去英国剑桥大学留学前夕，与表姐盛佩玉订婚。1926 年邵洵美辍学回国。邵洵美曾说：“你以为我是什么人？是个浪子，是个财迷，是个书生，是个想做官的，或是不怕死的英雄？你错了，你全错了；我是个天生的诗人。”但邵洵美一生最大的成就在出版业，然后才是写诗。

在英国留学时，邵洵美结识了徐志摩、徐悲鸿、谢寿康、张道藩等人，还接济过那些穷得叮当响的留学生们。年少多金、仗义疏财的邵洵美，被留学生称为“活银行”，徐悲鸿、蒋碧薇夫妇也多次受到邵洵美的资助。当时，邵洵美就立下抱负：要效仿英国新闻事业家、现代报业奠基人北岩爵士（1865 年—1922 年）从事出版事业，出自己的书，也为朋友出书。

自 1928 年到 1950 年的 22 年中，邵洵美将全部精力都用在了出版事业上，相继成立金屋书店、上海时代图书公司、第一出版社，先后创办了《狮吼》《金屋月刊》《时代画报》《时代漫画》（见图 3–14）《时代电影》《文学时代》《万象》月刊、《论语》半月刊、《十日谈》旬刊、《人言》周刊、《声色画报》等期刊达 11 种之多。还和友人合作出版《新月》月刊和《诗刊》。1933 年至 1934 年期间，他同时出版的刊物有 7 种，每隔 5 天便至少会有两种期刊出版。

图3–14　中国第一本彩色杂志《时代漫画》

邵洵美把开书店、出刊物作为终生事业去追求，娱人悦己，不以谋利为宗旨，常在亏损累赔的情况下，也倾注心血和财力去经营，甚至把妻子压箱底的巨额嫁妆也投了进去。妻子盛佩玉晚年回忆说：“洵美办出版无资本，要在银行透支，透支要付息的。我的一些钱也支了出去。抗战八年，洵美毫无收入，我的首饰陆续出笼，投入当店，总希望有朝一日赎回原物。”这些当物往往是一去不返。有人笑话邵洵美，说他做生意像作诗，目的在抒情，不在乎家产流失。卞之琳说邵洵美办出版“赔完巨万家产”“衣带渐宽终不悔”，当算精当。

邵洵美从事出版的辉煌时期，是在1938年至1939年，当时他与美国女作家艾蜜莉·哈恩合作创办了《自由谭》月刊（见图3-15），旗帜鲜明地提出“追求自由”的口号。艾蜜莉·哈恩写有《宋氏三姐妹》一书，邵洵美给她起了个中国名字——项美丽。因为上海当时属于日占区，为了安全起见，《自由谭》的编辑人、发行人署的都是项美丽的名字，具体工作则全部由邵洵美来完成。

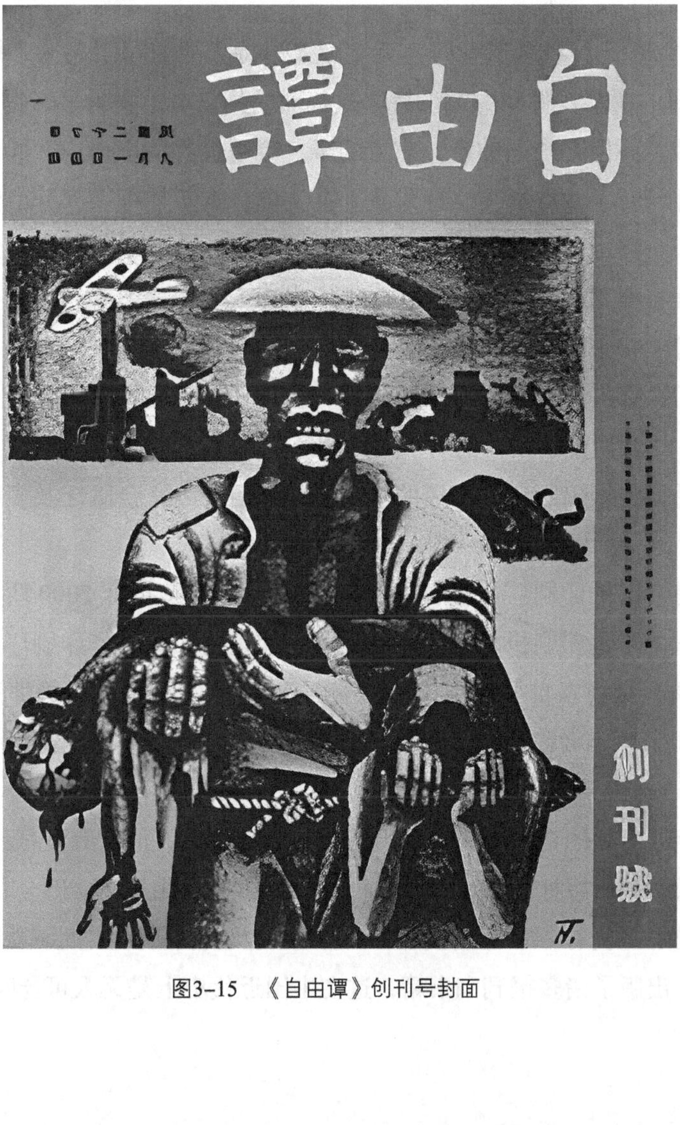

图3-15 《自由谭》创刊号封面

月刊名称“自由谭”三个大字，是由邵洵美模仿颜体写就。创刊号封面是一幅木刻：日本飞机在天上轰炸，大地在燃烧，一头牛被炸死在原野上，一个孩子手捂着脸在哭泣，一位农民托着自己被日寇炸死的孩子，孩子的伤口还在滴血……这震撼心灵的血泪画面，具有强烈的宣传效果，也是历史的真实记录。

邵洵美以各种化名为《自由谭》写了许多富有战斗气息的短论，揭批日寇的暴行和汉奸的无耻。他在一篇文章中呐喊道：“抵抗是唯一的出路……”在《几个卖掉灵魂的律师》一文里，邵洵美还自曝家丑，揭露堂弟“邵式军已就任伪苏淞皖统税局局长”。

借助《自由谭》，邵洵美向读者推荐毛泽东的《论持久战》，称它是一部“人人能了解，人人能欣赏，万人传颂，中外称赞”的作品。

1938 年，毛泽东写的《论持久战》在延安发表。不久，项美丽将该文译成英文，邵洵美立即将其在《直言评论》(《自由谭》英文版）上连载，并加按语：“近十年来，在中国的出版物中，没有别的书比这一本更能吸引大众的注意了。”在连载的同时，邵洵美又出版了《论持久战》单行本。

1939 年 1 月 20 日，毛泽东专门为英文版《论持久战》写了名为《抗战与外援的关系》的序：“上海的朋友在将我的《论持久战》翻成英文本，我听了当然是高兴的，因为伟大的中国抗战，不但是中国的事，东方的事，也是世界的事……”邵洵美亲自将这篇序译成英文，并印行了 500 本《论持久战》英文单行本。其中一部分由他在夜间开着汽车，将书塞到霞飞路、虹桥路一带洋人寓所的信箱里。为了干这种把脑袋拴在裤腰带上的事情，邵洵美特地买了一支手枪带在身上。出于人身安全考虑，他还一度避居在项美丽的寓所，并请了一位法国保镖。

抗战胜利后，邵洵美仍致力于出版事业，曾出任《见闻》时事周报总编。复办《论语》半月刊时，尽管经济拮据，他仍咬牙负债经营，直至 1949 年 5 月终刊。

全国解放后，他做出版、办书店的热情不减，但终因资金匮乏及多种原因，没撑多久即关门大吉。

邵洵美曾有自己的印刷厂，还有一台耗资 12 万法郎（折合 2000 两黄金）从德国进口的当时最先进的彩色印刷机。全国刚解放时，北京要成立新华印刷厂，因出版《人民画报》缺少设备，夏衍亲自登门拜访邵洵美，希望他“割爱”。尽管邵洵美对这套花巨资买入的彩色印刷机非常舍不得，但最后还是象征性地收了点钱，把设备交给了新华印刷厂。

邵洵美当年办出版的初衷是为自己出书，为朋友出书。他没有食言，他的金屋书店、时代图书公司及第一出版社，为徐志摩、郁达夫、胡适、沈从文、巴金、老舍、潘光旦、施蛰存、陶亢德、章克标、张谷若、滕固、朱维琪及夏衍等一大批朋友出版了图书。邵洵美散尽万金，出版了诸多报刊和书籍，这在中国近代史上是无人可与匹敌的。

三、“黑白世界的诺贝尔”

应昌期（1917 年—1997 年），浙江慈溪慈城镇人（今属宁波江北区），台湾地区金融界、实业界著名人士，应氏围棋“计点制”发明人，被誉为“黑白世界的诺贝尔”“20 世纪中国围棋之父”。

1917 年 10 月 23 日，应昌期出生于慈溪慈城镇玉皇阁桂花厅内的一家书香门第。他自幼天资聪慧，思维敏捷，念书过目成诵，学习成绩优异。小学毕业后进入慈湖商校学习，后因家境贫寒，无力深造，赴上海统源银行当学徒。工作之暇，为弥补学历不足，他奋力自修英文、数学、图文、银行会计等学科，并师从书法家赵叔孺学习书法、金石，不数年间，学识大进。1936 年，适逢福建省银行在上海招考 3 名练习生，应昌期以“同等学力”资格报名，结果“连闯三关”，以 19 岁的年龄和优异成绩，从百余名竞争对手中脱颖而出，被破格录取，此事在上海银行界一时传为佳话。

1946 年，在严家淦（1905 年—1993 年，中国台湾地区前领导人）的建议下，应昌期入职中国台湾银行，先后任营业部办事员和业务经理等职。1963 年初，应昌期离开台湾银行，投身实业。在朋友诚邀之下，他出任国华海洋企业公司董事长，同时开始筹建他独立创办的第一家企业——利华羊毛工业公司。之后数十年间，他先后接办了益华股份、国泰化工、益华沙拉油、国华海洋企业及国际票券公司等。这些企业的成功为他赢得了巨额财富，也让他有实力投入到自己一生钟爱的围棋事业中。

1988 年 9 月，应昌期重回慈城，先后捐资重建中城小学、倡棋幼儿园（倡导围棋之意）、慈湖中学、保黎医院等，向家乡捐赠达亿元之巨。此外，他还积极在宁波投资兴办实业，如投资 4000 万美元兴建现代建筑材料有限公司，投资 7500 万美元兴建利华（宁波）羊毛工业有限公司，为促进家乡经济建设和发展社会事业尽心尽力。

应昌期在创办实业方面取得了不小成就，但是令他为天下所知的是围棋。应昌期 6 岁就学会了下围棋，12 岁获慈溪围棋比赛冠军。在上海统源银行当练习生时，虽然收入微薄，但他仍不忘围棋，悉心钻研棋理；同时他还投书上海《新闻报》，建议举办新闻棋赛，开设围棋专栏。《新闻报》主笔阅信后击节赞赏，并真的开出了围棋专栏，一时成为美谈。即使在抗战期间，生活颠沛流离，备尝艰辛，他也随身携带一副围棋。1946 年到台湾后，生活安定下来，他即在家设置棋室，号称“五窗填满斋”，广邀亲朋好友会棋，切磋棋艺（图 3–16）。

围棋发源于中国，大约唐时传入日本。在上海工作期间，应昌期出于对围棋的爱好，曾到日本侨民开设的棋馆里下棋，了解到日本有许多棋馆，有专门卖棋具的商店，而且还有专门研究围棋的专家和书籍。作为围棋发源国，当时中国棋风式微，很少有人下围棋。中日围棋此消彼长的情势让他感慨万千，因而萌生了振兴中华棋艺、改革中华围棋的志向。

1952年，他与志趣相投的同道在台北成立了“中华围棋会”，自己任总干事，后又任副会长、会长等职。以此为平台，他出钱出力，在台湾地区普及推广围棋数十年，建立了职业围棋制度，举办了多项新闻棋战，借助媒体力量大力推动围棋事业。经过20年潜心思考和反复验证，他于1965年提出“计点制”围棋新规则，以完整公平的规则代替日本棋规中不合理的判例，达到了“绝无判例”“几无和棋”的目标，号称“迄今为止最合理、完备，符合时代需求的围棋规则”。

图3-16　应昌期（左）与围棋国手吴清源

目前，世界上没有一个统一的围棋组织，也没有一个统一的围棋规则。现在世界流行的有三种围棋比赛规则：中国大陆的数子规则、日本与韩国的数目规则、中国台湾地区的计点制规则。以上各种规则虽然各有所长，但在围棋的下法方面大同小异。按照目前各方达成的共识，在哪一方举办围棋比赛，就由哪一方围棋组织决定采用何种围棋比赛规则。韩国设有“三星杯”“LG杯”等国际比赛，应昌期在台湾地区设有“应氏杯”国际围棋大赛。

应昌期在围棋事业上最大的贡献，是凭一己之力推广和振兴围棋这一中国传统文化，为此他专门投资1亿元新台币，成立了“应昌期围棋教育基金会”。他还在上海捐资1.3亿元创办应昌期围棋学校，目的是培养青少年棋士，造就更多围棋师资。应昌期多次举办“应氏杯”世界职业围棋锦标赛、世界青少年围棋赛等多项国际大赛，致力于让围棋走向世界。

应昌期发起举行的最具国际影响力的“应氏杯”世界职业围棋锦标赛，奖金高达40万美元，有人称它是围棋界的“奥林匹克运动会”，应昌期也被誉为“黑白世界的诺贝尔”。

从1952年开始，应昌期就努力投入到围棋推广普及工作中。当成为实业家创造巨额财富后，又把大量的资金和精力投入其中，四十年如一日，从未懈怠。即使在病中甚至临终前，都念念不忘他的围棋事业，可以说是当之无愧的“围棋界大功臣”。

四、天作之合的桥牌夫妻——魏重庆与杨小燕

魏重庆（1914年—1987年），祖籍浙江奉化，早年在上海读书，毕业于上海交通大学，并取得电机工程师学位。魏重庆于第二次世界大战期间离开上海前去美国，并加入美国籍。1942年入职联合油轮公司，开始从事海运业，主要把石油从中东运往东亚。二战结束后晋升为公司副总裁，负责14艘油轮及散货船的建造和营运，活跃于美国海运界。

1964年，魏重庆在美国休斯顿创立了复康轮船公司，自任公司董事长和总裁。创业之初，经过对船只的改革和创新，他以最低费率完成了一宗美国历史上最大的谷物越洋运输生意，获得了一大笔利润。20世纪六七十年代，随着欧美工业蓬勃发展，石油成了重要的战略物资。美国疯狂从中东运进石油储备，石油运力大幅提升。为解决油轮数量不足的问题，美国政府对承担石油运输的企业提供了大量补贴和贷款保证。魏重庆遇到了千载难逢的发展机会，他不断与美国政府签订运输合同，并得到美国政府的补贴和贷款保证，先后建造了得克萨斯之骄傲号、得克萨斯之星号、得克萨斯之魂号、玉凤凰号和金凤凰号等多艘大型深海运输货轮，拥有现代化油轮和货轮17艘，在美国海运业中一枝独秀，被称为“美国船王”，也是美国富商之一。

魏重庆是著名的桥牌选手，他在桥牌上的成就和赢得的声誉，可以说比他经营海运的名气更大。魏重庆是流行世界的桥牌“精确制”叫牌法创始人，撰写和出版了好几部相关内容的书籍。当然，他夫人——“桥牌皇后”杨小燕的名气比魏重庆还要大。

桥牌是扑克牌的一种打法，属于一种高雅、文明、竞技性强的“智者的游戏”，以特有的魅力风靡全球。打桥牌的乐趣主要在于“少靠运气、多凭智慧”赢牌。在打牌过程中，要运用很多数学、逻辑学知识，计算和记忆能力也非常重要。要打好桥牌，搭档之间必须密切合作，齐心协力。桥牌已经成为2012年夏季奥运会表演项目和2007年全国大学生运动会正式比赛项目。

20世纪40年代，魏重庆在美深造时就酷爱桥牌，业余之时对桥牌颇有研究。魏重庆有非常扎实的数理基础，他发现用数学理论建立一套科学的叫牌体系，能够让各种水

平的牌手迅速提高叫牌的准确性，于是在 1965 年提出了“精确制”叫牌法系统理论和方法。

在国际高水平比赛中，桥牌手的牌艺都十分高超，在叫牌和打牌的过程中失误较少，在这种情况下，影响比赛结果的核心因素其实是叫牌体制先进与否。

魏重庆推广精确制叫牌法的道路并非一帆风顺。许多桥牌专家都觉得自己的叫牌方法是无懈可击的，所以，当魏重庆把精确制叫牌法带到俱乐部里介绍给专家们使用时，遭到了婉言谢绝，没有人愿意使用这位非专家创造出来的叫牌体系。但是，魏重庆并不灰心，他以非凡的自信心和卓越的组织才能向世界证明：他诞下的“婴儿”不是丑小鸭，而是超凡出众的“白天鹅”。

20 世纪 60 年代初，魏重庆在美国纽约生病住院，当时细心照顾他的护士是美籍华人杨小燕。他俩共同的兴趣爱好就是桥牌，魏重庆是桥牌理论高手，杨小燕则是一位颇有桥牌天赋的业余好手，故他们的交谈极为投机。从此，杨小燕成了魏重庆的红颜知己，两人大有相见恨晚的感觉。这一次邂逅，魏重庆不仅赢得了爱情，还使他创立的精确制叫牌法有机会风靡世界。

杨小燕 1930 年出生于北京，祖籍湖南新化。高中毕业后，她考取了上海医学院，学习护理专业，并于 1949 年获大专毕业证书。当时中国内战接近尾声，美国对所有中国学生拒发留学签证。担任燕京大学校长的美国驻华大使司徒雷登跟杨小燕父亲是好朋友，由司徒雷登出面协调，美国使馆专门给杨小燕颁发了赴美签证，因此杨小燕有机会考上美国哥伦比亚大学高级护理学专业。毕业后，杨小燕当过护士、护士长，后来在纽约肯尼迪机场医院担任护士长。

由于北美桥牌界不接受魏重庆的精确制叫牌法，20 世纪 60 年代中期，魏重庆和杨小燕两人来到台湾，挑选了一批年轻人组成中华台北队，用精确制叫牌法训练队员，效果立竿见影。在 1967 年、1968 年和 1969 年远东桥牌锦标赛上，中华台北队连续 3 年取得佳绩，引发全球关注。

1969 年，在代表世界最高水平的百慕大杯世界桥牌团体锦标赛上，魏重庆与夫人杨小燕带领中华台北队，在半决赛中一举击败世界强队美国队进入决赛，最后获得亚军，轰动世界桥牌界。

这两次胜利，确立了魏重庆精确制叫牌法的世界地位，人们开始研究并重新评估精确制叫牌法。最为引人瞩目的是意大利桥牌蓝队这支雄踞桥坛十几年的超一流劲旅，也开始放弃原有的叫牌法，改用精确制叫牌法。桥牌理论泰斗戈伦和里斯纷纷著书，向世界桥牌界介绍精确制叫牌法。在 1972 年世界奥林匹克桥牌锦标赛决赛上，意大利队用精确制叫牌法击败了美国队，成功卫冕，使得精确制叫牌法扬名世界，被国际桥牌界普遍接受。短短几年间，精确制就发展成为世界桥牌第二大叫牌体系。

教学相长。在带队过程中，杨小燕精心学习桥牌理论与打牌技巧，每年3次前往意大利，向贝拉唐纳和卡罗佐等桥牌大师请教。杨小燕的桥牌水平突飞猛进，1971年获得美国女子桥牌冠军。为了全身心投入桥牌事业，杨小燕第二年辞去了医院的工作。当时曾有人预言：一个生过3个孩子才开始学习桥牌的女人，根本当不了世界冠军。但杨小燕对此不以为然，她凭借自己的聪颖天赋、顽强毅力与刻苦勤奋，在1978年9月举行的第五届世界奥林匹克桥牌女子双人赛中，与牌手朱迪·雷丁女士合作，经过5天激烈角逐，击败14对一流高手，一举夺得女子双人赛冠军。1984年，在蒙特利尔世界奥林匹克桥牌锦标赛中，她又作为美国奥林匹克女子桥牌队主力，夺得了团体赛冠军，成了世界瞩目的人物。当时美国《桥牌月刊》曾以《十年一跃为世界冠军》为题发表了长篇述评，将杨小燕誉为“世界桥牌皇后”。

在海外取得成功后，魏重庆夫妇始终不忘祖国。杨小燕曾经说过：“如果桥牌能够增进中美两国或中国与其他国家间的相互了解和友谊的话，我愿意成为连接友谊的一座小桥。”

1980年，中国桥牌运动尚处于起步阶段，杨小燕即应聘担任上海桥协顾问。同年，她还率领美国队参加上海国际桥牌邀请赛。自1985年担任中国桥协顾问后，杨小燕曾几度来华指导中国桥牌队的训练，并多次与中国领导人邓小平、万里等切磋牌艺。1984年4月，美国《纽约时报》刊登过这样一则报道：“为准备里根总统即将对中国的访问，桥牌专家凯瑟琳·魏（杨小燕美国名字）被召进白宫，向总统做情况介绍，因为近来她似乎比其他美国公民与中国政府的上层人物有更多的接触。”

一次与邓小平打牌过程中，邓小平向杨小燕提出能否把中国女子桥牌队训练成世界冠军。为了实现邓小平的愿望，杨小燕投入了大量的精力和资金，她不仅对中国桥牌女队进行理论教学，训练她们严密的逻辑思维，同时还把精确制叫牌法的精髓传授给她们。每年杨小燕都把中国桥牌女队带到美国参加训练或比赛，常常自掏腰包请美国桥牌大师给她们上课，而且队员们的食宿都在她家里。

在杨小燕的热情帮助下，中国桥牌队很快就成为亚洲劲旅，其中女队还于1986年第29届远东桥牌锦标赛上夺得冠军。在杨小燕的努力促成下，1995年，世界桥牌百慕大杯和威尼斯杯赛首次在北京举行。十年磨剑，玉汝于成。2003年11月，中国女子桥牌队在威尼斯杯比赛中获得亚军，令世人刮目相看。2009年，中国桥牌女队击败老对手美国队，首次捧起世锦赛冠军奖杯——威尼斯杯，同时也把精确制叫牌法推向世界桥坛之巅。

遗憾的是，魏重庆已经看不到妻子和中国桥牌队取得的成就了。魏重庆生前曾对夫人杨小燕说过：“你应该尽力帮助中国成为桥牌大国，一定要帮中国取得世界冠军！”1987年2月20日，魏重庆先生因糖尿病并发症在美国纽约大学附属医院去世，终年73岁。

雨果说："人有了物质才能生存，有了理想才谈得上生活。"这句话的意思是，人既要有物质生活，更要有精神生活。张静庐、邵洵美、应昌期和魏重庆等人，就很好地诠释了商人的精神生活。

第四章

宁波商帮之商之术

商之术是指营商的具体战术，也就是经商的方法和策略。如果说商道是原则，是规律，是战略，那么商术则是经商的技巧、方法和战术。没有商道，商术就会失去灵魂；没有商术，商道就会沦为空谈。道和术兼备，商业经营才能高歌猛进。

在自给自足的小农经济和短缺经济时代，商品数量有限，商术的地位和作用似乎并不大。但随着大量物美价廉的西方工业产品推销到中国，中国的一些商人受到启蒙，民族资本家随之出现。他们开始购买西方的机器设备，进入工业生产领域，形成了与西方商品竞争的局面，这时候商术的作用就突显了出来。清末学者郑观应（1842年—1922年）在1873年写成的《救时揭要》中说："初则学商战于外人，继则与外人商战。"宁波商帮就走过了这一历程，其中的佼佼者还战胜了他们学习的对象。

要在商战中取得成功，产品质量、品牌、技术是制胜法宝，而广告营销、企业管理则起着放大器的作用。

第一节　广告制造消费者

广告的出现与商品经济发展密切相关。近代广告业的兴起，是随着报纸这个媒体出现的，只不过受印刷技术的限制，早期出现的广告大都是文字广告。

1841 年，沃尔尼・帕默在美国费城开办了一家广告公司，为各家报纸招揽广告，同时向报纸抽取 25% 的佣金。在许多著述中，帕默创办的代理公司被认为是世界上第一家现代意义上的广告公司。1880 年，美国出现了一个名叫鲍尔斯的职业广告文案撰稿人。

随着媒体业不断发展，报纸发行量越来越大，新的杂志也不断出现，媒体受众数量呈几何级增长，广告在传播商品知名度、扩大影响力方面，发挥了不可替代的作用。

鸦片战争后，西方文化传入我国，报纸也随之传入。1872 年 4 月，英国人安纳斯脱・美查在上海创办了一份中文报纸——《申江新报》，人们习惯称它为《申报》。1949 年前，这是中国历史最久、影响最大的中文报纸，很多国人也是在《申报》上第一次看到报纸商品广告。《申报》记录了从清末到民国 78 年间中国政治、军事、经济、文化和社会各方面情况，具有很高的史料价值，被称为“近现代史的百科全书”和“中国的《泰晤士报》《纽约时报》”。1949 年 5 月 27 日，《申报》停刊。

受西方媒体启发，1873 年至 1894 年间，一部分中国人也开始投资办报。不过，这时中国报业刚起步，缺乏专业的媒体人才，印刷设备也比较简陋，报刊排版非常简单。此时的报纸广告大多排在不太显眼的角落，而且只有文字，几乎没有图片。辛亥革命后，报刊排版设计都日渐进步，图片广告也慢慢随之出现。

清末民初，随着时代的发展与技术变革，商品经济日渐繁荣，广告载体开始多样化，刊载的商品广告种类也随之丰富多彩。除了报刊广告，还有广播广告、路牌广告、橱窗广告、霓虹灯广告、月份牌广告、电影广告等。广告公司、广告代理商随之出现，专业化程度不断提高，广告创意也越来越富有内涵。1921 年，浙江鄞县人王万荣（原名王兰生）在上海创办了荣昌祥广告社，专营路牌广告，当时上海及周边城市每块大型路牌广告，几乎都是由荣昌祥包办的。

俗话说：金字招牌硬通货。在宁波商帮创业的过程中，出现过不少有创意的广告，这些广告为宁波商帮打造出了各自的金字招牌。

一、无师自通的广告营销大师——黄楚九

在宁波商帮中，黄楚九可以说是近代中国广告业的先行者，也是当时民族资本家中

最具广告意识的一位。

19 世纪末至 20 世纪初，宁波商帮在上海崭露头角，渐成气候。在尔虞我诈的十里洋场，一颗商界新星在医药、金融、烟草、地产、娱乐业脱颖而出，如日中天。在商海中，他创造了不少经典案例，如今已载入中国现代营销史、广告史、司法史、报业史、药业史、文化史，他就是商界传奇人物黄楚九。

黄楚九（1872 年—1931 年），浙江余姚人，与黄宗羲同宗同族。作为晚清与民国早期上海实业界的风云人物，他开创了许多国内“第一”：创办中国第一家民族资本制药企业——中华制药公司，以自制的“人丹”抵制日本的“仁丹”而声名大噪；开设中国第一家综合性娱乐场所——上海新世界游乐场，开办当时上海最大的娱乐中心——大世界游乐场；发行中国知名娱乐性报纸——《大世界报》；建立拥有 21 个医药工商企业在内的中国第一家医药产业联合体——黄氏集团。此外，他还涉足金融和房地产业等。

黄楚九祖上世代行医，尤以医治眼疾出名。他的母亲贡氏系二房，从丈夫那里潜心学得不少眼科诊疗手段。黄楚九 6 岁入私塾读书，自小耳濡目染，跟父母学习中医眼科。1886 年夏天父亲病故，第二年他随母亲到上海谋生。为了生计，贡氏在上海城隍庙附近行医卖药，寒暑时黄楚九也到街上摆摊叫卖眼药。医者仁心，母子俩不仅收费低廉，还常常免费为一些穷人治病送药，有口皆碑，生意很是红火。有了一点积蓄后，母子俩在上海县城开设颐寿室诊所，挂牌“祖传眼科”行医。在店堂墙上，黄楚九除了悬挂父亲的画像外，还刻意挂上黄宗羲的画像，通过标榜祖先来显示自己是名人之后，有丰厚的家学渊源，这也可以算是一种简单的店堂广告。

行医卖药过程中，黄楚九发现上海开始出现洋人开办的西医诊所，而且西药有疗效快、服用方便的优点，一些有钱人和接受新思想的人开始找西医看病，于是认定西医西药一定会发展成朝阳产业。1890 年，黄楚九投入母子二人数年行医的全部积蓄，又从一位富孀那里借得 3000 元银圆，将颐寿室迁到法租界法大马路（今金陵东路）。为突出“中西合璧”的经营理念，还将颐寿室改名为“中法大药房”，从此开始正式经营西药买卖。

当时上海的西药房屈指可数，大部分人对西药并不了解，这也给了黄楚九拓展市场的空间。由于资金有限，为了宣传药品，扩大生意，黄楚九选择在一些小报做广告。日积月累，了解西医西药的人开始多起来，加上经营得法，黄楚九的西药生意做得风生水起，获利颇丰，很快发展成为沪上西药行业的翘楚。中法大药房营业额逐年翻番，10 余年时间，其分店一直开到南京、芜湖、南昌、镇江、汉口、天津等地。

1904 年，黄楚九从一个药剂师手中买来一剂安神健脑处方。因药品颜色是淡黄的，他自己也姓黄，于是取名“艾罗补脑汁”（英语 yellow 的洋泾浜英语读法）。为了宣传此药，黄楚九可谓是动足了脑筋。利用国人崇洋媚外的心理，黄楚九对外宣称发明此药的艾罗是美国医学博士。都说犹太人聪明，他就在药瓶标签上印上犹太人的侧面头像。他还在报纸上铺天盖地大做广告，请当时著名作家吴趼人（《二十年目睹之怪现状》作者）写了篇 780 字的短文《还我魂灵记》，说他服用此药后“文思不涩”“劳久不倦”，以证明该药功效非凡。当红作家为这款药站台，显然起到了推波助澜的作用。当然，黄楚九也出手阔绰，给了吴趼人 300 块大洋以示酬谢。

在推广艾罗补脑汁时，黄楚九还成功地运作了一次危机公关，使这款药品名声大噪。就在艾罗补脑汁名声远扬、销路大开的时候，一名自称艾罗博士儿子的美国小混混找上门来，要求黄楚九支付艾罗补脑汁的发明专利金。真是没想到，自己杜撰出来的艾罗博士，居然有个“儿子”找上门来。黄楚九将计就计，承认他就是艾罗的儿子，但必须满足自己两个条件，一是召开一个盛大的新闻发布会，把“专利”授权给他，二是拿到 1000 块大洋后，从此离开中国。这个美国混混讹到一大笔钱自然很开心，答应了黄楚九的条件。“假作真时真亦假，真作假时假亦真。”中国历史上第一款保健品就此走上神坛，黄楚九也挣得盆满钵满。

1909 年，黄楚九得到一张“诸葛行军散”的古方，他参考自己祖传的“七十二症方”，研制出了“人丹”（见图 4–1）。黄楚九以一龙一虎图案制作商标，并创立了龙虎公司。这款药与当时占领市场的日本药品“仁丹”在药物形状和药名上高度相似，因此被日商东亚公司以“龙虎人丹冒牌侵权”为由告上法庭，要求中国政府勒令停产。没想到这个官司一打就是 10 年，诉讼费高达 10 万大洋。在五四运动“提倡国货，抵制日货”的背景下，1919 年最高法院终审裁决，判定中国“人丹”与日本“仁丹”两药之间没有

图4–1　人丹外包装

关联，允许同时在市场上销售。这场官司受到媒体持续关注，尽管“人丹”获得的利润被高额的诉讼费大部消耗掉，但“人丹”因这场官司成了国货名品，直到今天还能在药品市场上见到。

1923 年，黄楚九感觉肠胃不适。从日本医科大学留学回来的大女婿臧伯庸给他开了一副润肠开胃药，黄楚九服用后觉得效果不错，就给这款药起名“百龄剂”，号称能延年益寿。草拟好广告词，让人送到报馆，谁知第二天报纸刊登出来时，排字工人误将“剂”字排成“机”字。中医药名里有丸、散、膏、丹、汤、剂、片等字，但把药名称为“百龄机”可以说非常少见。不过这个药名突破常规，不落俗套，读起来分外新颖，于是黄楚九将错就错，把此药正式命名为“百龄机”。

为了防止该药砸了牌子，危及业已大名鼎鼎的中法大药房，黄楚九专门成立一个空壳公司——“九福公司”来发行此药。“百龄机”试销后，很多老年人争相购买，市场反响热烈。黄楚九认定这种药能够畅销，于是决定大张旗鼓地进行宣传。除了在报纸上大做广告外，他还雇用大批人员在电线杆、广告牌、房角屋墙等公共场所粘贴广告。随处可见的“百龄机”广告，让“百龄机”这款药品深入人心。

为了销售“百龄机”，黄楚九可谓是煞费心机。国人有“便宜没好货、好货不便宜”的心理，于是黄楚九就努力把“百龄机”包装成高端药品，广告设计上也是花样翻新，以此吸引有钱人购买。

除了常规的报刊广告、招贴广告外，他还别出心裁，在特大风筝上悬挂一只内装广告海报的箱子，在上海上空播撒海报，引得街上万人驻足，争抢海报。后来黄楚九又觉得风筝飞得不够高，干脆租用一架飞机，在整个上海遍撒“百龄机”广告。

在炎热的夏季，黄楚九大量制作印有“百龄机”广告的纸扇，免费赠送给顾客，很多人都成了他的免费移动广告。他还不惜工本，精印了几万册《百龄机画报》，宣扬“百龄机”功效，上面印有照片、用户来信等宣传材料。黄楚九登报声明，用户只需随函附上 2 分邮票，即可免费寄赠画册。结果索要者不计其数，邮局应接不暇，日夜用麻袋装运分发。

黄楚九还重金聘请吴式太极拳大师褚民谊（1884 年—1945 年）编了一套“百龄拳”与“百龄操”，在上海大世界游乐场表演。最别出心裁的是，1928 年，黄楚九找来 100 多位长髯齐胸的七八十岁老人，请他们穿上租来的长袍马褂，号称百岁老人，免费游览上海大世界游乐场，美其名曰“百龄大会”，其实是为“百龄机”做活广告。这次“百龄大会”在宣传“百龄机”上，确实取得了“意想不到之效力”。

清末之前，中国人主要吸旱烟、水烟和鼻烟。19 世纪 80 年代，英美等国开始使用机器生产卷烟，这也标志着卷烟工业时代来临。1902 年，距第一次鸦片战争结束 60 周年，英美烟公司在伦敦成立。正像当年的鸦片商一样，英美烟公司认定中国是他们倾销香烟的最大市场，就在上海设立了英美烟公司上海分公司，并在浦东陆家嘴兴建厂房，从国外运来机器，雇佣中国工人，日夜生产各种牌号的香烟。到 1920 年，英美烟公司生产的各种牌号的烟草制品已高达每天 50 万支，销售网络遍布我国各大中城市。

在英美烟公司迅速发展的时候，一些中国人也开设烟厂，但总体来说，民族卷烟工业资金不多，规模较小，没有技术支持，经常受到外烟低价倾销的冲击，无法与英美烟公司竞争。

英美烟公司在中国大陆横行之时，1917 年，黄楚九开办了福昌烟公司。这家烟厂虽属小厂之列，却一度使英美烟公司深感头痛。福昌生产的香烟品牌叫“小囡牌”，烟盒上有个可爱的男婴头像，这是黄楚九外孙的形象。

小囡牌香烟上市之前，黄楚九和谋士们策划了一场无与伦比，至今看来仍算“绝唱”的广告活动。

黄楚九连续 5 天包下上海著名报纸《申报》《新闻报》第一版的版面。

第一天，版面上只发布了光秃秃的一只大红蛋，没有任何文字说明。这莫名其妙的红蛋是什么意思，一下子勾起了人们的好奇心。

第二天，报纸同一版面出现了一条翘起的小孩发辫。

第三天，版面出现了一个梳着一根小辫的惹人喜爱的胖娃娃。

第四天，戴肚兜、梳辫子的胖娃娃头上多了一条套红标语：“祝大家早生贵子。”

第五天，谜底揭晓：福昌烟公司开张，推出小囡牌香烟，公司特向大家报喜致贺，并敬告读者，凡购买一盒香烟者，随烟奉送红蛋一枚。

这场新奇的广告着实吸人眼球，激发了人们的好奇心。如同连续剧，经过 5 天的猜测，终于真相大白。许多烟民在谜底揭晓后，纷纷涌到福昌烟公司营业网点购买小囡牌香烟，同时再白拿一只红蛋。

黄楚九不仅在报纸上刊登“红蛋”广告，还雇人在马路上到处张贴“红蛋”广告，并且亲自坐着汽车，在上海滩走街串巷，把红蛋送到许多人的手里。

黄楚九还利用每天人山人海的上海大世界游乐场，在游戏活动中穿插小囡牌香烟广告：凡游客购买一盒小囡牌香烟，免费奉送大世界游乐场入场券 1 张。为了替小囡牌香烟做宣传，黄楚九还特意拍摄了一部小囡牌香烟电影专题片。

这样一来，小囡牌香烟成了上海人茶余饭后的谈资，影响巨大，英美烟公司在上海滩独大的局面被迅速打破。黄楚九的广告创意也被奉为经典，至今还常常被当作广告案例使用。

经过黄楚九煞费苦心的宣传，小囡牌香烟在上海逐渐畅销，几乎与老刀牌、大英牌等洋品牌形成比肩之势。眼看小囡牌成了气候，开始威胁到英美烟公司的利益，洋商们便威胁停止向福昌烟公司供应烟丝，不准福昌烟公司生产小囡牌香烟。黄楚九自己无法生产烟丝，经过谈判，最终不得不以 20 万元把小囡牌香烟的商标和生产权卖给英美烟公司。

黄楚九深知宣传在商业活动中的重大作用，所以他做广告不惜花费巨资，这是许多商人难以相比的。据说他用在广告上的费用，占到总开支的五分之一以上。但与他得到的巨额利润相比，广告费用只不过是他钓大鱼的小小鱼饵而已。

已故经济学家于光远先生曾对黄楚九的商业活动有一段客观的评论："我对黄楚九的经营能力是很佩服的。我当然不会用'奇才'这样的语言去形容他，但是一直承认他在商业上的确是一个很懂市场，很有本事的人。"

二、巧用时势策略

从晚清到北洋政府期间，我国民族工商业逐步兴起。第一次世界大战期间，西方列强忙于打仗，无暇顾及中国市场，民族工商业出现了一个发展高峰。第一次世界大战结束后，列强又返回中国开始掠夺，只不过这时国人的民族意识开始觉醒，国内掀起了一次次反帝爱国运动。国内每一次反帝爱国运动，都会有针对性地抵制某个国家的商品，宁波商帮每每能抓住这样的机会，大打使用国货的广告，在轰轰烈烈的国货运动中创造出一些国内知名品牌。

"出租汽车大王"周祥生（1895年—1974年），原名锡杖，又名锡祥，后改名祥生，浙江定海周家塘人。周祥生读过3年私塾，1907年，13岁的周祥生因家贫离开家乡来到上海打工。到1919年，他已经做了12年打工仔。在这12年中，他学会了一口流利的英语，还确定了自己的人生目标。在饭店打工期间，他每天要代客人雇车，所以结识了一些车行老板和出租汽车司机，熟悉汽车出租业务。他发现开出租车很挣钱，这为他以后投身这项事业打下了基础。

1919年，周祥生贷款买了一辆二手车，开始自己当老板。1923年，他正式成立祥生汽车行，并为自己的汽车行取了个带洋味的名称"Johnson"，中文名字写作"祥生"。从此，周锡杖也改名为周祥生。

1930年5月，洋商车行发起成立华洋出租汽车联合会，周祥生当上了董事；次年，他又担任上海市出租汽车业同业公会会长，从此周祥生的人生跃上了一个高峰。

1931年，是周祥生事业起飞的一年。当时熟悉外汇行情的朋友李宾臣预判美元要升值，于是借给周祥生3万大洋，让他到花旗银行贷款，向美国通用汽车公司定购400辆汽车，预付定洋二成，并全部结成外汇。两个月后，美元果然上涨，银圆对美元的比价不断下降，从每100银圆兑45.5元美金直线下降到兑24美元。这意味着订购的汽车还未到货，车价已经涨了将近1倍，周祥生从中挖到了人生一大桶金。

有了这笔资金，周祥生的想法改变了，他要做上海最大的出租汽车公司。1932年元旦，在噼里啪啦的鞭炮声中，祥生出租汽车有限公司成立（见图4–2），周祥生任董事、总经理，李宾臣担任董事长。

图4-2　祥生出租汽车有限公司门店

祥生出租车行要成为上海最大的出租汽车公司，就要超越上海最大的三家出租车行：华商银色、美商云飞和英商泰来。出租车行驶在大街上，需要有很好的辨识度，如银色出租车公司将车身全部漆成银色，并在车身中间嵌漆一条红带，十分亮眼；云飞公司则是清一色的福特汽车，车顶上漆有“云飞”两个大字，车身上是“云飞汽车，腾云驾雾”的广告词。祥生公司则是墨绿色的雪佛兰轿车，汽车前后左右和车顶上，都漆上了祥生公司的商标和电话号码，十分醒目。

为了打响自己的出租车品牌，周祥生在广告创意上可谓是煞费苦心。除了报纸、电台和电话簿封面等常规宣传外，他还别出心裁，做了一场富有经典色彩的广告。

首先，周祥生花高价买了一个简单易记的电话号码。出租车大都是通过电话来叫车的，电话号码简单易记就成为各公司的追求。云飞的电话号码是 30189，谐音“岁临一杯酒”；银色公司电话号码是 30030，简单好记，琅琅上口。祥生公司的电话号码是 40251 和 40253，比较难记，周祥生就花了 10 根大金条，买下电话公司自己留用的 40000 电话号码（见图 4-3）。40000 不但简明易记，更巧的是与当时全国四万万同胞之数吻合。周祥生由此打出广告语：“四万万同胞，拨四万号电话，坐四万号汽车。”他还在上海最繁华的南京路上立起一座广告牌，夜晚霓虹灯亮起，4 个“0”随着彩灯似乎在不停地转动。

图4–3　祥生出租汽车公司广告

利用这个电话号码，周祥生还顺势开办了天气查询、火车及轮船启行时刻问讯业务，既方便了顾客，又使许多问讯者乘便叫车前往车站、码头，由此增加了不少营业额。

为了扩大 40000 这个电话号码的影响，周祥生在细节上下足了功夫。当时电话机普遍安装在墙上，听话器和送话器是分离的。叫人接听电话时，听筒无处搁放，常常悬空吊着，使用起来很不方便。周祥生就叫人设计制作了一种小巧别致的金属搁架，上面印有祥生公司的红色 J 标记和 40000 电话号码，免费安装在饭店、舞厅、电影院等热闹场所。乘客打电话的时候，都能看见祥生公司的电话号码，需要叫车的话，自然会拨打 40000 号码。

注重细节的周祥生还找到了一个特殊的广告场合，那就是葬礼。传统葬礼上，许多逝者生前的亲朋好友都会出席，出殡时路边还有不少围观的看客，这是一个非常好的做沉浸式广告的场合。周祥生特意从美国买了辆福特牌灵车，根据报纸上刊登的讣闻、讣告，派业务人员上门营销，介绍送丧用的汽车。因索价低廉，大多数丧家都乐意雇用。

再好的广告也要有优质的产品和服务作保证，周祥生规定祥生公司出租车“日夜服务，承叫即到”，乘客叫车 10 分钟内必须到达；调度员接电话必须语气亲切礼貌，绝对不许态度生硬；乘客上门叫车，必须车随人走；乘客遗忘在车内的物品一律要上缴，方便失主到车行领回失物，隐匿不报者要受处罚，甚至开除，上交贵重物品的司机可以得到奖励；车辆外壳和座椅始终保持清洁和完好。

周祥生还随时派人外出抽查，向乘坐祥生出租车的客人征求意见；如果客人表示不满意，司机要当场向乘客道歉，回公司后还要接受处罚。

乘客来车行叫车，周祥生在的话，必定亲自上前打招呼，为乘客开关车门，安放行李，并恭恭敬敬地送乘客离开。他经常在外面扮作顾客打电话，同时拨打祥生、云飞等几家大公司的电话，看看最先到达的是否是祥生公司汽车，否则调度和司机就要受处罚。

管理与广告双管齐下，使祥生公司得到迅速发展。到1937年，祥生公司股金已达50万元，拥有汽车230辆，设分行22处，职工800余人，成为上海最大的出租汽车行。

三、方液仙的“盲盒”与“路演”

方液仙（1893年—1940年），字传沆，浙江慈溪骆驼桥人，出生于上海。有“国货大王”“化工大王”之称，是中国化学工业先驱之一。

大家都知道韩国有一个创立于1938年的世界知名品牌——三星，可是大家不知道，民国时期，国内也有一个大名鼎鼎的日用化学品品牌——三星。三星品牌取名于中国传统文化中的“福”“禄”“寿”三星，品牌创始人就是号称“化工大王”的方液仙。

方液仙父亲经营钱庄，亲戚中也多富豪，这给他成年后创业提供了良好的条件。少年时方液仙就读于上海中西书院，因有兴趣于化学，拜公共租界工部局化验师、德国人窦伯烈为师钻研化学，遂萌生兴办化学工业的心志。

学习期间，他自己出资，在住所设立了化学实验室。白天听老师讲授，夜间闭门潜心试验。在此基础上，他与亲友合资开办了鼎丰珐琅厂、龙华制革厂、硫酸厂及橡胶厂。这些企业均属国人首次创办，可惜资金薄弱，又因洋货充斥，销路滞塞，这些工厂先后倒闭，亏损巨大。

走实业之路并非易事，但方液仙仍砥砺奋进。鉴于市场上舶来化妆品畅销，他考虑再三，于1912年创办中国化学工业社，生产销售三星牌牙粉、雪花膏、生发油、花露水等，并雇人挑着产品穿街走巷叫卖，与洋货产品抗衡。可惜父亲给的创业资本全部赔光，中化社也没有盈利，于是父亲不再支持他创业。

1915年，他向母亲求助，用母亲1万元私房钱扩充生产线，生产三星牌蚊香，以竞争日本“野猪”牌蚊香。由于销路打不开，只三四年本金又蚀光了。后来他说动舅父李云书给他投资5万元，用于生产化妆品，并附带生产皮鞋油、果子露等，还设置了发行所，雇用推销员销售产品，经营情况稍有好转，但仍年年亏损。1919年初，中化社又面临资金困境。方液仙不无感慨地说：“我们的产品是香的，生意却是臭的！”

1919年五四运动爆发，给民族工商业的发展带来了契机。国人均以购买使用国货为荣，中化社的订单纷至沓来，即使加班生产也供不应求。绝处逢生，方液仙深受鼓舞，立即着手研制新产品，并要求其叔父、上海钱业巨子方季扬投资。方季扬见中化社生意兴隆，遂投资1.6万元。1923年，方液仙将中化社改组为股份合作公司，自任总经理，由方季扬出任董事长。

1923年，方液仙成功研制出牙膏——三星牙膏，同时又制造出味精、酱油精。三星牌味精与张逸云的天厨味精一起，把日本的“味之素”挤出了中国市场。

生产发展，利润增加后，方液仙审时度势，聘请技术人员，扩大生产，产品种类越来越多，牙膏、味精、酱油精、淀粉、蚊香、肥皂、甘油、薄荷油等产品数不胜数。在方液仙的苦心经营下，中化社的面貌日新月异。到1938年，中化社建有4家工厂，制造蚊香、肥皂、甘油、薄荷油等，其设备和规模在当时的上海首屈一指，方液仙也成为国内的“化工大王”。

方液仙的成功之道，除了严把产品质量关和培养使用人才外，还非常重视广告和推销。比如，方液仙规定每年从营业额中提取0.3%作为广告费，专门成立广告科，高薪聘请资深媒体人朱惺公为广告科长。朱惺公曾任上海《大美晚报》副刊主编，入职中化社后，专门为三星牌产品撰写报刊广告文稿。

在朱惺公设计的众多广告中，有一则是专为三星牙膏设计的“玻璃管里的秘密”广告，这种广告相当于今天大家所谓的“盲盒”。为了支持这一“盲盒”广告，中化社特意从三星牙膏的利润里提取1%的资金，作为该项广告活动的奖金。中化社生产产品时，在牙膏管体内先放入一个小玻璃管，管内放3种彩券，面值分别为1元、5元、10元，灌注时加入牙膏体内。中化社还特设“福禄寿”三星奖，凑齐“福禄寿”三星的幸运消费者便中头奖，中奖者可以获赠住房一所。这样一来，购买三星牙膏的消费者多不胜数，不少人还长期坚持使用这个牌子。

中化社的广告形式多种多样，除了报纸、墙栏、广播、霓虹灯外，还做路牌广告，在沪杭、沪宁铁路沿线都制作了大型的广告牌。方液仙深知，中国大量人口生活在农村，这是一个庞大的消费群体，但他们中的大部分人未受到新思想、新文化、新生活的启蒙，也不太知道中化社生产的这些商品，更谈不上使用。于是他购买汽车，专门组织“国货广告旅行团”，载着产品长年奔波，在陕西、四川、贵州、云南等地进行路演。每到一处，都竖立中化社的路牌广告，尽可能让中化社的各类产品深入人心，做到妇孺皆知。

在生意经上，方液仙也下足了功夫。其一是先发货后收款。譬如在销售三星蚊香时，每年5月蚊子出现时先向批发商发货，待中秋节过后方结账收款，余货可退。因见推销三星牌蚊香有利可图，一些小本摊贩甚至无业者都来批发，于是三星牌蚊香销售网点遍布大街小巷。“国人爱国，请用国货三星蚊香”的广告也在报纸、马路上随处可见。其二，是对推销员采取分级累计销售奖励制度。推销1万元以上的，给3%奖励；2万元以上的给4%；3万元以上的给5%。鼓励多销多得。其三，退盒有奖。顾客购买三星牌蚊香后，将盒子退回，可得一份奖品，奖品有手帕、毛巾、牙膏等。奖品既增加了消费者的实惠，又降低了生产成本，能招揽更多顾客。

邓丽君有一首脍炙人口的歌曲——《何日君再来》，其实这首歌原唱是老上海的金嗓子周旋。这首歌是1937年2月上海艺华影业公司拍摄的故事片《三星伴月》的主题曲，这部影片在拍摄时得到了中化社的资助，所以电影主题曲中有“三星”这个品牌名，这也是中国较早出现的电影植入广告。随着周璇这首歌红遍上海滩，辐射到全国，嵌入片名中的“三星”品牌也深入人心，成为绝妙的广告（见图 4–4）。

图4–4　中国化学工业社广告

在 1932 年一·二八淞沪抗战中，方液仙大力支持十九路军抗击日寇，在中化社厂区办起了伤兵医院，尽力救护伤员。1937 年爆发八一三抗战，方液仙再次出资创办伤兵医院，并聘请著名外科专家为伤兵诊疗。上海沦陷后，方液仙作为上海商界领袖之一，汪伪政府想拉拢他加盟，慈溪同乡、时任上海特别市长的汉奸傅筱庵也前来游说，希望方液仙与伪政府合作，并许以实业部长一职。方液仙一口回绝，表示只会经商，不懂政治，并劝告傅筱庵：“不要与日本人同流合污，不要当汉奸。当汉奸绝无好下场，要遗臭万年！”

1940 年 7 月 25 日早上，“76 号”汪伪特工绑架了这位爱国企业家，希望他能与日伪合作，同时也希望在这位巨商身上捞一票，不料被方液仙严词拒绝。8 月 1 日，方液仙被“76 号”走狗吴世宝折磨至死。

四、“请中国人用中国货”

这是20世纪三四十年代上海中国国货公司一条家喻户晓、深入人心的广告语。

1931年九一八事变后，日本侵略者强占我国东北三省，全国人民的抗日情绪高涨，抵制日货、提倡国货的运动席卷全国。方液仙采纳自己公司总务科长李康年的建议，决定集合部分国货工厂专售国货。1932年九一八事变周年纪念日，方液仙的中化社联合美亚织绸厂、五和织造厂、华生电器厂、胜德制造厂、一心牙刷厂、中华珐琅厂、章华毛纺厂、华福帽厂等9家上海较大的国货工厂，在原绮华公司旧址举办“国货临时联合商场”，在18天时间里销售18种商品，用于纪念九一八事变。在此期间，由方液仙提议，9家工厂一致同意，把营业额总数的5%捐出，由顾客投票决定这些善款是慰劳前方抗日将士、创办伤兵医院，还是赈济难民等。广大民众的爱国热忱被激发，18天里顾客争先恐后，踊跃购买，销售额远远超过预定的目标。这是一次收效巨大的抵制日货、提倡国货宣传活动，以至于当时上海人都知道南京路有个临时的国货商场。

国货临时联合商场的兴旺景象，使方液仙看到国货市场前途无量，遂萌生了开设永久性国货商场的念头。经多方奔走接洽，方液仙联合志同道合的国货厂家集资10万元，租借南京路大陆商场为国货公司营业处。

1933年2月9日，正是元宵佳节，上海中国国货公司在震耳欲聋的爆竹声中隆重开业，方液仙任总经理，李康年任经理，全权负责国货公司日常业务。

方液仙向各界来宾及观礼民众致欢迎辞时说：

提倡国货！提倡国货！这口号已喊了一二十年，然而查一查海关册，进口洋货，却是年增一年，入超亦是年甚一年。说没有国货么？我们总算已经有了若干工厂；说有国货么？为何抵制洋货之功效，竟等于零？这里头原因，自然复杂万分：有关于政事的，有关于商事的，亦有关于技术的。不过生产的工厂，没有结合团体，没有贩卖的机关，所以国人不知有国货，不识国货与洋货之分别，当然也是国货不发达重要原因之一。同人等有感于此，受本产销合作之意旨，召集二百余家制造国货的工厂，联合组成“中国国货股份有限公司”。

在此之前，国货公司在上海各大媒体打出一条非常响亮的广告语——“请中国人用中国货！”这是国货运动的宗旨。

在管理中国国货公司的日常运作中，李康年（1898年—1964年，鄞县人）发挥了他的聪明才智。公司商场里除国货厂家生产的工业品之外，还有全国各地选购来的名优土特产品，可谓琳琅满目，荟萃精华。当时流行的名牌商品、著名土特产品，只要顾客能点出的，在这里都能买到。

中国国货公司成立时并没有经营资本，房租都是集资来的。如何解决经营资金难题，李康年想出了工厂、银行、商店三方协作推销国货的办法。具体而言，就是国货公司经销的商品均为寄售，卖出后向企业付款；寄售企业在商品卖出前，可凭国货公司的证明向中国银行借取商品金额 70% 的贷款，以维持企业的生产周转资金，货品售出后再向银行还款。

在公司内部管理上，李康年严格要求营业人员熟悉业务，上柜佩戴有统一编号的公司徽章，以便接受顾客监督；对顾客笑脸相迎，有问必答，即使生意不成，也点头微笑目送；必须熟悉各种商品的产地、特性乃至食用、使用方法，以便随时备问。公司还开设了方便顾客的服务项目，如邮售代寄、送货上门、发行礼券、代送婚嫁礼品且免收车费。对不同消费能力的人有针对性的服务，如消费能力低的顾客特设“九九商场”，将几种小商品搭配成扎，售价 0.99 元；对消费能力强的顾客，则聘请名厨开办一个规模颇大的饮食部，可以饭前饭后逛商场。

在李康年的苦心经营之下，国内出现了一股国货热，民族资本企业因国内市场的扩大而业务兴旺。中国国货公司还在南京、郑州、西安、青岛、镇江、重庆、昆明、贵阳、长沙、桂林、汉口、成都、香港以及新加坡等地设立分公司，可以说中国国货公司是 20 世纪 30 年代国货运动的一座丰碑，其发起人方液仙被誉为“国货大王”，负责具体经营事务的李康年也功不可没。

方液仙、李康年深深懂得“爱国”不是生意，不能用劣质产品去“绑架”国民的爱国热情。中国国货公司不仅销售国货，还自己生产国货精品，创造出了三个响当当的名牌——钟牌 414 毛巾、三五牌台钟、狗头牌麻纱袜。

1912 年，3 个宁波人陈万运、沈九成、方智达集资开办了一家烛芯作坊，因系 3 人合伙经营，取名“三友实业社”，寓“岁寒三友，实业救国”之意。1915 年底，三友实业社向社会招股，扩充生产“三角”牌毛巾等纺织品。为了扩大市场影响，三友实业社后来还请漫画家张乐平绘制广告画，请作家冰心编写弹词《新开篇》，为“三角”牌毛巾造势。20 年代以来，“三角”牌毛巾风靡全国，深受各界人士的欢迎。据开国少将李水清回忆，红军长征时飞夺泸定桥，红军政治部颁发给 17 勇士的奖品，就是每人一条“三角”牌毛巾和一只搪瓷杯。

1932 年，上海三友实业社毛巾厂遭侵华日军炸毁，上海等地各大商店的中高档国产优质毛巾一度脱销，高端毛巾市场又被日本“铁锚”牌毛巾占领。1938 年 2 月，李康年改组接办中国萃众毛巾制造有限公司（今上海龙头家纺有限公司萃众毛巾厂），登报征求商标图案，最后百里挑一，选中以“钟”为图案的商标作品。

“钟”的含义有二：其一是警钟长鸣，提倡爱国；其二是以“萃众”两字构成钟形图案，表示产品质量拔萃超众。“414”本是毛巾的货号，由于和上海方言“试一试”谐音，营业员在促销时常说“试一试”，于是连在一起，成为“钟牌 414”（见图 4–5）。

图4–5　钟牌414毛巾广告

李康年经营事业上的成功，为他赢得了社会声誉。有些厂商经营不善，期望仰仗他的名声图谋发展，或邀其投资，或请他接办。

1941 年，中国钟厂邀请他入股任董事长，后又兼任总经理。在他的领导下，“三五牌”台钟走进千家万户，成为国产时钟第一品牌。“三五牌”台钟因上紧发条能走 15 天而得名，于是李康年就采用“555”（见图 4–6）作为产品商标。

在此之前，不论挂钟和台钟，对摆放都有特别要求，因为偏度超过 20 度，时钟就会停摆。钟厂请到无师自通的阮顺发（1897 年—1973 年，浙江奉化人），解决了西方人都没能解决的这一难题。李康年马上请上海规模最大的荣昌祥广告公司老板王万荣为其设计广告。

广告大王王万荣的设计也确实独具匠心：只见一只“三五牌”时钟，拆去一块钟壳外板，歪斜悬挂，观者可以清楚地看到钟锤摆动。旁边写着一首顺口溜：“挂歪摆歪，虽歪不停，倒拨顺拨，一拨就准。”这样的图案和文字，准确、生动地展示了三五牌时钟独特的优点，很快，三五牌时钟便享誉全国，不仅打破了洋时钟的市场垄断，而且远销海外。后来中国钟厂又研究出了能走 21 天的时钟，被誉为“中国之钟”“国货之光”。

1943 年，生产“狗头牌”麻纱袜的鸿兴袜厂请李康年接办并担任董事长。接办后，李康年精选原料，花大价钱进口德国和美国染料，做出了一流的产品。为使产品深入人心，李康年在上海各大名店做霓虹灯广告，还在沪宁、沪杭铁路沿线竖立大量醒目的广告牌。1948 年，国民党金圆券改革失败，货币不断贬值。“狗头牌”60 支中筒平口男女袜，

图4-6　国货名品三五牌台钟

每天在《新闻报》商情表刊登价格，成为民间衡量货币贬值快慢的一个参照。

1933年2月9日，中国国货公司开业时，上海《申报》登载了方液仙的演讲稿，其中最后几句写道：

愿社会人士惠临指教，能得国货一天发达一天，自然进口洋货一天减少一天，比诸空言抵制，收效较为实在，这不单是同人之万幸，实是国货前途无限的希望。

李康年与同仁们的努力，也算是部分实现了方液仙的愿望。

五、“鹅鹅鹅，曲项向天歌”

任士刚（1896年—1946年），浙江慈溪人，家庭条件优渥，受过良好的教育。1924年，29岁的任士刚毕业于香港大学土木工程系，获硕士学位，由校方介绍到上海英商怡和洋行任建筑部监工职务。1928年任士刚辞职，与另外4位朋友集资2万银圆，组建五和织造厂（见图4-7），意为“五个老板和气生财”，任士刚任总经理。

在品牌意识上，任士刚思维超前，他认为创立品牌，一要货真价实，质量取胜；二要独具创意，广泛宣传。双管齐下，才能使品牌商标妇孺皆知。

五和织造厂的重头产品是“鹅”牌针织内衣，该商标在全国迅速打响，与任士刚等人出色的广告宣传大有关系。

20世纪30年代，在上海南京路与成都路交叉口的一个池塘内，五和织造厂用当时较少见的水门汀（即水泥）浇筑了 5 只姿态各异、栩栩如生的白鹅，成为当时南京路上的一处景观。在风景如画的杭州西湖，五和织造厂长期放置两艘白鹅形状的游船，由专人为登船的游客服务。无论在岸上还是在船上，来自四面八方的客人，都能感受五和织造厂的热情。

图4–7 五和商标

五和生产的棉毛内衣，消费人群都是当时经济条件比较好、受教育程度相对较高的群体。任士刚清楚地知道自己产品的销售对象，因此在做广告时很注重文化品位。

跟“鹅”相关的文化盛事，就是书圣王羲之在绍兴写下的“鹅池”两字。任士刚经过琢磨，在全国报纸登出书法比赛的广告，要求参赛者就写一个“鹅”字。经过筛选，最后有 1000 余人来到绍兴，进行现场书法比赛。这次广告活动堪称商业与文化联姻的典范之作，“鹅牌”名气也迅速扩大。

为提高“鹅牌”商标的社会影响力，五和织造经常利用与商标有关的图案大做文章。他们把这些图案设计成谜语，刊登在上海、江浙等地的报刊上，进行有奖竞猜活动。在众多来稿中，每次评选出 30 人入围中奖。任士刚还经常在上海等地报刊登载广告，采用与众不同的手法进行广告宣传。如“看图作文”，要求读者根据图意作短文或诗歌，一般每次征集均有上千人来稿，经过评选取 30 人入围中奖。

1937 年，《机联会刊》登出一幅《白鹅戏水图》：在点缀着 5 株荷花的清澈池水中，5 只漂亮的大白鹅神情悠闲地玩耍嬉戏。根据此图，要读者写短文或诗歌来说明图画寓意，优秀者得奖。这一活动收到上千份来稿，其中不乏佳作，优胜者的作品还登载在《机联会刊》上。有位参赛者撰写了一首五言诗：“白鹅映碧荷，妙理谐音罗。韵事追千古，商标说五和。品高差比拟，色洁胜如何？料想风行日，口碑载道多。”此诗说尽了“鹅牌”与“五和”的妙处。

五和织造厂的创业者们，在商标保护意识方面也走在了前列。为防止“鹅牌”商标被人仿冒，他们分别注册了有 1 只鹅、2 只鹅和 5 只鹅的商标，还先后注册了“金鹅”“银鹅”“天鹅”“蓝鹅”“白鹅”等一系列与“鹅”有关的商标名称，以及与“五和”厂名读音相似的“五禾”（由 5 棵禾苗扎在一起）、“五荷”（由 5 朵荷花连结在一起）等商标。

唐代骆宾王在《咏鹅》一诗中，把鹅伸长脖颈、仰头嘎嘎朝天鸣叫的形象写到了无以复加的神妙地步，成为传唱最为广泛的一首诗歌。任士刚则把“鹅牌”商标的保护也做到了极致，成为后人无法超越的存在。

六、字帖广告

鲍国昌（1902 年—2002 年），浙江鄞县人。鲍国昌 1921 年毕业于当时闻名遐迩的法国天主教圣母会创办的上海圣芳济学堂，后又考入震旦大学读医科。1925 年弃学从商，不久进入英商怡和洋行地产部当买办。因接受的是西式精英教育，精通英语、法语，这为他后来的职业生涯打下了良好的语言基础。

1924 年，有一位俄裔德国人、药学博士马克思 · 霞飞（Max Joffre），在上海创办了信谊化学制药厂，主要从动物脏器和产科医院收购来的胎盘中提炼荷尔蒙晶体，制成男女两种不同的针剂和丸剂，定名“长命牌维他赐保命”，市场销售形势良好。1930 年，信谊药厂扩大生产规模，邀请投资人入股加盟。机缘巧合，经熟人介绍，鲍国昌入股信谊化学制药厂，而且被选为执事董事。但他的主要精力还是放在怡和洋行当买办，只是在每周三、周六下午以及下班后的业余时间，才到信谊药厂履行执事董事的职责。

1937 年，鲍国昌担任信谊药厂总经理，辞去了怡和洋行的工作，专心经营信谊药业。在芜杂的行政事务中，鲍国昌下大精力制作和投放药品广告，让信谊在战乱中逆势飞扬，成为远东第一大药厂。

药品广告比较专业。在 20 世纪三四十年代，大部分人的西药知识并不完备，因此鲍国昌组织了一支强大专业的营销队伍。首先，他先后聘请擅长西药推销业务、熟悉上海各西药房并有人脉的潘瑞堂、王大和为营业部主任。其次，招聘北平中法大学药学专修科等大学毕业生为营业员（如同当今的医药代表），向药房、医院和诊所里的专业人员推广药品。

鲍国昌还较早地使用至今仍被一些企业奉为圭臬的晨会制度，也即营业代表每天外出之前都要集合一次，交换推销情况，提供本厂及市场的产销信息；同时规定每周一个半天，聘请医药界专家给营业员讲解药物知识以及新药治疗范围、使用注意事项等知识。由于营业员们具有丰富的药物知识，因此颇受药房和医生的欢迎，处方中也乐于采用信谊的药品。

在营销策略上，鲍国昌格外重视广告的功效。他从营业额中提取5%以上的费用作为广告费，并将广告部设在自己办公室旁边。每逢新药问世，鲍国昌总是与广告人员反复研究如何命名，务使新药药名顺口易记，又能使药效一目了然。他专门请人编印出版了《新药介绍》《医药导报》《医药指针》《卫生小常识》等宣传品，向社会各界广为赠阅。其中最有创意的广告宣传品，当属线装的《信谊字帖》。字帖独辟蹊径，内容不像一般字帖选取传世碑文，而是请人用颜柳合一、劲健厚重的书体，书写“信谊化学制药厂长命牌良药辑要”。字帖共240字，内容言简意赅，明白晓畅。封二为多种药品的图片，封三则刊印药厂在国内及东南亚等地的总厂、分厂、办事处，与字帖内容相得益彰。首页序言，由鲍国昌亲笔手书，略谓：

本厂创制国产各种最新良药，迄今已历十余寒暑，频年孜孜探讨，无时不在改良迈进中……因念国之盛衰，系乎文字之隆替。我国自海禁开后，欧风东渐，崇尚西文蔚成风气，遂致相传数千年之固有文字视同弁髦，文化沦湮，识者讥焉。爰将本厂著名出品书成正隶各体，名曰信谊字帖，非敢云保存国粹，聊以供学子之摹临云尔。

显然，鲍国昌打的是爱国牌、传统文化牌，巧妙地通过书法临摹、国文教育，使枯燥乏味的药品广告进入了本来很难进入的家庭，特别是中小学生的视野，在潜移默化中起到了事半功倍的宣传效果。《信谊字帖》免费赠送各界学人，在国家民族面临存亡危机、传统文化日渐衰微的当时，确实深得人心。

七、广告江湖里的“上海滩”

粤语歌坛有一首经典歌曲《上海滩》，演唱这首歌的叶丽仪曾经红透亚洲乐坛。叶丽仪出道于20世纪60年代香港无线电视台的一档选秀节目——声宝之夜，这档节目可以说是后来歌唱选秀节目的鼻祖。1980年，叶丽仪凭借《上海滩》这首歌曲一举成名。

声宝是日本的一家电器及电子公司，商标是“SHARP”，其产品在东南亚及港澳台叫“声宝”，1990 年进入大陆后叫“夏普”。

声宝是一家研发实力雄厚的公司，日本第一台交流式真空管收音机就是它研发并于 1929 年量产的，后来它又于 1953 年成功生产出日本第一台电视机。收音机尤其是电视机，在当时都是一般人买不起的高档消费品。李达三敏锐地意识到，这两种家电将给人们的生活带来巨大变化，市场前景无限美好。1957 年，李达三的乐声公司与声宝集团建立合作关系，取得了声宝品牌在香港的总代理权，负责销售和售后服务业务。

为了提高声宝电器的知名度，李达三在广告上做足了功夫，其中最有影响的是 20 世纪 60 年代在香港无线电视台推出的专题节目“声宝之夜”：参赛者演唱完一首歌曲后，水银灯点亮的数量表示取得的成绩。这个节目成为无数歌唱爱好者梦想的舞台，在港澳台和东南亚华人圈里掀起了一股热潮。随着节目走红，声宝电视机的销量节节攀升，走进千家万户。凭着优异的经营业绩，李达三深受声宝公司的信任，商业合作也进一步升级。1987 年，声宝与乐声各以 50% 的股权成立合资公司，在马来西亚建立庞大的生产基地，生产电视机、音响器材、录像机、数码摄像机等电器产品，其中彩色电视机年销售达 250 万台。2008 年 3 月财报显示，这家公司的销售额达到了惊人的 263 亿日元。

在宁波商帮的商业经营中，这种巧思妙想、匠心独运的广告还有很多，譬如代理瑞士英格纳手表的李惠利先生（1912 年—1991 年），他制作的电视广告就是一例。李惠利先生以在国内捐资兴教助学闻名，他以经营钟表起家，主营产品是瑞士中档手表“英格纳”。手表业广告似乎有个不成文的规定，都是请体育界、演艺界明星代言，也会在报纸杂志上刊登广告。随着 20 世纪 80 年代电视机开始进入千家万户，成为大众传媒中影响力最大的一种媒介，李惠利不惜重金，在电视上大做广告。李惠利打出的电视广告语为：“瑞士名表英格纳，又精又准又够格，戴表请戴英格纳。”这条表达直白的电视广告深入人心，英格纳表的销量也随之不断攀升。

广告的目的是塑造品牌，那么品牌是什么？对消费者而言，品牌就是一种体验，或者是一种可以信赖的承诺；对企业而言，则是经营获利的工具和手段。所以，做品牌从本质上讲也是一种商业投资。

第二节　人性化管理

管理是指在特定的环境条件下，以人为中心，通过计划、组织、指挥、协调、控制及创新等手段，对组织拥有的人力、物力、财力、信息等资源进行有效的决策、计划、组织、领导、控制，以期高效达到既定组织目标的过程。

宁波商帮从传统的小作坊起步，逐步进化到大机器生产，雇佣的员工数量，所需的财力、物力，都与以前小打小闹时期不可同日而语。为适应企业发展的新形势，管理势必也要与时俱进。经济的发展，企业的壮大，固然需要丰富的资源和先进的技术，但更重要的是组织经济活动的能力即管理能力，归根结底就是如何以最小的投入产出最大的效益。作为学习模范生的宁波商帮，自然会借鉴、吸收、利用西方先进的管理技术，做到为我所用。

一、企业架构

企业组织是否能够有效地运行，很大程度上取决于组织结构是否合理，也就是说部门之间的分工是否清晰，责任与权利是否一致等。

譬如商务印书馆的鲍咸昌在引进先进印刷技术的同时，大胆借鉴先进的管理方法，对印刷所各部门进行重新组合，使之职责明确，分工合理，成龙配套，大大提升了商务印书馆的生产效率。商务印书馆这次管理改革，全所共设立三大部门。一是管理部门，下设设计部、工务部和事务部。设计部负责设计承印各种教科书、读物、商务文件、票券表格、宣传品、包装品、商标等；工务部负责日程的安排、印刷任务的分配和工人工作的调度；事务部负责全所的财会、出纳和收发保卫工作，并兼管制成品的存放和分发。二是生产部门，下分中西文排字车间、石印车间、彩印车间、影印车间、装订车间，负责承印件的排版、制版、印刷和装订。三是制造部门，附有辅助车间，负责制造各种印刷机械、配件和浇铸中西文铅字，除供应馆内需求外，还通过发行所向外发售。经过鲍咸昌的组织整顿，业务繁多、规模宏大的印刷所成为一个分工明确、责权清晰、高效运转的有机整体。

中化社原来是各部门集中办公，职责不清，效率比较低。为了提升管理效率，方液仙大胆引进西方的科学管理体系，先在总管理处下设科，分科办公，后来又改为四级管理，总管理处下设部，部下设科、股。这样的组织结构不但管理宽度适宜，而且职责明确，也能处理好集权与分权的关系，为中化社形成科学的组织系统及正常运行提供了保证。

业内人士对此评价说:“前者（总管理处之上有一个设计委员会）是一种有计划有统制，能使产销适度；后者（各科和制造、营业并列，直接隶属于总管理处之下）是中央集权，可收管理统一之效。”

随着企业组织构架的改变，企业的管理制度自然也需要随之而变。商务印书馆的鲍咸昌运用科学的管理方法治厂，逐步形成一套完备的规章制度体系。在财务管理上，印刷所初期使用旧式收付账簿，制度不全，财务工作较为混乱。鲍咸昌重金聘请从国外留学回国、学有专长的杨端六进厂，实行新式会计制度，使财会工作步入正轨。

同样，信谊药厂的鲍国昌也抓住企业管理这个关键问题不放，不断对药厂的组织机构、管理环节进行大刀阔斧的改革，逐步建立起了一套现代化管理制度，使信谊药厂很快成为国内规模最大的制药厂。

鲍国昌的管理改革主要体现在以下几个方面。一是制定钟卡制度，规定每个职工上下班须将工卡插入计时钟记录器，记录进出厂的时间，以此作为考勤、核算工资的依据。二是实行报告制度，规定设在海内外的 20 多个办事处，每月必须将当地的经济、西药市场及信谊药品的销售等情况报告总厂部，由秘书审阅后供他亲自过目。三是招聘制度，规定职工一般面向社会公开招聘，职员须经过笔试、面试合格并具有可靠的保方才可录用；工人则除具保外，还须经过体格检查、体力测试和听读英文字母考评等。四是实行勤到金制度，规定全月不迟到早退、不请假者加发一天工资；全年不缺勤者加发一个月工资；病假满一个月的作自动退职论。五是实行奖学金制度，鼓励职工学习文化知识，可凭收据报销学杂费；子女入学后的学费，也凭学校成绩单向厂方报销。六是发放男职工结婚津贴，结婚可加薪 10%，生第一个小孩再加 5%，生第二个加 3%，加至 21% 为止。七是规定女工不能结婚，查明已婚者即辞退；上班不准穿花衣，不准烫发，只准穿蓝色士林布服装。八是实行红包制，对工作勤奋的职工，发薪时另加一张支票，以示奖励。九是严惩窃贼，对有偷窃行为者，经查属实，不论何人均挂牌除名。这套管理制度，除了针对女工的第七条受时代局限显得不近情理外，其余的即使今天看来，也称得上赏罚分明，注意调动职工的积极性。

同时，鲍国昌还建立了以他为首，由厂部及处级干部 10 余人组成的厂务委员会，作为全厂的综合领导核心。在总经理、副总经理之下分设总务处、秘书处、营业处和化学生物化验部、各制造部、会计部、广告部等三处十二部一科，健全各级组织，充实精干力量，具体执行上述管理制度。很快，信谊药厂内部人人各司其职，各部责任分明，事权明确集中，逐渐形成一种紧张融洽的气氛。鲍国昌认为，这种气氛是企业经营成功的重要因素。

鲍国昌还很关注专业人才的引进和使用，真正做到知人善任，发挥所长。鲍国昌的观点非常明确:“从来没有一家工厂是因为工资高而关闭的。”“高工资能够出人才、出产品。”因此，他不惜重金高薪罗致从海外学成归国的高级医药人才，如留学法德的药学教授潘正寿，法国里昂大学毕业的化学博士林世瑾、医学博士毛守白，留学美国的药学博士蓝春霖等。到20世纪40年代初，信谊药厂引进了18位留学欧美的药学、化学博士，聘用了多名来自震旦大学和交通大学的优秀毕业生，使信谊形成了技术力量密集的优势。同时，他还邀请上海立信会计事务所专家潘序伦及其助手，为信谊药厂设计了原料领用单、生产用料单、生产成本核算表等各种生产报表，原料药、成品药账目清晰明了，这样可以预先进行生产安排，避免了库存积压。

为了调动高端人才的积极性，鲍国昌非常注重他们的福利。1940年，鲍国昌买下了虹口崇明路82号占地5亩的德邻公寓全部房产，还买进北四川路底敏德坊的几十幢住房，分给厂里部长级以上的高级职员作住宅。年底发红包时，还给高级职员发信谊药厂的股票，让他们都做股东，把个人利益与企业发展紧紧地捆绑在一起。

信谊后来研发的国内领先的新药如止痛药“息宁痛”、抗过敏药“苯海拉明”、抗晕动药“晕海宁”等，都是这些人才研制出来的。尤其是1939年开始生产的抗菌药“消治龙”，打破了当时抗菌素完全依赖进口的局面，畅销国内及东南亚各国，被誉为“云中之龙，药中之王”。在鲍国昌的科学管理下，仅仅10年时间，信谊药厂就从一家弄堂小厂发展成为享誉世界的“远东第一大药厂”。

二、股份制模式

“股份制”亦称“股份经济”，是指以入股方式把分散的、属于不同人所有的生产要素集中起来统一使用，按股分红的一种经济组织形式。明清以来长期闭关锁国，商品经济不发达，导致企业底子薄，本钱少。企业发展需要大量资金，为了企业快速发展，就不能沿用小农经济时期单打独斗的思维模式，必须与人合作，吸收和利用别人的资本，甚至外国的资本。股份制模式，恰恰提供了一种非常好的企业发展模式。

在宁波商帮创业史上，采用股份合作制和类似形式的公司不计其数。早期最有影响的商务印书馆，就是由夏瑞芳、鲍咸恩、鲍咸昌、高凤池等4位同学采用股份制形式创立的。

竺梅先（1889年—1942年，奉化人）与金润庠（1890年—1961年，镇海人）两位同乡兼好朋友，都是中国近代民族造纸业的先驱。1927年，竺、金二人见造纸业利润丰厚，便一起筹资28万元，盘进嘉兴禾丰造纸厂，易名为“民丰造纸股份有限公司”。1931年，又以29.05万元购进了杭州武林造纸厂，改组为华丰造纸股份有限公司。二人于上海成立民丰、华丰总公司，设董事会，竺梅先任总经理，金润庠任协理。

一战前后，中国民族造纸工业力量十分薄弱，外资公司实力雄厚，占据大量市场份额，每年赚取巨额利润。为改变这种状况，本土造纸厂必须要扩大生产，投入对纸板的研发，以与外资厂家竞争，但竺梅先、金润庠两人资金实力有限。为了提升生产能力和生产技术，竺梅先、金润庠两人借鉴股份制模式，积极联合华资造纸厂家，于1932年组建了“国产纸板联合营业所”，这样他们就能汇集资金建造生产流水线，购买国外的先进设备，重金聘请外国专家。经过努力，他们成功试制出了薄白纸板，不久又生产出了卷烟纸。这些产品迅速走俏市场，打破了西方白纸板和卷烟纸垄断的局面，为民族造纸工业的发展作出了贡献。

创立五洲药房的项松茂（1880年—1932年），名世澄，别号渭川，浙江鄞县人，是中国新药业先驱。项松茂曾投资多家企业，横跨众多工商业领域，担任13家企业的董事，是上海实业巨头之一。为了扩大经营事业，1931年，项松茂参与筹建了宁波实业银行，同年还合伙承办沪闵南柘长途汽车公司。这种引进外部资金的股份制形式，让企业很快得到了发展壮大。

股份制模式不仅可以吸收资金入股，也可以用智力或者技术入股。吴蕴初（1891年—1953年），上海嘉定人，著名的化工实业家，中国氯碱工业的创始人。吴蕴初研制出味精后，却因资金问题始终无法办厂生产。

张逸云（1871年—1933年），浙江镇海人，清光绪十九年（1893年）举人，早年继承其家族在上海的酱园业，成为拥有酱园9处、门市部近百家的沪上酱园业巨子。当张逸云得知吴蕴初研制出味精却无力办厂后，就出资25000元，吴蕴初以技术入股，二人于1923年创办天厨味精厂，生产“佛手牌”味精，厂里的具体事务基本由吴蕴初经管。

周祥生之所以能成为上海的“出租车大王”，除了个人独到的经营眼光外，也与熟悉外汇行情的好朋友李宾臣的入股和帮助密不可分。

余芝卿（1874年—1941年），字茂芳，浙江鄞县人，中国橡胶工业先驱。“一个好汉三个帮”，余芝卿投资橡胶行业，最终成为“橡胶大王”，跟他的好朋友、橡胶工业专家薛福基的建议息息相关。正是薛福基的建议，让正处于事业迷茫期的余芝卿果断投资橡胶工业，创办著名的大中华橡胶厂。薛福基不仅替余芝卿指明了事业发展方向，还推荐自己的叔叔薛仰清加盟大中华橡胶厂。正是薛仰清的专业技术，帮助余芝卿成全了自己的企业家之梦。

在宁波商帮创业的过程中，这一西方舶来的股份制经营模式，可以说被运用得炉火纯青。如1897年5月开业的中国自办第一家商办银行——中国通商银行，就是通过股份制模式，由宁波商人叶澄衷、严信厚、朱葆三等入股创办的。中国通商银行名为商办，实系奉旨设立，具有官商性质。中国通商银行章程规定“权归总董，利归股商”，经营大权主要由督办全国铁路事务大臣盛宣怀一人独揽。1908年成立的四明商业银行，则是一家完全由宁波商人投资创办的股份制商业银行，这家银行被视为宁波商帮的金融根据地，也是上海最重要的14家银行之一。

三、人力资源管理

企业是由人、财、物构成的一个组织，在这个组织结构中，人的要素居于主导和决定地位。古人云“谋事在人”“事在人为”，讲的就是这个道理。企业经营获得成功，无非就是做好技术与管理两件事，但技术和管理都是由人来推动的，因此，企业竞争核心就是人才人力的竞争。做好人的工作，调动人的积极性，发挥人的作用，是企业管理的第一要义。

宁波商帮之所以能在激烈的商海竞争中脱颖而出，一个重要的原因就是充分认识到人力资源是企业第一生产力，在企业发展中起到至关重要的作用。企业管理的要旨是以人为本，企业人员一般分为紧缺型人才和普通员工，对这两类人员，势必要采用不同的管理方法。

对于紧缺人才，要敢于给予特殊待遇。譬如商务印书馆，之所以能从一个印刷账册等简单产品的印刷厂，发展到出版教科书、《辞源》《华英音韵字典集成》等重要工具书和许多有影响图书杂志的中国最著名出版社，都源于1902年张元济的加入。如何让这位怀揣“教育救国”梦想的学人放手做事，商务印书馆可以说给张元济提供了一个尽情发挥其才能的舞台。

首先给“位置”。1902年张元济进入商务印书馆后，历任编译所所长、经理、监理、董事长等职，商务印书馆董事、经理对他主持的出版事务全力支持，不加干涉。

其次给待遇。每个月都给张元济支付高薪，年底不仅给他分红，还送他商务印书馆的股份。

再次，满足张元济“教育救国”的梦想。张元济曾说，“能使古书多流传一部，即保存上多一份效力”。为成就张元济挽救民族文化遗产、发扬优秀文化传统的梦想，总经理鲍咸昌不惜工本，从1922年起，安排大量熟练技师和工人精工开印古籍《四部丛刊》。该书分经史子集，共323种8548卷，分装2100册，为我国印刷史上的一大壮举。1926年再版，将规模增加到8573卷2112册，

为了方便查阅资料，1904年起，编译所所长张元济着手筹建图书馆。积沙成塔，到1909年，编译所已经有了一个像模像样的图书资料室，取名“涵芬楼”。在涵芬楼藏书基础上，1922年，商务印书馆又在总厂对面建起一幢5层大楼作为馆舍，定名“东方图书馆”。之所以花巨资建设东方图书馆，出于以下几个方面的考虑：一是为编译所提供古今中外各种备用参考书，以提高编译人员的知识素养，保证书刊质量；二是扶助教育，供学校师生及各专业人员进行教学、研究之用，特别为经济困难、无力购书的穷学生提供免费阅读之便；三是防止古籍珍本被外国人购去而散佚，旨在保存民族文化遗产；四是为整理、出版影印古代文献提供母版，使之流传后世；五是实现张元济的心愿。

在商务印书馆的大力支持下，张元济对于收购古籍和善本书倾注了极大的心力。从1918年到1936年，张元济每天下午5点左右接收书店外勤人员收来的书籍，回家后仔细阅读，精心鉴别，批示价格，予以收购收藏。可以说在古籍和善本书的收购收藏上，商务印书馆花费了巨资。

1926年5月2日，值商务印书馆馆庆30周年之际，东方图书馆正式对外开放，并举行盛大的开馆仪式。1932年，东方图书馆的藏书由1924年的10万册快速增至46万册，包括宋、元、明、清版本的抄本、稿本等珍本善本，还藏有比较齐全的地方志和中外杂志报纸等，东方图书馆成为当时亚洲最大的图书馆。

1932年一·二八事变，日军入侵上海。丧心病狂的日本海军司令盐泽幸一指挥日军飞机连续3次轰炸商务印书馆，东方图书馆被毁，30多年来收集所得的大量中外图书，积累多年的全部中外报纸杂志，极其珍贵的省府州县地方志及编译所所藏各项参考书籍及文稿均化为灰烬。尽管东方图书馆毁于战火，但商务印书馆投巨资帮助张元济实现梦想的决心毫不动摇，因为张元济的梦想不是他个人的梦想，而是“教育救国”的民族梦想。

新文化运动后，商务印书馆在图书出版上已经明显落后于时代，必须借助外力来推动内部改革。1921年，鲍咸昌请来新文化运动倡导者胡适，后来胡适又推荐王云五加盟商务印书馆。1922年，王云五就任编译所所长，鲍咸昌放手让王云五大刀阔斧地对编译所进行改革。

王云五首先对编译所原有的228名人员进行筛选，留下86人，新进146人，补充了大量具有新文化思想的编辑；人才结构按照学术分科进行组合，设立国文、英文、哲学、教育、史地、数学、物理、化学等部；高额薪酬使商务印书馆罗致了国内各科专家来主持新设各部。可以说经王云五的大手笔改革，商务印书馆一时人才荟萃，陈云、张元济、茅盾、周建人、郑振铎等，都曾在商务印书馆任职。王云五就任编译所所长，为商务印书馆奠定了人才优势，对商务印书馆后来的发展产生了深远的影响。事实证明，鲍咸昌请对了人。

应该看到，企业管理人员或技术人员，能够帮助企业确立宏观发展方向，生产有市场需求有竞争力的产品，但具体细微的工作，还需要大量的普通员工来执行和落实，企业的利润也主要由他们来创造。那么如何管理普通员工呢?

宁波商帮的企业家们看到，近代中国经济发展落后，百姓普遍比较贫穷，生活物资匮乏；大部分人没有受过教育，工人的文化程度非常低；很多人背井离乡，外出打工，只是迫于生计。打工者自由散漫的生活方式，完全无法满足企业生产经营准军事化管理的要求。为了获得符合要求的企业员工，宁波商帮企业家们采用多种渠道多种方法，加强对企业职工的教育培训，提高他们的整体素质。

在人事管理上，商务印书馆就实行刚柔相济的人性化管理办法。企业需要严格的组织与生产纪律，纪律是刚性的，但管理却可以充满人性的温暖。

商务印书馆的考勤计工制度非常严格，职工每人有一本工卡，上下午进厂时，必须将工卡插入特制的考勤计时钟钟芯内打卡；迟到者不得入内，作为缺勤处理，工资科按工卡结算工资。这项制度人人都须遵守，鲍咸昌以身作则，除了因事外出，从不迟到早退。工作时间内，厂部也常派员到各车间巡查，以防员工早退或擅离工作岗位。

严格的考勤制度背后，还有人性化的配套管理措施。如职工每年有20天事假，事假期间工资照发。年底根据企业收入情况，给职工发放奖金；退休职工有退休金；为鼓励职工把子女送到学校进行教育，企业发放子女教育扶助金；星期天休假；女工产假2个月，产假期间工资照发；对刚进公司的学徒，送到专门学校进行培训，学习期间除供应食宿外，每月发给零用钱2元，年终与高级职工享受同等比例的花红（一般相当两三个月的工资）。鲍咸昌还经常鼓励学徒在工作之余学习书法、算术、珠算等，并为职工举办各种文化补习夜校，由馆内学者兼任教师。

为了给普通员工上升的空间，根据平时的业绩记录，在职工中择优选拔班组长，部门、车间负责人则根据德才标准提名，报请公司领导研究任命。对各级管理人员给予独立事权，分层管理，服从总经理的统一领导。这些制度的实施，调动了全体员工的积极性，使得企业得到了很好的运转，工作效率也不断提高。

除商务印书馆外，其他宁波商帮企业也采取了类似的人员管理和人才策略。

银行家俞佐庭（1889年—1951年，浙江镇海人），从20世纪30年代就积极提倡职业教育。俞佐庭说："工厂商店职工文化水平和业务水平的高低，直接影响工厂产品的良莠和商店营业的盛衰。"大多数职工在就业前失去学习机会或者学非所用，他们迫切要求学习文化，学习职业技能。为了提升职工的文化水平和业务水平，俞佐庭多次开办商业职业学校和商业补习夜校劳工班，鼓励职工在工作实践中把传授的专业知识和实际操作结合起来，学以致用，培养出大量商业人才。

船王包玉刚20世纪50年代初涉航运业时，发现香港海员行业混乱不堪。香港人把在远洋轮船上的工作称为"行船"。由于"行船"风险大，与家人团聚时间少，一般人不愿干，所以香港"行船"的海员，大部分都是一些文化素质较低、经济地位差的人。包玉刚意识到，这样的海员难以担当发展航运事业的大任。

1965年，包玉刚成立了环球航海训练学校，自行培养海员，训练"新军"。学校免费传授"行船"知识，学成之后需要签一份3年的服务合约，约满后可以自己决定去留或另寻他途。1965年到1982年间，环球航海训练学校共为环球航运集团培训了1700名行政人员、水手和工程师。这些人员为环球航运集团的繁荣昌盛作出了巨大贡献，成为集团的骨干力量。

不少人认为，包玉刚如果不是很早就创办了一所培训学校，培养出大批有学识、有技能、有士气和归属感的“子弟兵”，环球航运集团就无法承担那些急难险重的航运任务。1983 年波斯湾战争期间，环球航运集团的船员驾驶三四十万吨的巨型油轮，穿行在硝烟弥漫的航线上，如果没有过硬的船员，很难想象能完成如此艰巨的任务。

包玉刚对此也深有体会。他说，企业要发展，员工素质是关键。企业要想取得辉煌的成就，就要建立一套正确、合理的人事管理制度，培育大批员工，作为企业发展的后备力量。环球航运集团如果没有环球航海训练学校的员工作基础，想夺取“世界船王”的桂冠并非易事。

三友实业社的陈万运 (1885 年—1950 年)，又名遇宏，慈溪掌起镇东埠头人。三友实业社生产的“三角”牌毛巾曾畅销国内，大幅挤压了“铁锚”牌毛巾等日货市场份额。由于经营管理得法，三友实业社发展很快。陈万运虽然是企业老板，但他自称是“股东的经理人”，职工的“头头”。他“与职工站在同一方面”，而且“处处为职工着想”。他经常吃住在厂里，与员工同甘共苦，同时非常关心职工的生活福利。

20 世纪 20 年代，上海大中型工商企业职工月薪一般仅 5 元，烟杂店仅 3 元，但三友职工的月薪已达 20 元，年终还向职工送红股，职工薪酬远远高出其他企业。陈万运还为职工建造宿舍、浴室、医疗处，开设俱乐部、图书室、文化技术补习班。在选人用人问题上，陈万运主张择优选贤，实行亲族回避制，并以身作则，从不介绍亲属进三友就职。公开公平的用人制度和高额薪酬，为三友集聚了大量人才，改善和提高了三友员工的综合素质，为企业的快速发展打下了坚实的基础。

丁佐成（1897 年—1966 年），浙江镇海人，仪表专家，中国现代仪器仪表业先驱。丁佐成毕业于南京金陵大学物理系，1923 年获美国芝加哥大学电器工程专业硕士学位。1927 年，他组建了中国第一家仪表制造厂——大华科学仪器厂股份有限公司，任总经理。作为一个高学历人才，又有在中国和美国大学任教经历的学者型企业家，丁佐成十分关心职工的疾苦。

1937 年八一三淞沪会战前夕，大华科学仪器厂上海四平路分厂地处前线，丁佐成十分担心职工的安危。为了保证职工的安全，他亲自去四平路分厂，带领全体职工绕道虹口香烟桥，经二白渡桥回到虎丘路老厂暂避。上海沦陷后，大华职工都避难在虎丘老厂，人数众多，经济很困难。丁佐成想方设法维持职工生活，对留在厂里的工人照旧发给工资，对部分高级职员则只发生活费。

平时，丁佐成很关心职工的福利待遇，不仅负责供应午餐，菜肴品种也很丰富。逢年过节还向工人赠送精美的应时食品，年终发给双倍工资。这位仪表专家深受职工的拥护和爱戴，大家上下一心，研制出了第一台国产船舶和航空用无线电收发报机、第一只国产仪表——R301 型直流电表。

天厨味精厂创立者张逸云，提供给职工的福利待遇为当时国内工商界所罕见。他建设“崇德堂”，给去世的职工开立神牌，春秋祭祀；他设立基金会，对生活困难及死亡职工家庭给予救济补助，为患病职工支付医药费。这些管理措施，把职工与企业紧紧地联系在一起。

管理的最高境界是帮助人实现自我价值，这就要求企业经营者有博大的胸怀，关心员工的生活和成长。成功的企业家，只有靠自己的人格力量来感染人、团结人，公平公正地对待员工，让员工有归属感、获得感，这样的企业才有凝聚力和向心力，企业才能有源源不断的发展动力。

管理重要的一点是赢得人心。白居易在《与元九书》中说：“感人心者，莫先乎情，莫始乎言，莫切乎声，莫深乎义。”意思是说，能够打动人心的，没有能超过情感的，没有不是从语言开始的，没有比声音（韵律）更切合的，没有比道理更深入的。“动人心者莫乎诚，结人心者莫乎利，固人心者莫乎和。”无论是“攻心”“治心”还是“合心”“用心”，其根本都在于“得人心”，毕竟得人心者得天下。

第五章

宁波商帮之商之德

提到企业家，人们首先想到的是他们的商业成就和财富积累。然而，真正的企业家，内涵远不止于此，它还包括企业家精神，即对社会的深切关怀和积极贡献。习近平总书记指出：“企业既有经济责任、法律责任，也有社会责任、道德责任。”这不仅是对企业家的期望，也是对他们的要求。正如古语所云：“志士仁人无求生以害仁，有杀身以成仁。”这既是对企业家个人品格的最高要求，也是对企业家精神的一种深刻诠释。

创造了巨额物质财富后，灵魂将如何安放？司马迁在《史记·管晏列传》有这样一句话：“仓廪实而知礼节，衣食足而知荣辱。”“仓廪实”指的是物质富裕，“知礼节”则指良好的素养。物质和精神是两个不同的层面，它们不可能自发地趋向统一，需要通过社会教化才能达到协调和发展。

推动平民教育运动的教育家陶行知先生，常引用伊斯兰教创始人穆罕默德的一句话来教育学生：“假使你有两块面包，你得用一块去换一朵水仙花。”这里的“水仙花”是一种隐喻，指的是“心灵和精神追求”。这种精神追求或是家国情怀、公平正义，或是自己的梦想、内心的良善和悲悯。一个商人内心有了对水仙花的追求，才能免于沦为物质的奴隶，才能保持应有的精神生活。这样他的生活才会有一种张力，让他能在苦难中看到希望，在幸福中免于沉沦。

经济基础决定上层建筑，经济的发展推动文明进步，文明的进步依仗经济发展，二者相生相随，水涨船高。一个文明的社会不仅仅是由物质积累实现的，不要忘了还有精神家园，不要忘了灵魂的自我修炼，不要忘了信仰的力量。

千百年来，古今中外，没有一个人是因为积累了亿万财富而被人们长久纪念的。留存于民间的名声，几乎全部来自德行与公共行为。一名商人挣了多少钱，只是表明他的营商能力，但要得到人们的敬重，则要看一个人的内在精神和道德修为。

传统儒家追求的人生理想是“内圣外王”。所谓“内圣”，即注重内心的修行，正其心，诚其意，达到仁的境界;“外王”，指做事的本领、手段、修为，最终目的是为更多的人服务。可以看到，儒家“内圣外王”的人格理想，是要求以圣贤的人格为价值取向，以个体的道德自觉为修身原则，最终挺立于天地之间，担当起国家和民族发展的重任。

日本与中国同处东亚文化圈。日本企业家松下幸之助曾说:“企业是社会公器，他存在和发展最重要乃至唯一的理由，就是给社会增加福祉。”稻盛和夫也说:“不论你多么富有，多么有权势，当生命结束之时，所有的一切都只能留在世上，唯有灵魂跟着你走下一段旅程。人生不是一场物质的盛宴，而是一次灵魂的修炼，使它在谢幕之时比开幕之初更为高尚。”

宁波商帮的德体现在什么地方？那就是家国情怀！深受儒家文化影响的国人，追求的是修身齐家治国平天下，即强调个人修为，重视亲情，心怀天下。致富后的宁波商帮也不例外。

鸦片战争之后，中国社会处于内外交困之中。内部政治腐败，经济凋敝，阶级矛盾空前尖锐，大量人口死亡，国家实力雪上加霜。外部西方列强一次次入侵，清政府一次次割地赔款，大量西方工业产品进入中国倾销，社会财富加速外流。内外交困，淘空了这头“睡狮”最后的活力，也扫去了“东方巨人”最后的颜面。

严峻的局面，使得社会中有责任心、有格局和视野的开明人士，不得不思考如何力挽狂澜，救国家民族于危亡。他们站在各自的立场，提出了各种主张。可以说，当时各种社会思潮迭起，救国方案纷呈，有政治上的制度变革，思想上的文化启蒙，经济上的振兴实业，乃至教育救国、科学救国等，不一而足。

这一章从政治、教育、实业、慈善等四个方面，来呈现宁波商帮的德行。

第一节　商之大者为国为民

进入 20 世纪后，辛亥革命、抗日战争、中华人民共和国成立、抗美援朝、改革开放、香港和澳门回归，构成了中华民族复兴的路线和图景。在每个重大历史事件中，都闪现有宁波商帮的身影。

戊戌变法前后，国家和民族危机日益深重，许多接受了西方政治、经济、社会、文化思想的有识之士，对腐败无能的清政府彻底绝望，开启了暴力推翻清朝政权之路，其中的代表人物就是中国民主革命伟大先驱孙中山先生。

为实现中华民族的复兴，1894 年，孙中山先生在檀香山创立兴中会。1905 年，孙中山先生又联合多个革命团体，在日本发起成立了中国近代第一个资产阶级政党——中国同盟会。

孙中山先生领导的革命派在国内联络会党和新军，组织和发动了一系列武装起义。这些武装斗争大都因为力量弱小、孤立无援而失败。虽然屡遭挫折，孙中山先生仍然前仆后继地斗争。

在孙中山先生革命运动最艰难的时候，宁波商帮中胸怀振兴中华梦想的人士，积极资助甚至参与到革命活动中，尤其是在宁波商帮发迹的重镇上海。辛亥革命中，上海能够顺利光复，其中一点就是革命党借重宁波商帮的力量，通过宁波商帮的经济支持、政治参与和社会动员，最终推翻清朝统治，建立了共和政权。孙中山曾称宁波商帮为“革命之经济后盾”。陈其美更直言“无甬商，则上海光复难成”。

抗日战争时期，宁波商帮向国共两党资助了大量的资金，用于购买武器弹药。宁波商帮还大量救助伤员和难民，为争取抗日战争的胜利作出了重要贡献。

改革开放后，以船王包玉刚为首的一大批宁波商帮人士，积极响应祖国的号召，回到阔别 30 年的故土，投资兴业，参与到祖国的经济建设中。20 世纪 80 年代，投资大陆的主体是港澳台资本，其中发挥领头羊和核心作用的是宁波商帮。正是他们在大陆不断投资兴业，逐渐使西方消除了对中国改革开放政策的疑虑，才有了 20 世纪 90 年代西方资本大量投资中国大陆，开启了中国大地轰轰烈烈的经济建设热潮。

香港是宁波商帮聚集的重镇，他们曾为香港的繁荣富强作出了巨大贡献。同样，他们也为香港的顺利回归起到了不可替代的作用。

一、“苟利国家生死以，岂因祸福避趋之”

赵家藩（1872 年—1925 年）、赵家艺（1876 年—1926 年）两兄弟祖籍慈溪洪塘赵家洋。其父赵立诚年轻时弃儒习贾，去上海经商，从钱庄跑街做起，经过十几年的奋斗，成为上海钱庄业的领袖。当年赵家的航运和钱庄等产业遍及上海、苏州、杭州、宁波等地。赵家兄弟年轻时都考取了秀才，不过兄弟两人都不愿意当官，而是赴日本留学。在日本留学期间，他们了解了孙中山的学说，加入了同盟会。

1902 年赵家藩东渡日本，留日期间结识了孙中山、张静江，亲聆革命大义，积极参与孙中山组织的革命活动。孙中山开展反清活动需要物质保证，赵家藩与其弟赵家艺在孙中山困难时，大力为其提供活动经费。有资料显示，1903 年间，赵家藩与张静江（人杰）经营海外贸易，行商于欧洲、亚洲，经营所得全部资助孙中山。据说二人资助经费累计达百万余金，其中大部分由张静江捐输，赵家藩所输也为数不少。

1907 年，孙中山先后在两广地区组织发动潮州、黄冈起义，惠州七女湖起义及钦州、廉州起义和镇南关起义。由于所需款项巨大，孙中山到处奔波筹资。当陈其美获知孙中山的困境后，把这个消息告知赵家藩与赵家艺兄弟。两兄弟手头现金不多，但他们二话没说，当即回到宁波，贱卖了祖上留下来的 300 亩土地，所得资金悉数交于孙中山。

由于暴力革命一次次失败，赵家藩、赵家艺兄弟对于如何挽救国家与民族，产生了与鲁迅先生同样的想法，即疗救国民思想，把人们从麻木中唤醒。为了让民众了解同盟会的奋斗目标，他们兄弟俩将资助重点转向了舆论宣传。

1909 年 5 月，于右任在上海租界创办《民呼日报》，10 月 3 日改名为《民吁日报》，一年后再创《民立报》，这是辛亥革命时期革命党人在国内销路最广、影响最大的一份报纸。中华民国临时政府成立后，该报发表了《中华民国临时大总统宣言书》以及临时政府的各种消息，实际上成了中华民国临时政府的机关报。这 3 份报纸的创办，都有赵家藩参与集资。1911 年 7 月 31 日，中国同盟会中部总会在上海成立，赵家藩提供了资金支持。中华民国成立后，孙中山当选临时大总统。不久孙中山辞去大总统职务，赵家藩亦辞职返沪，继续经商。在沪期间，赵家藩兄弟仍尽力支持革命活动，资助革命同志。

1912 年 3 月，孙中山先生多次来沪发表演说，畅论民生主义问题，指出“共和初成，兴实业为救贫之良剂，为当今最重要之政策”。赵家藩、赵家艺兄弟俩和徐郎西、陈正训等响应孙中山的号召，共同创办平民共济会，其宗旨为组织平民、自立救助和发展实业。他们同时创办《生活杂志》，宣传实业救国，倡导农工革新，研求强国富民之路。但因倡导自救以求发展的设想实施存在困难，之后同志逐渐星散，平民共济会也随之中止。

1916 年 8 月，孙中山到杭州、绍兴、宁波等地考察。在宁波考察期间，均由赵家艺陪同。8 月 23 日，孙中山在宁波举行演讲，提出三点期望，其中第一点中说道：“宁波人对工商业之经验，本不浅薄。而甬江有此良港，运输便利，不独可将商品运输于外洋，若能悉心研究，力加扩充，则母地实业既日臻发达，而甬人之营业于外者，自无不随母地而益形发展矣！”整顿宁波港，就是源于孙中山的这次演讲。

1921 年 10 月上海发生“信交风潮”，由于国内银根趋紧，股票开始下跌，大量信托公司和交易所纷纷倒闭。1922 年初，金融动荡加剧，银根越来越紧，上海证券物品交易所四面楚歌，濒于倒闭。作为上海证券物品交易所股东，赵家藩、赵家艺兄弟在这次金融风潮中损失惨重，加之多次捐助革命，家财散尽，渐渐陷于破产境地。赵家兄弟在上海的最后几年，境况凄凉，《鄞县通志》称他们“金尽交散，穷愁无俚”。

1925 年 3 月 12 日，孙中山病逝于北京，赵家藩听闻后痛心不已，生病倒下。病榻上，他曾言：“孙先生逝矣，我亦将随往。”随后竟于 3 月 21 日殁于上海，前后相距不到 10 天。孙中山先生和兄长相继去世，赵家艺悲痛异常，不久也在病痛中离开人世。

二、“事了拂衣去，深藏身与名”

1913 年，清末荣禄大夫李梅塘四子李薇庄去世。孙中山先生从陈其美、于右任等处获知这一消息后，特书“子孙永保”四字以示哀悼（见图 5–1）。

图5–1 孙中山先生手迹

李薇庄（1873 年—1913 年）是镇海小港李氏家族第三代，他的爷爷李也亭（1807 年—1867 年）是清末国内航运业巨擘，曾一度垄断江浙沪沙船业，是老上海和宁波商帮著名家族商业集团“小港李氏”的创基人，这一家族也被史界称为“江南望族”。李梅塘是李也亭的独子，他的 7 个儿子均是清末民初沪甬两地社会名流，其中李薇庄、李征五是辛亥革命时期上海的风云人物。

李薇庄曾任清廷江苏裕苏官银钱局总办，清廷四品官员。1908 年，他奉命到日本考察，在日本的世交赵家艺来看望他。他们对清王朝的认识比较一致，觉得非狠心一搏，中国不会有出路。由赵家艺暗中介绍，李薇庄在日本加入了同盟会。赴日前，李薇庄还是清朝四品官，回国后竟成了革命党人。

1911 年 10 月 10 日武昌起义爆发后，中国同盟会中部总会革命党人陈其美急欲在上海起事，但苦于没有经费。陈其美找到李薇庄，李薇庄从官库拿出 10 万银圆供其使用，这也成了辛亥革命上海起事的第一笔大宗经费。这笔钱当初议定由参与起事的宁、绍、杭、湖等埠商号同出借据作为捐饷，待事定后归还官库。不料事隔几日便遭人告密，江苏巡抚派人来查，李薇庄无法说出真相，因而被拘押于苏州知府衙署。

上海起义成功后，原议定认捐还款的商号多因亏耗或歇业无力偿付，于是有人针对上述经费的去向对李薇庄恶意中伤。李薇庄一怒之下，把借据全部焚毁，以示独力承担。后来据说这笔款项由李薇庄的大哥李云书以李家私财垫还。

民国元年，沪军都督陈其美等人推选李薇庄为同盟会总部评议员，但李薇庄终因精神压力过大，年仅 41 岁就去世了。孙中山先生得知此事后，深为李薇庄为革命“毁家纾难”的精神感动，遂亲笔题赠“子孙永保”四字以示哀悼。李薇庄为辛亥革命忍辱负重，功不可没。

李征五（1875 年—1933 年）是李薇庄的胞弟，上海滩青帮大亨，捐有湖北候补道官衔（二品衔），也是同盟会会员。李征五 15 岁在宁波开始经商，成年后到上海，负责李氏家族（坤房）绢丝公司。他是晚清政府军机大臣王文韶的女婿，但对清政府的腐败深恶痛绝，对慈禧太后张口便骂“死老太婆”，对孙中山领导的革命运动非常向往。

清光绪十九年（1893 年），宁波大饥，李征五遵父命办粮万担，赈济灾民。他还在家乡创办益智学堂，成为一郡之冠。宣统元年（1909 年），为联络华侨集款支持革命军，李征五赴南洋筹备华商银行。

武昌起义爆发后，上海革命党人决定添练新军以备调遣，李征五捐出百万私产，还与老乡方樵苓发起“中华民军协济会”筹集巨款，支援民军。李征五招募新兵 5000 人，每人给以安家费，配备武器、弹药，组成光复军，自任统领。此时，张宗昌率领 500 多人，马 300 余匹，分乘 3 艘海船由山东到沪，前来投奔李征五。李征五见张宗昌人高马大，貌似戆直，说愿收他为徒，张宗昌立即下跪叩了三个响头。李征五哈哈大笑，当即委以重任。李征五向陈其美报告，委任张宗昌为光复军骑兵独立团团长，后来张宗昌叛变革命，成为奉系军阀头目之一，长期盘踞山东。

武昌起义后，各省纷纷响应。此时江南提督张勋负固金陵（南京），李征五即遣部属黎天才率光复军，前往南京支援革命军。后来李征书被授予临时少将军衔。

1911 年 8 月，李征五在上海由谭人凤介绍加入同盟会。入盟后，他在北火车站爱尔近路（今安庆路）庆祥里住宅附近，开办了一家木柴公司，作为革命党人的秘密联络点，资助革命经费高达规银1万两。

1911年11月上海光复革命行动中，李征五于4日凌晨督率敢死队，拿下清政府在上海的最后堡垒——江南制造局。江南制造局是当时国内生产新式武器最大的兵工厂之一，革命军攻克后获得了大量军火。李征五在上海光复革命中立下大功，沪军都督府成立后，他被任命为市政厅长。沪军都督府共统有五军，李征五的光复军是最强主力之一。

1912年后，辛亥革命战事结束，李征五遂功成身退，重新回归平民身份。李征五闲暇雅好戏曲，常赴戏园听戏，与名伶多有相善。梅兰芳首次来沪时，李征五便前往捧场。李征五对多位名伶均有提携，如梅兰芳、程砚秋、荀慧生、尚小云、余叔岩、王凤卿、杨小楼等。

古今中外，有几个人在革命成功后不分享胜利成果的？李征五的所作所为，真正展现了中国文化中“侠”的精神，正如李白《侠客行》一诗所说：“事了拂衣去，深藏身与名。”

三、“移情阁”里相思情

孙中山先生为中国革命和现代化作出了巨大贡献。他一生有很长一段时间在日本度过，为了纪念这位伟人，在日本神户兵库县须磨海滨，建有一幢八角三层的建筑，这就是中山纪念馆。

这幢建筑叫“移情阁”（见图5-2），建在吴锦堂别墅“松海别庄”东侧。2001年11月，移情阁被日本文部科学省指定为国家级重点文化遗产。

1914年，吴锦堂迎来了他的59岁大寿，这也正好是他到日本的第30个年头。为了庆祝寿辰，吴锦堂在松海别墅旁动工建造了一幢三层洋楼，次年5月完工，取名“移情阁”。移情阁呈八角形，俗称“八角堂”，据说起此名是为寄托自己对故乡的思念之情。后来孙中山先生到神户时，就居住在这里。

吴锦堂（1855年—1926年），名作镆，字锦堂，慈溪市东山头乡西房村人，中国近代爱国华侨、实业家。吴锦堂出身贫寒，31岁时由上海赴日本经商，后来成为大阪、神户地区著名的产业资本家。日本作家黑部亨曾撰文，把吴锦堂和神户纺织业奠基人武藤山治并称“为神户照亮前途的人”。

吴锦堂非常关心国家和民族的兴衰存亡，他在积极创业的同时，也热心支持国内的革命活动。早在戊戌变法时期，康有为、梁启超的维新思想就在日本神户华侨界引起巨大反响。戊戌变法失败后，梁启超于1902年逃亡日本，在神户登岸，吴锦堂隆重接待了梁启超，并与梁启超合影留念。

图5–2　移情阁

自 20 世纪初，吴锦堂便与孙中山的革命活动结下渊源。孙中山在长期的革命生涯中曾多次赴神户，辛亥革命前，吴锦堂已通过侨界活动与孙中山建立联系，向革命事业捐款，并将私邸作为同盟会神户机关办公场所。1911 年辛亥革命爆发后，吴锦堂即联合阪神华侨成立中华民国华侨统一联合会，在随后 4 个月内组织大规模声援活动，通过筹集资金、宣传革命理念等方式支持国内的革命进程。1914 年，孙中山在东京组建中华革命党后，神户成立该党支部，吴锦堂与王敬祥、杨寿彭等侨界领袖均为神户支部重要成员，积极协助孙中山开展反袁斗争等革命活动，与孙中山保持密切联系。

中华民国南京临时政府成立后，孙中山就任临时大总统，吴锦堂更以鲜明的态度支持新生的共和政府，并资助上海军政府 16000 两银子、2500 块银圆，资助宁波军政分府 10600 两银子、2500 块银圆。

1913 年 3 月 13 日，孙中山到达神户，出席中华会馆茶话会。在会上，吴锦堂如此评价孙中山："孙中山铁血造成民国，去两千年专制痼弊，创造共和，天下为公，功成身退，高风亮节。"次日，孙中山与吴锦堂等人在吴锦堂的私宅——神户松海别庄大门前合影留念（见图 5–3）。

1915 年底，孙中山、宋庆龄新婚旅行到达神户，吴氏又多次设宴热情款待。为褒扬其支持革命的义举，孙中山曾亲笔题赠"热心公益"匾额一方。

图5-3　孙中山与吴锦堂等在松海别庄大门前合影留念前（前排左五为孙中山，左六为吴锦堂）

四、“老娘舅”阿德哥

晚清时期，上海被比作“东方华尔街”，这里洋行林立，贤达云集。虞洽卿作为宁波商帮的代表人物，与同时代的上海商人比肩而立。他的产业不是最大，但他是影响力最大的一位，当时几近妇孺皆知。1943 年公共租界一条连接上海商业中心南京路、静安寺路的南北向道路，曾被命名为“虞洽卿路”。

1911 年 10 月初，在上海同盟会秘密总机关马霍路（今黄陂北路）德福里的天保客栈，虞洽卿结识以客栈老板身份作掩护的陈其美，经陈其美介绍加入同盟会。虞洽卿后来把设在公共租界内（云南路）的宁商总会作为革命党人的秘密活动场所，并派人保护陈其美的安全。他还向同盟会捐助 8000 块银圆，以支持同盟会的革命活动。宁商总会是旅沪宁波商人的同乡组织，为规避上海租界管制，宁商总会执有香港英国政府注册、工部局第一号总部总会执照（称“特别照会”），公共租界巡捕房未经会审公廨批准，不得任意到宁商总会内搜查财物和拘捕任何人。

1911 年 11 月 3 日上海起义，虞洽卿资助的上海商团，在光复上海战役中发挥了主力军的作用。他们一鼓作气攻下了上海道、县公署，在各城楼先后悬挂白旗和革命旗，派起义军把守城门，在大街小巷张贴起义军告示。上海城几乎未经战斗即被商团占领，宣告光复。上海起义这几天，革命军所需的经费，也主要由虞洽卿和江苏吴县实业家沈缦云从四明商业银行、信成银行提取和供给。1911 年 11 月 6 日，光复后的上海市成立沪军都督府，在公布的职员名单中，虞洽卿位列 8 名顾问官之一，随后又被任命为上海闸北民政长。

上海光复后，虞洽卿以沪军都督府顾问身份投身革命后勤工作。他与李平书、朱葆三等上海绅商联名发起募捐活动，号召各界为江浙联军进攻南京筹措物资。据史料记载，此次募款数额达数十万元（含各界捐赠），其中虞洽卿参与协调资金调度，并推动上海商会提供部分军需支持。

在南京战役（1911 年 11 月 24 日—12 月 2 日）期间，上海军政府通过铁路、水路向前线运输枪械、弹药及慰问品，虞洽卿积极协助后勤统筹。12 月 2 日，江浙联军经多日激战，攻破南京城防，张勋率残部溃逃，南京宣告光复。此役为江浙地区全面反正奠定基础。次日（12 月 3 日），联军在南京举行入城式，全城鸣炮庆祝。

1937 年 7 月 7 日，卢沟桥事变爆发，日本帝国主义开始全面侵华战争，这一天也成为中国全民族抗战的起点。8 月 13 日，日军进攻上海，淞沪大会战拉开序幕。为了逃避战乱，70 万难民挤进面积有限的租界。如何维持租界内秩序和难民的生活？危难之际，年过七旬的虞洽卿再次担当“调停人”。他奔走呼号，发起成立上海难民救济协会，虞洽卿自任会长，英商麦克诺顿为副会长。难民救济协会设立 30 余处收容点，按期支付代养金，先后收养难民 8 万余人，发放 81 期给养，共计耗资 970 余万元。

11 月上海沦陷，12 月南京沦陷……沪上几乎所有商贾大亨都星夜出逃避难，虞洽卿思量再三，决意留下。日军全面封锁中国港口和海面，上海陷入米荒。虞洽卿出面召集各行业公会开会，倡议成立上海平粜委员会。他恳请各公会先行垫款，以购买南洋人米，平稳物价。为了避免运米轮船被日军击沉，他与意大利商人合开中意轮船公司，船挂意大利和中立国挪威、巴拿马国旗。运进的大米均按市价 7 折出售，差额由各公会捐款补贴。平粜委员会共办平粜米 30 多期，一时被颂为善事。

日占时期，上海宛如一座“孤岛”。日本人、蒋介石、汪精卫等不同政治力量在这里激烈角逐，所有头面人物均须选择立场，政治暗杀一时成风。当年与虞洽卿争夺上海总商会权柄的同乡傅筱庵出任伪上海市市长，在 60 大寿寿宴中被砍死家中。青帮大佬张啸林勾结日伪任伪浙江省省长，也被戴笠派人暗杀。日军占领上海后，曾要求虞洽卿这位上海滩名人出任伪上海市市长，被他坚决拒绝，于是他也收到了夹有子弹的恐吓信，这是他又一次遭到政治势力的恐吓威胁。1941 年春，虞洽卿辞去荷兰银行买办一职，交出那串在腰间挂了 38 年的黄铜钥匙，在儿子的安排下，于深夜悄然离沪，由香港转道抵达抗战大后方重庆，在那里创办三北运输公司，继续经营他的航运生意。

五、救亡图存，匹夫有责

1927 年 4 月，南京国民政府成立，四分五裂的国家貌似统一了，但不久日本军国主义就悍然发动了九一八事变，占领了我国东北。

为了转移国际上对中国东北问题的关注，迫使国民党当局承认日本占领东北的既成事实，打击中国抗日士气，试探国际社会反应，把上海变成日军侵略中国内地的新基地，日军借口一名日本僧人在上海被殴打，于 1932 年 1 月 28 日夜向驻守上海闸北的蔡廷锴、蒋光鼐十九路军发动突然袭击。由于日军多次出动战机和轰炸机狂轰滥炸，上海不少文化设施如商务印书馆、东方图书馆被炸成废墟。看到日本侵略者的战机在上海天空毫无顾忌地飞行，对地面目标狂轰滥炸，闸北一带被炸得满目疮痍，国人被深深地刺痛了。

一·二八事变后，国民政府意识到空军力量薄弱，于是号召"航空救国"，得到民间团体与商界的积极响应。1933 年元旦，全国民众、海外侨胞、商界人士发起航空救国运动。看到这一消息，虞洽卿当即牵头宁波商帮，于同年 2 月成立宁波旅沪同乡会航空救国募款会，虞洽卿被推选为募捐总队长。在这次活动中，他组织了 266 个捐募队，很快就集资捐款购置了 5 架飞机。这一壮举轰动上海滩，轰动全国。

在救国运动的捐献大军中，出现了许多"位卑不敢忘忧国"的宁波商帮人士身影。

中国近代民族造纸业先驱、奉化人竺梅先，抵押了几家企业的全部股票，率先捐献了足以购买一架飞机的巨款。

"皂药大王"项松茂在九一八事变后，积极支持抗日救亡运动，担任上海抗日救国委员会委员，登报声明"不进日货"。他还将自己企业的全体职工编成义勇军第一营，自任营长，聘请军事教官严格训练，规定职工下班后训练一小时。项松茂积极备战的行动，招致日军的仇视。

一·二八淞沪抗战爆发，中国军队前线伤亡很大，项松茂接受政府生产军需药品的任务，亲自监督生产，日夜不停地赶制药品，供应前线急需。1 月 31 日晨，为营救被日本人抓捕的 11 名店员，项松茂被日军抓获并被残酷杀害，年仅 52 岁。

张逸云控股的天厨味精厂捐款 11 万元，通过德国禅臣洋行购买了一架 O2MC 飞机送给中国空军，并被命名为"天厨号"。这一行动体现了张逸云支援抗战的决心（见图 5-4）。

镇海商人金芝轩（1897 年—1962 年）以他创办的"四达公司"库存材料，为十九路军赶制并捐赠钢盔 2 万顶。出租车大王、定海人周祥生调用公司大批出租车辆，义务支持十九路军。

1937 年卢沟桥事变爆发后，日本人曾口出狂言，扬言要 3 个月灭亡中国。1937 年 8 月 13 日，日军对上海发动进攻，八一三淞沪会战爆发。几天后，日军攻下上海，随后直

图5-4　天厨号战机

扑国民政府首都南京，南京保卫战一触即发。日军开赴南京途径江阴时，与中国军队爆发了一场持续 110 天的战斗——江阴保卫战，这是抗战初期重要的一次中日海空大战。

江阴自古以来就有“锁江要塞”“长江门户”的称号。国民政府在抗战开始前，就意识到江阴要塞对于保卫首都南京的重要性。1937 年 8 月 6 日，蒋介石主持召开最高国防军事会议，决定在长江下游最狭窄的江阴设置障碍，封闭长江，使日军军舰无法溯江而上，保证南京和陪都重庆的安全。征集舰船的通知发给多家轮船公司，总计征集到 24 艘舰船。在国难当头之际，虞洽卿、陈顺通等一批宁波商帮航运大佬，积极响应政府号召，于 8 月 12 日把商船凿沉在江阴。其中虞洽卿贡献了 10 艘轮船，计 2 万吨位，其数量和吨位在捐赠中均排名第一（见图 5-5）。

图5-5　江阴沉船情景

就在江阴沉船的当天晚上，上海青帮首领杜月笙获得情报，日军即将进攻上海。杜月笙打电话给虞洽卿，约他商量如何应对，虞洽卿当即驱车赶到杜公馆。二人分析情报后认为，日本人从陆上进攻，有国军防守；日军从黄浦江进攻上海市区，则无兵防守。为了阻止日军从水道进入上海，必须在董家渡一带即今南浦大桥附近设立一道封锁线。

分析战场形势后，虞洽卿与杜月笙随即各自调派 4 艘轮船，连夜开往董家渡，在夜色中将轮船沉入江底。第二天，日本军队发动了全面进攻上海的八一三事变。

抗日战争期间，宁波商帮大大小小的商人，为国家和民族的存亡作出了重要贡献。他们或为国捐款，或救助难民和伤员，或送子女上前线，这样的事例可以说不胜枚举。

六、宽以济世的王宽诚

王宽诚（1907 年—1986 年），鄞县布政乡宋严王村（今鄞州区古林镇）人。王宽诚教育基金会创办人，香港中华总商会会长，第六届全国政协常委，香港工商界爱国爱港优秀代表。

早年王宽诚在宁波经营国内口岸贸易、金融及轻工业务，1932 年任宁波太丰面粉厂采购主任。1935 年，在宁波江东泥堰头与人合营维大鼎记面粉号，任经理。未及两年，扩设分号 6 家。

1937 年，王宽诚到上海开设维大洋行，经营面粉、罐头食品、呢绒、木材等内外贸易，并与人合营通合地产公司、祥泰轮船公司、中国钟厂。抗战胜利后返沪，改维大洋行为维大华行，设分公司于香港、伦敦、纽约等地。

1947 年，王宽诚迁居香港，设立维大洋行（香港）有限公司，随后开设幸福企业有限公司及数十家公司，经营金融、地产建筑、船务、国内外贸易、百货、食品、木材加工等业务。

1949 年，解放战争向全国推进。中国人民在获得解放的同时，也面临着极其严峻的经济困境，新政府财政上入不敷出。为了渡过这一难关，中央政府决定从 1950 年 1 月 5 日起，发行“人民胜利折实公债” 2 亿份，用以弥补年度财政赤字。公债发行第一天，王宽成就认购了 36000 份，其份额占上海全市全年发行任务的 0.12%，相当于宁波全市全年总数的 7.7%。这也是王宽诚向新中国奉献的第一份爱心。

1950 年 7 月 13 日，中央人民政府贸易部在北京召开全国进出口贸易会议，这是中华人民共和国外贸史上第一次全国会议，王宽诚应邀出席了这次会议。会后，他响应上海市市长陈毅的号召，根据时任华东军政委员会贸易部副部长、表哥卢绪章的建议，将香港一块 930 平方米的地皮卖掉，集资 500 余万港元，购买国内急需的棉花等紧缺物资运往上海。此时维大洋行已在上海恢复业务，他积极开展进出口贸易，帮助上海市政府采购紧缺物资。同时，他又创设上海华侨投资公司，协助新生政权吸引海外资金。

几乎与此同时，中共华南分局和广东省商业厅也策划成立一家公司，以吸引华侨和港澳同胞投资。王宽诚又响应号召，和司徒美堂、蚁美厚、黄长水、何贤、马万祺、陈祖沛、陈国泉等人，共同投资成立了华南企业有限公司。这是中华人民共和国成立后第一家公私合营外贸企业，以华侨和港澳同胞投资为主，国家适当参股，主要从事外贸、制造业及信托投资业务。1951 年，美国对中国大陆实行贸易禁运和经济封锁，华南企业有限公司专门在香港开设了一家“福就行”，表面上经营土特产，其实是为内地购买和运输美国禁运物资。

1951 年，王宽诚以华侨的名义，发起成立新侨建业股份有限公司，向港澳等地侨胞募股筹集资金，在北京兴建新侨饭店。新侨饭店总投资 720.5 亿元（旧币），是中华人民共和国成立后港澳和海外侨胞参与投资的第一家公私合营饭店。该饭店建成后，不仅有效地改善了北京的旅游观光接待能力，而且成为国事活动的重要场所。

1950 年 6 月 25 日，朝鲜战争爆发，中国人民志愿军入朝参战。翌年 6 月，王宽诚以一己之力，捐献“维大号”飞机 1 架，支持抗美援朝战争。以他的财力，当时已经跻身香港富豪前列，但需要用钱的地方实在太多，为了凑足购买飞机的资金，他忍痛出售了正在价格飞涨的香港地皮。老友潘静安在他逝世后说：“王宽诚为了国家，却是不惜钱财。抗美援朝时，他捐助了大量的钱物，那是他用卖掉香港地皮的钱献给国家的。如果他不那么做，今天他的资产也许会上翻几倍以至十几倍。”

中国人民志愿军入朝参战不久，以美国为首的西方国家开始对我国实施禁运，王宽诚这时主动承担起冲破美国经济封锁的急先锋。他以香港维大洋行的名义，帮助国家代理大量对外贸易业务，避开了西方国家的封锁。为了打破外轮不得进入中国、外国口岸不许中国货船进入的限制，他特意开辟了远洋航运业务，暗中替国家运送物资。20 世纪 60 年代初，王宽诚在荷兰购买载重 14800 吨以上的新货船 2 艘，同时又预订 2 艘载重量相同的货轮。

王宽诚发展海上航运，主要是为了帮助中国内地运送货物，冲破帝国主义对中国大陆的封锁和禁运，为大陆打开通往世界各地的海上航道。1960 年，我国向古巴定购了一批食糖，却找不到承担运输任务的船只，周恩来总理遂派人赴港与王宽诚协商。王宽诚虽有远洋船队，却没有通航古巴的护照。为了解决这一难题，王宽诚出巨资雇用英国船队，并且亲自随船去古巴，以确保完成这一重要的运输任务。

由于王宽诚屡屡帮助中国大陆运送货物，美国把他列入了“黑名单”，冻结了他在美国的资产。王宽诚无所畏惧，理直气壮地质问美国驻港总领事：“我虽不是共产党，但我是一个中国人！难道中国人爱中国有罪吗！太平洋战争爆发后，美国政府不是也号召美国人献资献财以示爱国吗？中国在遭到困难时，我为什么不能捐献物资，以表我爱国之心呢？你们说我买共产党政府发行的公债就是共产党，那么我在抗日战争时也买过国民党政府的公债，莫非又是国民党了？”

1982 年中央决定收回香港主权时，当时一些香港居民对大陆政策心存疑虑，担心香港回归对他们的生活造成影响，纷纷从香港移民海外，导致香港房价急剧下跌，香港资本不断外流，社会与经济发展出现重大波动。在这个关键时期，王宽诚买下香港有影响力的 11 份报纸头版，发表了亲拟的一篇文章，其中用“股照炒、马照跑、舞照跳”来解释“一国两制”，告诉香港市民，1997 年香港回归后，香港居民的生活不会受到影响，在一定程度上稳定了人心。历史证明，王宽诚不仅是一个在商战策略上深谋远虑的成功商人，也是一位有远见卓识的社会活动家和爱国华侨。

七、香港回归的“民间大使”——包玉刚

在迎接香港回归祖国的进程中，大量居住在香港的宁波商帮人士，将爱国爱乡爱港的情怀化为实际行动，用自己的社会影响力推动香港回归进程，为香港顺利回归作出了自己的贡献，包玉刚在其中就起到了独特的作用。

1981 年 7 月 6 日，邓小平在北京人民大会堂接见船王包玉刚时，握着他的手说：“我们早就应该见面了。”从此，他们建立起了长久的友谊，也开启了邓小平与宁波商帮人士之间的交往。

1982 年 2 月，邓小平再次接见包玉刚，并告诉他中国政府已明确将在 1997 年收回香港的立场。从此，为了迎接香港回归，作为“民间大使”的包玉刚，就在中英双方政府之间默默承担起“润滑剂”的功能。

在中英双方就香港问题的前几次谈判中，英方主张以主权换治权，中方则坚持“一国两制”原则，双方分歧较大，谈判没能取得进展。为了推动谈判顺利进行，包玉刚受邀参加了磋商谈判，成为中英谈判的民间代表，他的任务是协助双方磋商香港的前途问题。

20 世纪 80 年代，包玉刚不仅在香港，在全球都具有较大的影响力。包玉刚与很多国家的领导人都有交往，在英国的影响也非常大，他很早就获得了英国皇家爵士头衔。在撒切尔夫人出任英国首相前，包玉刚就和她是高尔夫球场上的好友。当中英双方谈判陷入僵局时，包玉刚利用个人影响力，在中英两国之间多次往返，为双方高层传递声音，成为中英两国的“民间使者”，在中英谈判中发挥了“润滑剂”的作用。

1982 年冬天，包玉刚去英国。此行他给“铁娘子”撒切尔夫人带去了两件礼物：第一件礼物是一根跳绳，包玉刚希望撒切尔夫人多锻炼身体；第二件礼物是一张船舶订单。当时英国的造船工艺已经落后于日本，而且劳动力成本高企。为了支持英国造船工业发展，包玉刚主动把巨额订单交给英国造船公司。包玉刚对撒切尔夫人说：“我在英国船厂订购了一条巨轮，从生意的角度来说，这是不合理的，因为你们英国的船是最贵的，不

过这个亏本生意是我送给你的第二个礼物。”

当时英国造船业陷入困境，包玉刚的订单对于英国造船业来说可以说是一剂强心针，撒切尔夫人非常感谢包玉刚的用心。包玉刚还告诉撒切尔夫人，他在上海也订购了一条同类型的船，希望撒切尔夫人到时能够去中国主持这条姐妹船的下水仪式。1983 年 9 月 25 日，撒切尔夫人以私人身份，如约在上海江南造船厂为这艘名为“世谊号”的货轮下水剪彩并命名。

中英双方经过两年多达 22 轮谈判，最终在 1984 年 12 月 19 日正式签署了《中英联合声明》。《中英联合声明》决定，从 1997 年 7 月 1 日起，中国在香港成立特别行政区，开始对香港岛、界限街以南的九龙半岛、新界等土地重新行使主权和治权。为了感谢包玉刚在中英香港问题谈判中付出的努力，第二天，邓小平特意在家里设宴款待包玉刚。

《中英联合声明》发布之后，香港一时人心惶惶，香港资本市场也开始动荡起来。为了稳定香港社会局面，作为举足轻重的商界代表，包玉刚召开记者招待会，宣布将减持航运资产，增持香港本地资产，向市场传递信心。

1985 年 2 月，包玉刚率先出资 25 亿港元收购香港会德丰公司，这家公司是英国老牌四大洋行之一。这次收购被视为华资取代英资的标志性事件，给香港市场带来极大的信心，为稳定香港人心起到了重要作用。同时，包玉刚还和老乡曹光彪合作，投资成立了香港港龙航空。

在包玉刚等人的示范带领下，李嘉诚收购了香港电灯公司，李兆基收购了香港中华煤气公司。一大批香港华人富豪出资收购英资公司的资产，为稳定香港局面发挥了重要作用。

为了香港在 1997 年顺利回归，包玉刚作出了重要贡献。可惜的是，包玉刚却没有等到香港回归的那一天，1991 年 9 月 23 日就因病去世了。包玉刚去世之后，邓小平让自己的女儿和女婿去香港为包玉刚送行，同时以朋友身份为包玉刚送去花圈。在包玉刚的送葬队伍中，除了李嘉诚等企业家之外，还有撒切尔夫人的丈夫。

从鸦片战争开始到香港顺利回归祖国，近一个半世纪里，国家图强，民族复兴，一直都是中华民族发出的最强音。无数宁波商帮人士积极参与其中，真正做到了《礼记・儒行》所说的“苟利国家，不求富贵”。

第二节　教育救国

中国历来重视教育，这一特点贯穿了中国各个历史时期。早在2500年前，孔子就提出了以人为本、德育为先、因材施教和有教无类的教育思想，奠定了中国古代教育体系的基石。

从汉代设立太学开始，官方教育体系逐渐建立并不断发展。汉代太学是全国最高学府，为国家培养政治人才。唐代形成了完备的官学体系，包括国子学、太学、四门学等。官学对学生的入学资格有严格限制，按照贵族、官僚的等级来确定。宋代官学进一步发展，不仅有中央官学，地方官学也日益兴盛，为社会各阶层提供了一定的教育机会。

至于私学，早在春秋时期就已兴起。孔子开创了私学之风，打破了贵族对教育的垄断，此后私学一直是中国传统教育的重要组成部分。私学的形式多种多样，包括私塾、书院等。私塾一般由教师在自己家中或租借场地设立，招收附近的学生进行启蒙教育。书院则是一种较高层次的私学机构，多由学者、士绅创办，注重学术研究和道德培养，许多著名的学者在书院讲学，吸引了各地的学子前来求学。

鸦片战争后，中国被迫签订了一系列不平等条约，国家主权和领土完整遭到严重破坏，逐渐沦为半殖民地半封建社会。列强侵略使中国面临前所未有的民族危机，有识之士开始认识到西方列强的强大不仅仅在于军事力量，还在于其先进的科学技术和政治制度，因此开始主动了解和学习西方，希望通过引入西学来挽救民族危亡。当时中国各种社会思潮迭起，救国方案纷呈，如政治变革、思想启蒙、实业救国、教育救国、科学救国等，不一而足，这些方案从不同角度出发，试图探索出一条拯救中国的道路。

中国传统教育以儒家经典为核心，注重道德修养和科举应试，培养出的人才难以适应近代社会发展的需要。随着西方列强的入侵，中国传统的自然经济逐渐解体，近代工业开始兴起，需要大量掌握现代科学技术和管理知识的人才。传统教育体系无法满足这一需求，促使人们将目光转向西方教育和学术，寻求新的知识和人才培养模式。

鸦片战争后，西方传教士大量涌入中国，他们在传教的同时，也带来了西方的文化、科技和教育理念。传教士在中国创办学校、医院、报刊等，传播西方知识和思想，为“西学东渐”提供了重要的渠道和平台。此外，随着通商口岸的开放，中外贸易不断增长，中国人与西方人之间的接触和交流日益频繁，也使得西方文化得以更广泛地传播。

“教育救国”的口号就是在清末民族危机日益深重的背景下提出的，是当时有识之士为挽救国家命运而进行的深刻思考与积极探索。

早在19世纪60年代，冯桂芬就提出“采西学”“制洋器”，主张学习西方的自然科学和技术教育，培养实用人才。郑观应在《盛世危言》中也强调教育的重要性，主张设立西学学堂，培养精通西方技艺和政治、法律的人才。

英国著名传教士李提摩太（1845年—1919年）1870年来到中国，此后45年一直在中国度过。作为一个中国通，1887年，李提摩太向李鸿章建议进行教育改革，提出清朝政府每年要在教育上投入100万两白银，认为“那是‘种子钱’，必将带来百倍的收益”。

康有为在《公车上书》中提出“变法之本，在育人才；人才之兴，在开学校”，主张仿照西方建立近代教育制度，废除科举，兴办新式学堂，培养具有新思想、新观念的人才，以推动政治改革和国家富强。梁启超则认为教育是“开民智”“兴民权”的关键，强调通过教育培养国民的爱国精神和独立人格。

1905年，严复与孙中山在伦敦会面，严复说，中国的根本问题在于教育，革命非当务之急。他说：“中国民品之劣，民智之卑，即有改革，害之除于甲者将见于乙，泯于丙者将发之于丁。为今之计，惟急从教育上着手，庶几逐渐更新乎！”

1844年底，英国基督教会传教士爱尔德赛女士，在宁波创立了一所女子学校，这是中国历史上第一所女学。该学校1857年定名为“崇德女校”，1923年命名为“甬江女子中学”。由于当时中国社会普遍具有排外心理，女子上学不符合中国传统道德规范，社会上也流传有许多关于西方传教士对女孩子剖心挖眼等传闻，所以该学校受到当地人的抵制和排斥。爱尔德赛的住所屡次遭人扔石头，当地官绅也多次与她为难，甚至学校学生也为社会所不容。但爱尔德赛初衷不改，顶着难以想象的压力和困难，坚持把女学办下去。刚开始女学只有10多个学生，后来发展到40来人。这些学生大多出身名门闺秀，在这里，她们接触到现代文明和科学文化知识，养成极高的素质和良好的修养。通过她们，这些知识传播出去，对周边人群造成了影响。

宁波商帮人士在与洋人做生意的过程中开阔了眼界，认识到西方的社会制度、科学技术、经济实力以及国民素质，无一不是建立在发达的教育体系之上，由此，他们逐渐领悟到教育乃是强国之本。怀揣着强烈的家国情怀与社会责任感，宁波商帮人士毅然投身教育实践，他们兴实业，办学校，建医院，以实际行动践行“教育救国”的理念。

一、澄衷蒙学堂

澄衷蒙学堂是上海第一所由中国人自己出资创办的班级授课制新式学校，出资人是宁波商帮先驱和领袖叶澄衷。叶澄衷是我国近代著名的工商业家、社会慈善家。他仗义疏财，热心公益事业，大力捐资兴教办学，与武训、杨斯盛并称为“近世兴学三伟人”。

叶澄衷6岁丧父，因家庭贫寒，私塾只读了两年半就辍学了。11岁进油坊做学徒，14岁到上海杂货铺当店员。17岁驾舢板在黄浦江上贩卖外轮所需杂具，学会洋泾浜英语。

22 岁在上海虹口开设顺记五金洋杂货号，并承办外轮所需的船舶五金，同时进口英国配件，终于否极泰来，成为宁波商帮早期发迹上海的实业巨子。基于自身苦难的成长经历，让更多的人通过读书改变命运，成为叶澄衷朴素的愿望。

在兴办实业的过程中，叶澄衷深刻认识到教育对企业经营的重要性，尤其是在上海这个华洋杂处的大清经济中心。在上海的一次慈善会上，他坦言："兴天下之利，莫大于兴学。"清同治十年(1871 年)，叶澄衷拨出一部分资金，在企业内部创办了"顺记商务学堂"，用以培养商业人才，这是叶澄衷办学的发轫之举。该学堂以培育经商人才为目的，招收商号实习者入学，以粗通文墨者为主，业余学习，学期一年。学堂延聘外国人担任教员，教授英语及商务、关税等知识，让学习者能够粗通英语和商务。学员毕业后大多数由顺记号录用，实习后大多数分赴各分号工作。

4 年后，叶澄衷决定扩充顺记商务学堂，校名改称为"顺记商务学馆"。与原来的顺记商务学堂不同的是，学馆开始招收企业外青年，以便为业务发展储备人才。顺记商务学馆是一所完全不同于旧学的新式学校，商务学馆聘请外籍教师授课，讲授机器设备及各种商业知识，主要学科有西洋会计、商务、税务、报关和英语。由于信奉"学以致用"的教学理念，因此培养出来的学生能力很强，当时官府办理对外事务，都要找叶澄衷推荐翻译人才。

1899 年，病重的叶澄衷念及少时失学之痛，决定捐道契 25 亩、现银 10 万两，兴建上海第一所商人独立捐资创办的新式学校——澄衷蒙学堂。他还对澄衷蒙学堂的办学目的、教育内容、组织形式等提出自己的意见，委托手下慈善机构怀德堂樊棻等 7 位董事负责筹建学堂事宜。他再三叮嘱家人："学堂体制和一切规模与设备，应完全由校长谋划决定，我子我孙应协力完成我开办蒙学堂的志愿，但不要参与学堂事务。希望大家同舟共济，力促其成。"

澄衷蒙学堂于 1901 年 4 月 16 日落成，首任校长是刘树屏，蔡元培曾为总教和校长。澄衷蒙学堂立校之初，便遵循校主叶澄衷的遗愿，以"诚朴"为校训，有序管理，严谨办学，以课程完备、理念先进、收费低廉享誉沪上。澄衷蒙学堂也备受朝廷青睐，光绪皇帝为该学校御笔书写"启蒙种德"匾额，以示荣宠。

澄衷蒙学堂办学成功，给人留下两点启示。其一是学校要有一个好的管理制度，即董事会制度。董事会制度的有效运行，使澄衷蒙学堂能够找到一流的校长，一流的校长又找来了大师级的老师，为学校的高效运行和教学质量提供了有力的保障。二是专业的事让专业的人来做，澄衷蒙学堂的校长和老师们，创造出了一个全新的办学模式，即近代学校教育制度。

在澄衷蒙学堂初创时期，樊棻多次出面谋划学堂发展。1900 年底，澄衷蒙学堂即将竣工，樊棻联系原张之洞幕下同僚赵凤昌，请其推荐校长人选，赵遂推荐同乡教育家刘树屏。刘树屏，字葆良，号雨溪，江苏武进人，清光绪十六年（1890 年）进士，翰林院检讨出身。刘树屏与蔡元培是贡士同年、翰林院同事。在翰林院供职期间，蔡元培与刘树屏、唐文治、王书衡等人在北京羊越胡同江宁试馆组成了一个日语学习班，聘请绍兴人陶大均及日人野口茂温教授日语，这个日语学习班的成员后来大都成为引领中国教育革新的风云人物。

刘树屏一生和教育结下不解之缘，被称为“常州倡导新学第一人”。和蔡元培等许多有识之士一样，他没有留恋翰林院的优裕待遇与锦绣前程，而是将目光投向了内忧深重、外患频仍的国家，毅然南下兴办教育，试图用教育科技的力量来挽救这个垂危的民族。他积极奔走于苏沪皖三地，办学经历几乎涵盖了小学、中学乃至大学等所有门类学校，成为中国近代教育先驱。

面对无先例可循的一所新式学校——澄衷蒙学堂，刘树屏需要用自己的勇气、智慧和远见，在一张白纸上画出新教育的蓝图。首先，他创造性地订立了《澄衷蒙学堂章程》，确立了澄衷蒙学堂的学制、课程、规章、制度，明确了教习、堂董、监起居、学生等不同人员的职责和要求，强调教习训蒙“以开发性灵为第一义”“即或秉质不齐，亦宜循循善诱，不必过事束缚，以窒性灵”，这符合现代以人为本的教育理念。

有了学校各项管理章程，那么教什么，怎么教？刘树屏利用自己的地缘人脉资源，广纳贤师，组织了一支精干强大的教师队伍，其中有章梫、夏清贻、沈颐、严保诚、姚明辉、黄炎培、陶行知、章太炎、李公朴、马寅初、林语堂、夏丏尊、杨荫杭等。

为解决教材紧缺的燃眉之急，刘树屏专门设置“编纂室”和“澄衷印书局”，组织教员编印新式教材。《字课图说》国语课本（见图 5-6）就是在此背景下应运而生的。此书由刘树屏亲自主持策划，确定编写体例，撰写凡例；总教章梫总揽编纂事务，蔡元培负责此书的主审定稿，武进书法家唐驼缮写课本，吴县吴子城专事绘图。

在《凡例》中，刘树屏阐明了本书的编写宗旨、选字原则、词类划分、编排体式、教学方法，强调“是书专为小学堂训蒙而作，故词尚浅近，一切深文奥义不及焉”。对于难字难义，“不特艰于讲解，且恐阻窒其性灵也”。在编写过程中，刘树屏要求教员结合儿童心理特点，舍弃深奥艰涩的传统蒙学内容，借鉴西方教科书生动活泼的形式，力图做到通俗易懂，兼容并蓄。《字课图说》共选择 3291 字，为当时“世俗所通行及尺牍所习见者”，既以图文并茂的形式帮助儿童识字，又汲取了近代科技文明成果，为儿童普及科技知识。

此后，由澄衷蒙学堂自己编印的《小学本国史教科书》《最新几何画法教本》《澄衷学堂格致读本》《溥通国文读本》（六卷）、《新编外国地理》（四册）等校本教材相继问世，对后来其他新式学堂影响巨大。

澄衷蒙学堂是国人自己创办的第一所班级授课制学校，刘树屏和同仁们开时代风气之先，建立了较完善的近代学校教育制度，开设了门类齐全、中西兼容的学科课程，将西式教育理念融入学校的教学管理之中，奠定了澄衷百年名校的基业，也为日后清政府“壬寅学制”和“癸卯学制”的颁布实施提供了参考样本。

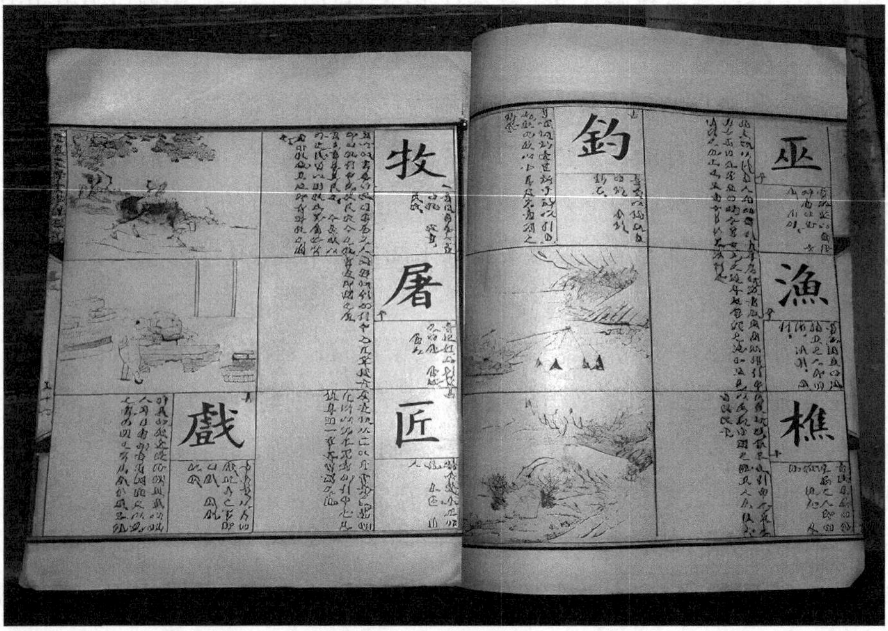

图5-6 《字课图说》

叶澄衷在上海斥资筹办澄衷蒙学堂的同时，还十分牵挂着家乡的父老乡亲，顾念那些贫寒孤弱的家族子弟，决定出资 3 万银两，在镇海家乡建造叶氏义庄，购置义田，设立义塾，让无力上学的贫困子弟能够上学读书。1899 年 4 月 9 日，叶澄衷给他的族叔叶志铭（字洪涛）写信，嘱托他全权办理此事。

叶氏义塾设在叶氏义庄之内，义塾建有大礼堂、教室、办公室、寝室、伙房等设施。清光绪三十年 (1904 年)，叶氏义塾开始招生，首招 20 名，限叶氏本族子弟。开办一年，叶氏义塾良好的教学效果吸引了四邻的求学儿童，他们都想进来就读，但因经费、设施所限，难以如愿。庄董叶志铭主动拿出一笔私款，在叶氏宗祠内增开一间教室，添聘塾师教授，使得叶氏家族外的附近学童也有了上学的机会。

叶志铭在扩大校舍和扩充招生范围的同时，还根据叶澄衷的遗愿，于 1912 年在义塾中附设了一个女子学校。叶澄衷在上海租界多年，目睹外国女子和上海殷富人家的女子因为接受教育而形成出众的气质和风度，认识到女子读书的重要性，所以临终前曾经叮嘱叶志铭，在条件许可的情况下，创造一个让家乡女子也能读书识字的机会。女子学校的设立，破除了自古“女子无才便是德”的陈腐理念，提高了女子的社会地位，使村里的女孩子也能接受一定程度的文化教育，给镇海乡村带来一股清新的教育之风。

叶澄衷在时代变革的洪流中顺势而为，率先捐资创办新式学堂，惠及无数平民子弟，堪称“掀开20世纪中国近代教育的宁波帮先驱”。

二、革新图强，储备人才

严信厚（1838年—1906年），原名经邦，字筱舫，慈溪费市（今属宁波江北区）人。清末著名实业家、书画家，中国近代企业的开拓者，宁波商帮的开路先锋。

严信厚早年就读于私塾，辍学后在宁波鼓楼前恒兴钱铺当学徒。清咸丰五年（1855年）至杭州，在胡光墉开设的信源银楼任“信房”，掌管文书、账目等事务，深得胡光墉器重。同治十一年（1872年），胡光墉函荐严信厚于李鸿章，严信厚被李鸿章亲保为候补道，加封知府衔，后任河南盐务督销。光绪十一年（1885年），受李鸿章委派，严信厚任长芦盐务督销，署理天津盐务帮办等职。光绪十二年（1886年），他在天津自设同德盐号，经营盐业，10年间积聚大量家财。后在上海创办“源丰润票号”，分号遍设天津、北京及江南各省重要城市共10余处，形成较为新型的钱庄网络。

随着源丰润票号的业务不断发展，严信厚开始把主要精力集中于金融事业，活动中心从天津移至上海。在上海期间，他被委派为上海道的道库和惠通官银号经理，掌管上海道的公款收支事宜，同时被聘为华新纺织局协理。嗣后，盛宣怀奏请设立中国第一家新式银行——中国通商银行，严信厚作为宁波商帮代表参与筹备工作。光绪二十三年（1897年）该行成立之时，严信厚任首届总经理。

严信厚还在天津开设物华楼金店，经营金银珠宝首饰，在上海南京路开设老九章绸缎庄，并在天津设物华楼、老九章分店，生意十分兴隆，盛名久著。光绪二十八年（1902年），严信厚担任上海商业会议公所首届总理，光绪三十年（1904年），上海商业会议公所改组为上海商务总会，严信厚不再继任，次年以年老辞职。

严信厚热心慈善公益事业，捐巨资助建塘沽铁路、宁波铁路，捐建养正学堂、芝秀义塾等，筹建宁波新式学堂——储才学堂，培养了一批新式人才。

1885年，严信厚独自捐资2万银两，在宁波府城设立中西式的储才学堂，聘请鄞县举人陈训正为首任监堂，名儒杨敏曾后来曾任学堂教员。储才学堂以“革新图强，储备人才”为办学宗旨，注重学习西方科技知识，开设了经学、格致（理化）、数学、译学（外语）等课程。

储才学堂1904年改名为“宁波府中学堂”（今宁波中学前身），诺贝尔生理学或医学奖获得者屠呦呦高中就读于该校。

清光绪三十二年（1906年），严信厚在天津逝世，后归葬于宁波镇海九龙湖。

三、锦堂学校

锦堂学校旧址位于宁波慈溪市观海卫镇，是近代爱国华侨吴锦堂独资创建的西式学校，规模为当时浙江私立学校之冠。

吴锦堂是中国近代爱国华侨和实业家，他出身贫苦，少时跟随父亲耕作，后弃农赴沪从商。31 岁时，他赴日本长崎，与人合伙从事物资运销，后定居神户，终成巨富。

身处日本的吴锦堂十分关心国家命运，是中国近代民主革命的赞同者和参加者。他虽然是一位商人，但“不欲多金为子孙计”。他热心为社会和家乡修水利、办学校、发赈米、助军饷，以家产的三分之一捐献给社会公益事业。其中花钱出力最多、最受乡亲称道的，除修杜、白两湖水利外，就是办学。

1905 年，清政府废除了沿用一千多年的科举考试制度，在这种情况下，大量的读书人何去何从？吴锦堂先生亲见明治维新后日本崛起，深刻认识到西学在其中发挥的巨大作用。为了让读书人从“四书五经”中走出来，启迪民智，振兴中华，他决定投巨资创建一所学以致用的示范性学校。吴锦堂先生的办学目的非常明确，就是富国强民。他说：“近世列国争强，要在世界上立足，教养二字很重要。国民失养就无以为生，国民失教就无以争存。”

1905 年，吴锦堂耗资 23 万余银圆，在故乡观海卫东山头购地 50 余亩。1906 年学校动工，历时 2 年，于 1907 年建起了一所欧式风格的学校，这就是锦堂学校。1908 年春，学校举行成立大会并迎来首批学生入学，吴锦堂先生亲临讲话。学校开设有几何、代数、外语、园艺等学科，并备有实验室、棉田桑园等供学生实践。先进的教育设施，新颖的学科设置，以及注重学生实践操作能力的教学理念，令国人耳目一新。当时浙江巡抚呈递的请赏奏折中，称其为“浙江私立学校之冠”。

开学不久，吴锦堂看到国际棉花销售趋势向好，而中国所产本棉质量低劣，纺织原料需从国外进口，长此以往，“内地膏腴，且将为外人吸取”。为振兴中国棉业，抵制洋棉输入，挽回利权，吴锦堂提出在学校开设农蚕两科，培养实用人才。

为实施“爱国爱乡”的办学理念，吴锦堂一方面积极呈请省政府将学校备案，明文规定所有校产为公产，后世子孙不得干预；另一方面，他再购置校田 1200 余亩，购汉冶萍公司股票和浙江铁路局股票 4 万元，充实学校资产，以作长期办学经费。

吴锦堂深谋远虑、高风亮节的举动，被国内外有识之士广为传颂。教育家黄炎培先生在评述华侨办学时，称陈嘉庚、吴锦堂、胡文虎为“华侨三杰”。1926 年吴锦堂先生逝世，1930 年其子吴启蕃呈请浙江省政府接收此校。浙江省政府 1931 年 4 月正式接收该学校，同年 8 月学校更名为“浙江省立锦堂学校”。

在漫长的岁月中，锦堂学校几经风雨，数易其名，但始终弦歌不绝，即使在艰难的抗战时期，也未曾中辍。锦堂学校以其良好的校风，培养了一批又一批优秀人才，如著名书法家沙孟海、著名工笔花鸟画家陈之佛、中国科学院院士童第周等，都曾就学于该校。

锦堂学校是吴锦堂先生留给后人的珍贵文化遗产，诵读吴锦堂先生立校兴学之诗——“吾乡风土闭难开，目击顽童忧自来。最是出钱求买读，学章和泪向优栽”，其忧国忧民的悲悯情怀不禁令人肃然起敬。

四、“南开校父”——严修

严修（1860 年—1929 年），字范孙，号梦扶，祖籍浙江慈溪，出生于天津一个成功的盐商家庭。严修是革新封建教育、推进教育现代化的先驱，与华世奎、孟广慧、赵元礼并称“近代天津四大书法家”。

严修本人并未有经商经历，严格来说不属宁波商帮的范畴，但作为一个对中国教育作出杰出贡献的“封建社会的一个好人”（周恩来对严修的评语），本书应该给这位“宁波好人”以应有的篇幅。

严修光绪九年（1883 年）中进士，做过清朝翰林院编修、国史馆协修、会典馆详校官、贵州学政、学部侍郎，从事全国教育工作。严修不同于一般封建官吏，他积极倡导新式教育，强调只要有真才实学，不必经过科举正途，也可量材取用。严修这一主张，是自隋朝实行科举以来的一大突破，震动朝野。1897 年 7 月，任贵州学政的严修奏请光绪皇帝在科举之外增设“经济特科”，借以改革科举制度，选拔“通晓实务，能济时艰”的人才。因戊戌变法失败，他愤而辞职，投身天津地方经济与社会发展事业，主要涉及教育等方面。

在教育方面，他积极倡导西学，认为旧的教育“口不离诗书”，所习非所用，所用非所习，言行不一，学用脱节，主张废除科举制度，培养对社会有用的实用人才。

严修认为，国家要走向富强，必须博采东西文明，引进西方文化与教育制度。他先后去日本、美国和欧洲考察教育，探索建立新式学校的模式与途径。辞官回到天津后，专心开拓和兴办新式教育。他把自己的严氏家馆作为实验基地，聘请热心西学的张伯苓教授英文、数理化等新知识，并以此为实验基地，示范和带动天津地区的教育。从 1902 年至 1905 年，他联合一些热心教育的乡绅兴办民立小学、官立小学 21 所，以及师范学堂、工艺学堂、法政学堂、专科学校、高等女子学堂等，使天津新式教育掀起了一个高潮，走在全国前列。

严修是中国近代倡办女学的先行者之一。1902 年，他首先在自己家中办起严氏女塾，开创了天津女子教育的先河。1905 年，他参照日本模式，创办了严氏蒙养园（幼儿园），是中国最早设立的私立幼儿园之一。同年，严修还开办了“保姆讲习所”，这是全国最早培养幼儿师资的学校，为京津两地培养了第一批幼师人才。

严修最重要的教育贡献，是在20世纪早期，与张伯苓一起广纳社会力量，以全新教育模式创建了南开学校。这是中国人以自己的力量发展教育最成功的范例之一，不仅给当时的中国教育创立了一道新景观，也给世人、给时代树立了一个先进的民办教育典范。

南开学校由男中部（即1904年成立的南开中学）、大学部（1919年成立的南开大学）、女中部（1923年成立的南开女中）、小学校部（1928年成立的南开小学）组成，是一个独具特色的教育系统。南开学校学习和借鉴以科学、民主为旨趣的西方教育模式，密切联系中国社会实际，主张德、智、体、美四育并进，强调爱国教育、道德教育和人格教育，注重科学知识、科学精神和创新能力培养，形成了“允公允能，日新月异”的校训和“爱国、敬业、创新、乐群”的光荣传统，培养了以周恩来、陈省身、吴大猷、曹禺等为代表的一大批优秀人才。

教育家张伯苓在严修辞世时曾说：“南开之有今日，严先生之力尤多。严公逝世，在个人失一同志，在学校失一导师，应尊严先生为校父。”

五、王宽诚教育基金会

王宽诚教育基金会由爱国实业家王宽诚先生1985年出资1亿美元在香港成立，目的是为中国培养高级科技人才，对中国大陆、台湾及港澳地区学者出国攻读博士学位、开展博士后研究及学术交流提供资助。

王宽诚自少年时代起就心系社稷，立志报国。15岁他开始自己的商业生涯，事业有成后，就踏上了“实业救国”之路。中华人民共和国成立初期，王宽诚先生带头认购公债，积极响应政府号召，为促进当时香港和内地的工商业发展、稳定社会秩序、巩固新生政权起到了积极作用。抗美援朝时期，他义无反顾，捐赠巨资，支援前线战斗，为全国工商界树立了榜样。

王宽诚先生非常关心内地及香港的教育事业和社会福利事业，几十年中，先后捐款支持香港及内地20余所学校或社团，包括香港培华教育基金会、中国残疾人福利基金会、宋庆龄基金会、中国癌症研究基金会等单位。

1960年，王宽诚回到阔别多年的故乡宁波，捐资100万元，创办东恩中学与东恩小学。1984年，王宽诚捐资建设东恩中学宽诚实验楼。1985年宽诚实验楼建成后，他又在学校设立了“王宽诚奖学金”。同年还向上海工商学院捐资100万元，向浙江树人大学捐献了150万元。

在捐资兴办教育事业上，王宽诚极其热情与慷慨，几十年如一日，支持发展教育的态度始终不变。1955年广东华侨小学成立，王宽诚带头捐资5万元。1957年，他为创办上海市外贸子弟中学捐资15万元。次年，暨南大学在广州重建，他捐献了100万元；

1976年以后，他又先后两次共向暨南大学捐赠110万元。后来国务院决定在福建泉州创办华侨大学，他先后捐资100万元。

20世纪70年代末，王宽诚先生看到中国大陆今后要走改革开放的道路，国家要扩大派遣留学生，认为这样做国家才能发展，才能繁荣富强。王宽诚认为，人才，尤其是高级科学技术人才，是国家发展和繁荣富强的保障和基石，于是提出成立王宽诚教育基金会，为国家培养高级科技人才。经过几年的准备，1985年9月17日，王宽诚出资1亿美元，在香港成立了“王宽诚教育基金会”。

此事得到了邓小平的高度肯定与支持，邓小平特意安排著名科学家、教育家钱伟长出面，帮助王宽诚做好这项莫大的善举。基金会刚成立，就在钱伟长的建议下，组织“留学生考试选拔委员会”，从2100多名考生中录取51名学生，作为基金会第一批资助出国攻读博士学位的留学生，开启了基金会为国育才之路。1986年，基金会第二次在全国举办考试，从4200多名考生中录取了38名，资助出国攻读博士学位。

截至2020年6月底，基金会在内地、港澳及海外设立高级人才培养资助项目及奖励项目51个，资助项目涵盖数学、物理学、化学、生命科学与医学、信息技术科学、工程科学及农业科学等学科领域。基金会资助攻读博士学位、博士后研究、出国访问及参加国际学术会议的学者11000人次，资助举办大型国际学术会议1200多次。另外，还有超过3700名学者获得了“王宽诚育才奖”。

王宽诚先生崇教助学，为国储才，为培养和造就具有国际水平的中国科教人才队伍作出了积极贡献。1998年10月23日，国际小行星中心和国际小行星命名委员会根据中国科学院紫金山天文台的申报，批准将该台1957年10月31日发现、编号第4651号的小行星命名为“王宽诚星”。2018年12月18日，党中央、国务院表彰支持国家改革开放的香港工商界优秀代表，授予王宽诚“改革先锋”的称号。

六、慈善家“六叔”

邵逸夫（1907年—2014年），原名邵仁楞，生于上海，祖籍浙江镇海。香港电视广播有限公司（TVB）荣誉主席，邵氏兄弟电影公司创办人之一。娱乐业大亨、慈善家。

邵家八兄妹中，邵逸夫排行第六，旧上海时代人称“邵老六”，到香港后被尊称为“六叔”。邵逸夫1958年在香港成立邵氏兄弟（香港）有限公司，拍摄超过千部华语电影，获得过金马奖、金像奖等几十项大奖。另外，他旗下的香港电视广播有限公司主导着香港的电视行业。

邵逸夫并非香港最有钱的人，却是香港富豪中最慷慨的慈善家。他在香港的影响力源自他创建的影视王国，他在内地的口碑，则主要是因为他对教育事业的慈善捐赠。

对捐赠教育事业，邵逸夫有句名言："国家振兴靠人才，人才培养靠教育，培养人才是民族根本利益的要求。"

1973 年，邵逸夫设立了邵氏基金会，专门负责支持教育、医疗、科研与文化艺术工作。据统计，截至 2023 年，邵逸夫历年捐助总额已经超过 100 亿港元，尤其是邵逸夫捐赠的教育资金，可以说遍布神州大地。全国高校和中小学中，有 6000 多幢以他名字命名的"逸夫楼"。

1990 年，中国科学院紫金山天文台为表彰邵逸夫对中国科学教育事业的贡献，将我国发现的第 2899 号小行星命名为"邵逸夫星"，这是首个以当代华人之名命名的小行星。

1991 年，江浙一带遭遇罕见的台风和洪涝灾害，不少学校被淹，受损严重。在灾后重建中，邵逸夫先生创下一次性资助 150 多所受灾中小学的纪录。

2013 年 3 月，邵逸夫向浙江大学捐赠 2 亿元港币，建设邵逸夫医疗中心和邵逸夫医学研究中心，这是邵氏基金会向内地捐赠的单笔资金最大的捐赠项目。对于这次捐赠，邵逸夫要求不仅是建造一些大楼，买些医疗设备等硬件设施，还要把西方先进的医院管理制度等"软件"引进到中国大陆。邵逸夫医疗中心开业前 5 年，从院长到各科室主任全部从美国聘请，以便于西方管理团队手把手教授优秀的管理方法。开业满 5 年后，从院长到各科室主任逐步换成大陆人员。尽管邵逸夫医疗中心开设时间不长，但该院的管理和科研水平一直处于全国第一梯队的头部位置。

为表彰在学术及科学研究或应用上获得突破的人士，2002 年，邵逸夫创立"邵逸夫奖"，共设天文学、数学科学、生命科学与医学等 3 个奖项，杨振宁为评审会主席。2004 年邵逸夫奖第一次颁奖，数学奖得主是著名数学家陈省身。该奖以 100 万美元的高额奖金和公正严谨的评选原则，被誉为"东方诺贝尔奖"。

七、众人拾柴火焰高

在宁波商帮中，尽管大家财富有多寡，但他们情系祖国，造福桑梓，捐资助学的感情是真挚和热烈的。为了推进我国"科教兴国"的发展战略，发展祖国的教育事业，大家都尽力发挥自己的力量。

大家都知道，宁波大学是包玉刚先生于 1984 年捐资 2000 万美元支持建设的，由邓小平题写校名，1986 年正式招生。包玉刚先生去世后，宁波大学这所建在家乡的大学，继续受到邵逸夫、包玉书、曹光彪、李达三、赵安中、汤于翰、顾国华、包陪庆、朱英龙等众多宁波商帮人士以及王宽诚教育基金会的大量捐助。今天，进入宁波大学，可以看到很多建筑都以宁波商帮人士的名字命名。数据显示，宁波大学建校 40 多年来，有 60 多位宁波商帮人士共捐资 7 亿元人民币，建造了 50 多幢大楼，并设立了 20 多项奖学金。

中国现代毛纺工业先驱、“香港毛纺大王”曹光彪先生（1920 年—2021 年），祖籍浙江鄞县，出生于上海，是著名爱国爱港企业家，香港永新企业有限公司创始人，在纺织、电子、贸易、旅游、航空、精密仪器等多个领域皆有建树。

为吸引世界级顶尖人才到浙江大学工作，曹光彪先生先后向浙江大学捐资 1000 万港元，设立“浙江大学曹光彪高科技发展基金”，并捐资 1800 万港元建造曹光彪高科技大楼。2001 年 12 月，他再次向浙江大学慷慨捐赠 2000 万港元，设立高科技人才基金，以加强浙江大学高新学科建设，推动中国内地高科技发展。2021 年 4 月 24 日，在清华大学迎来 110 周年校庆之际，学校收到曹光彪先生的生前嘱托——将自己名下的财产全部捐赠清华大学，在清华大学教育基金会中设立“清华大学曹光彪先生纪念基金”。1999 年 4 月，经国际小行星中心和国际小行星命名委员会批准，由中国科学院紫金山天文台发现的编号为 4566 号的小行星，被命名为“曹光彪星”。

赵安中（1918 年—2007 年），宁波镇海骆驼镇人，曾任香港荣华纺织有限公司副董事长、宁波旅港同乡会名誉会长、香港甬港联谊会名誉会长，苏浙同乡会赞助人。

赵安中十分关心家乡的教育卫生事业，在宁波市捐助百余个教育项目。他还特别关心贫困山区、老区、海岛的基础教育事业，经常不辞劳苦上高山、下海岛察看实情，确定捐赠项目。四明山区是全国 19 个革命根据地之一，由于山高地僻，经济落后，用房紧张，20 世纪 80 年代末，不少学校的校舍低矮破败，在风雨的侵蚀下成了危房，当地人戏称是“清朝的房子，民国的桌子，共和国的孩子”。赵安中得知后，一口气向四明山区捐建了 11 幢“林杏琴教学楼”。在宁波全市所有贫困乡镇，几乎都有赵安中捐建的以他母亲林杏琴之名命名的教学楼。

赵安中多次以后代子孙的名义，向贵州山区、新疆河田、安徽青阳、四川甘孜、云南昭通、陕北延安、天津蓟县、黑龙江齐齐哈尔和甘肃岷县等地捐资建设希望工程项目，捐助的希望工程项目广泛分布于全国 11 个省市自治区。赵安中还经常率领祖孙三代回乡，参与希望工程活动。

2005 年 5 月 21 日，赵安中先生和其子赵亨文以杏琴园教育基金的名义，向浙江大学捐赠人民币 1400 万元，设立“安中科技奖励金”专项基金，用于奖励该校每年获得浙江省科技进步一、二等奖的教师。

2004 年 3 月，赵安中病重入院。他身上插着引流管，还发着高烧，在这种时刻，他仍在想着不要因为他的病情，使已经答应捐助南京大学 1200 万元建设的 EMBA 大楼项目中途夭折。深夜，他让秘书打电话通知南京大学驻港办事处负责人赶到医院，当场安排将捐助款存到中国银行，以保证捐助款项落实。

李达三，原名贤铨，新加坡籍，1921 年出生于鄞县东钱湖镇。乐声（香港）有限公司董事会主席，卡尔顿酒店集团董事会主席，是香港大紫荆勋章获得者，著名的实业家、慈善家和爱国人士。

毕业于复旦大学的李达三先生，一直关注自己母校的发展。改革开放后，他回到大陆，发现复旦大学会计系 1952 年院系调整时，师资划归上海财经学院（现为上海财经大学），会计系停办了。李达三认为，当今正处于改革开放大潮中，特别是在蓬勃发展的对外经济交往中，金融会计人才不可或缺，他建议复旦大学恢复设立会计系。复旦大学校务委员会采纳了李达三的建议，并报教育部批准。1993 年，李达三向复旦大学会计系捐款 500 万元，在校园内建设高 10 层、面积 7000 平方米的复旦大学管理学院楼——李达三楼。为了吸收国外最新管理理念与会计知识，李达三每年出资选送复旦大学会计系讲师、教授赴香港特区和美国深造。

除了母校，李达三先生还情系家乡的浙江大学，十分关心浙江大学的办学工作。1998 年 4 月，他捐资 200 万港元兴建浙江大学李达三能源科学楼，并于同年设立浙江大学李达三奖学金。2012 年 5 月，他又捐赠人民币 500 万元，设立浙江大学“李达三 · 叶耀珍学生国际交流奖励基金”，资助浙江大学学生开展国际交流活动。

2015 年，李达三先生已 95 岁，这一年是他从复旦大学毕业 70 周年，同时也是复旦大学建校 110 周年。为了回报母校，不顾耄耋之年的老人家，5 月 26 日与夫人专程到上海参加复旦大学建校 110 周年庆典，并当场向母校捐赠 1.1 亿元。同年 10 月 26 日，他又向浙江大学捐赠 1 亿元，12 月 16 日捐赠宁波大学 1 亿元。12 月 15 日，他捐赠给香港大学、香港中文大学、香港科技大学各 1 亿元。李达三这个生日恐怕是全球为数不多，过得最“豪”、最有爱心的生日了。

为了弘扬李达三先生慷慨捐资助学的精神，1996 年 10 月 19 日，中国科学院紫金山天文台在南京举行典礼，把他们发现的第 3812 号小行星命名为“李达三星”。

2023 年 2 月 26 日，在新冠疫情肆虐的阴霾之中，宁波东方理工大学（暂名）一期工程在宁波市镇海区渔基路举行奠基典礼，新一代宁波商帮人士的助学故事再次上演。被誉为“中国芯片首富”的宁波籍企业家、上海韦尔股份创始人虞仁荣先生（见图 5-7）分期捐资 300 多亿元，宁波市政府配套投入 160 亿元，在家乡高标准建设一所“社会力量举办，政府支持”的理工类新型研究型大学——宁波东方理工大学。

捐资兴学，是宁波商帮做得最多的一件事。绝大多数宁波商帮人士都力所能及地捐资兴学，限于篇幅，本书无法一一列举他们的善行。

“一棵树摇动另一棵树，一朵云推动另一朵云，一个灵魂唤醒另一个灵魂。”这是德国哲学家、教育家雅斯贝尔斯关于教育本质的一段阐述。那么，教育“唤醒”的是什么？是唤醒人性，唤醒生命，唤醒尊严，唤醒受教育者的灵魂。

图5-7　虞仁荣

目前，中国的教育事业已经实现了“人人有书读”的目标，接下来应该进入提升教育质量的阶段。什么才是有质量的教育，应该说“唤醒”灵魂是其中的应有之义。宁波商帮爱心人士只能帮助完成教学硬件建设，如何教，教什么，这些问题则是今天的教育工作者应该深思的。

第三节　实业救国

何谓“实业”？在中国近代，“实业”是对农工商各业的总称。“实业救国”就是通过兴办各种实业，建立起独立自主的民族资本主义经济体系，从而达到挽救民族危亡、求得国家富强独立的目的。

“实业救国”思想是19世纪60年代到20世纪初期激荡于中国大地的一股重要社会思潮。这一思潮的兴起，标志着自秦汉以来长期占据主导地位的“农本商末”“重农轻商”的经济伦理体系开始动摇瓦解，同时也意味着“工商立国”的新型经济伦理逐渐萌发并发展。实业救国思想将经济近代化转型与国家振兴理念紧密融合，彻底扭转了传统观念对工商业者的偏见。自此，工业家不再被轻视，反而作为以实业报效国家的爱国者，赢得了社会的广泛尊重与认可。

中国近代实业自晚清开始蹒跚起步，在蛮荒中艰难生长，社会人士对实业救国的认识也经过了三个不断加深的阶段。

早期孕育阶段（鸦片战争后—19世纪60年代）。鸦片战争后，中国传统的自然经济在西方列强的商品倾销下逐渐解体，大量农民和手工业者破产。一些有识之士开始思考中国经济的出路问题，对传统的“重农抑商”政策产生了质疑。比如，魏源在《海国图志》里就提出“师夷长技以制夷”的主张，希望通过发展近代大机器工业，增强国家的经济和军事实力，以达到富国强兵的目的。

在这一时期，早期近代工业开始出现，一些外国商人在中国通商口岸开办了近代工厂。同时，中国的一些官僚、地主和商人也开始投资创办近代企业，如船舶修造厂、缫丝厂等。这些早期近代工业的出现，为实业救国思想的产生提供了一定的实践基础。

初步形成阶段（19世纪60年代—90年代）。19世纪60年代，洋务派掀起了一场旨在学习西方先进技术、创办近代工业、以自强求富裕的洋务运动。洋务派创办了一批近代军事工业和民用工业，如江南制造总局、福州船政局、轮船招商局等。这些企业的创办，不仅引进了西方的先进技术和设备，也培养了一批技术人才和产业工人，为中国近代工业的发展奠定了基础。在洋务运动的影响下，社会上逐渐形成了一股重视工业、发展实业的思潮。

随着洋务运动的开展，一些早期维新派思想家如王韬、郑观应等，开始对洋务运动进行反思，并提出了一系列发展工商业的主张。他们认为，西方列强之所以强大，在于其发达的工商业，中国要想富强，也必须发展工商业，与列强进行“商战”。这些主张初步体现了实业救国的思想，为后来实业救国思想的形成奠定了理论基础。

发展成熟阶段（19 世纪末—20 世纪初）。中日甲午战争战败，清政府与日本签订了《马关条约》，允许日本在华设厂。列强纷纷效仿，掀起瓜分中国的狂潮，中国的民族危机进一步加深。在这种情况下，人们认识到只有发展民族工业，才能抵制列强的经济侵略，挽救民族危亡。甲午战争后，清政府为了扩大税源，放宽了对民间设厂的限制，民族工业得到了初步发展。同时，一些爱国人士也纷纷投身于实业，创办了许多工厂企业，如张謇创办大生纱厂等。民族工业的发展，使得实业救国思想得到了广泛的传播和实践。

这一时期，康有为、梁启超等维新派人士大力宣传西方的政治制度和经济思想，主张发展民族资本主义工商业，大力进行经济改革。他们的思想进一步推动了实业救国思想的发展，使其成为一种广泛的社会思潮。同时，一些资产阶级革命派也认识到实业对于国家富强的重要性，将发展实业作为实现民主共和的重要基础。

宁波商帮崛起之时，正值国家多事之秋，他们亲身经历了实业救国思想发展的三个阶段。其中头脑灵活者通过给洋人当买办，积攒了一些资金，积累了商业经验，加深了对国内外市场的了解，于是走上了“先商后工”的兴业之路。

宁波商帮企业家竺梅先说，他创办企业一不谋名位，二不图享福，只是要为生产救国竭尽全力。刘鸿生追忆自己投资工业的动机时说：“那时候我还年轻，特别是在短短的买办生涯中，我感到外国人瞧不起中国人。我觉得中国之所以受气，是因为没有工业，没有科学，因此就想用口袋中的现钞做点事。”

经过长期不懈的努力，宁波商帮通过自身的企业扩张或联合，到 20 世纪二三十年代，形成了一批具有集团性质的近代大企业，如航运业中的三北集团，制药业中的五洲集团和信谊化学制药厂，日用化工行业中的中国化学工业社、天字化工集团，火柴工业中的大中华火柴厂，造纸工业中的民丰、华丰造纸厂，橡胶工业中的大中华橡胶厂，电器工业中的亚浦耳电器厂，重工业中的大鑫（渝鑫）钢铁厂等。

一、19世纪末中国巨富——叶澄衷

叶澄衷是 19 世纪末中国巨富，1899 年去世时，他共留有 9 大产业和 100 多家企业，留下的资金有 800 万银两。有经济学家称，这只是叶氏企业的动产，如果把不动产计算在内，有 1000 多万两之巨。这位成功的商人，是宁波商帮由商入工的一个典型案例。

（一）五金业。1862 年，在英商劳勃生的帮助下，叶澄衷在上海虹口开出了第一家由中国人自主经营的顺记五金洋杂货号。后为扩大营业面积，顺记五金洋杂货号移设到百老汇路（今大名路）。顺记五金洋杂货号开始的经营范围为船舶五金、食品罐头等小五金，后来在外商祥生洋行、耶松船厂的帮助下，建立起了大五金业务，如钢铁五金、机械五金、制造五金、化工五金、军需五金等。大批订单落到叶澄衷顺记号，其业务不仅覆盖上海市场，还在天津、大连、烟台、青岛、宁波、汉口、厦门、福州等地建立了五金销售网络，占尽市场优势。这是叶澄衷办起的第一个产业，从此，他在创业路上一发不可收拾，成了晚清赫赫有名的商界和慈善界大佬。

（二）煤油业。凭借优秀的商业信用和营销能力，叶澄衷深受英商、美商和俄商的信赖。1870 年，洛克菲勒成立了美孚石油公司。1880 年，为了吸引叶澄衷这个优秀买办，美孚将中国市场的煤油经销专权交给叶澄衷经营。在叶澄衷的潜心经营下，中国的照明从菜油、豆油、松明等时代进入相对更加安全、亮度更高的美孚煤油灯时代。叶澄衷把煤油分发给杭州、天津、汉口等地的分店，联号经销，控制了全国的煤油市场，且利润高达好几倍，创造了"煤油大亨"的一段商业传奇。

如果说五金业让叶澄衷开始崛起，那么 10 年的美孚煤油经营不仅让他暴富，而且使他在国内的商业知名度达到了顶峰，也更有实力进军其他产业。

（三）军需业。基于经营五金行业的实力，以及与严信厚和外商维持的良好关系，清廷官员委托叶澄衷经营外国洋枪洋炮配件。为此，他专门派员向江南制造局学习生产技术，了解生产工艺，以便弄清楚洋枪洋炮中到底都有哪些配件。在此过程中，自然与清廷官员建起了军服、军鞋、军帽、军被等军需产品业务。因为与同乡严信厚关系密切，这些业务很快谈妥，接着他就在上海、天津、汉口等地开办工厂，生产这些军需品。

（四）煤铁业。在上海滩，最早经营钢铁与煤炭生意的外商，要算德商可炽煤铁号。可炽煤铁号开始生意还不错，后来由于管理不当，经营出现困难。1881 年，叶澄衷买下可炽煤铁号，并将企业名称改为"可炽顺记"。经过一年时间的整顿，可炽顺记将山西大同煤矿、河南焦作煤矿等地的优质煤炭，源源不断地运到叶澄衷在全国的分店，同时还从英国、德国、俄国等地进口优质钢材。在煤铁业务中，可炽顺记大获其利，连当时中国近代最大的军火企业——江南制造局，也要向叶澄衷订购煤与铁。

（五）航运业。叶澄衷经营煤铁、煤油、棉花等商品，需要在国内运输调度，为此他建立了自己的航运船队。叶澄衷先是购买了 110 条沙船，主要经营内河、运河及长江航运。1890 年，他与严信厚等人合办鸿安轮船公司，从英国进口几十条小火轮，开辟沿海航线，开始进入海运业。航运业布局，保证了叶澄衷能够灵活地在全国各地分店进行货物运输。

除此之外，叶澄衷还经营小火轮买卖生意。这些小火轮一般都在 100 吨左右，国内很畅销，利润也很高。1890 年底，鸿安轮船公司已有飞龙、飞马、飞鲸、新汕头等 11 艘轮船，约合总吨位 11000 到 12000 吨。公司先后开辟了长江上的申汉线，北方沿海的天津、烟台、牛庄线，东南沿海汕头、淡水、基隆等地的海上航线，航运规模之大，仅次于英商的太古、怡和以及中国招商局。在鸿安轮船公司，叶澄衷始终是控股者。1904 年以前，鸿安公司的股份占比一直为华方七、英方三，叶澄衷是其中最大的股东。

（六）钱庄业。叶澄衷利用美孚石油沉淀在他手中的大量资金，“借鸡生蛋”，在全国开设了百余家钱庄，著名的有余大、瑞大、志大、承大等。后又在杭州、汉口、天津、湖州、温州、宁波、烟台等地设立分店和联号。

随着西方更加先进的银行业传入中国，1897 年，他与同乡严信厚、朱葆三等人，在上海创办了中国人自办的第一家银行——中国通商银行，并为总董之一。

（七）房地产业。随着租界范围不断扩大，上海工业企业不断增加，上海对外来人口产生了虹吸效应。找准机会，叶澄衷开始投资房地产业。他在苏州河北岸购买了 40 亩土地，成立树德地皮地产公司，该企业后来成为上海滩赫赫有名的一家房地产巨头。

（八）火柴业。上海开埠以后，国人所用的火柴都是从外国进口的，尤其以瑞典、日本进口为多，利润相当可观。看到火柴生意不错，叶澄衷立即派人到日本学习火柴生产技术。接着又派人到德国学习，并从德国进口两套生产设备。1890 年，他在上海独资开设燮昌火柴厂，不久又在苏州、汉口开设分厂。叶澄衷成为中国最早投资火柴业的企业家之一，燮昌火柴厂一度也成为当时国内最大的火柴厂。

（九）缫丝业。中国缫丝业主要分布在江苏、浙江一带，早期缫丝市场基本上由外商操控。丝贱伤农，农民对此怨声载道。有一次，叶澄衷偶然到湖州拜访亲家许春荣（花旗银行买办、德华银行买办），许氏向叶澄衷提议开办缫丝厂，经营缫丝买卖，叶澄衷立即派员调查缫丝市场的情况。经过周密筹划，1894 年，叶澄衷在上海开办纶华缫丝厂，投资金额达 200 多万银两。第二年，他在各生丝产地建立缫丝收购站，很快打破了外商垄断的局面，农民高兴，叶澄衷也大获其利。

叶澄衷创办的这些实业，不仅使自己的事业获得空前成功，同时也振兴了民族工业，造就了大批产业工人，改变了他们的命运。成为巨富名流后，他热心社会公益与慈善事业，在家乡和上海设立慈善救济机构，多次出资赈济浙、鲁、豫、直等省灾区，受到清廷嘉奖，并捐得候补道员加二品顶戴。

二、宁波商帮开路先锋——严信厚

严信厚是中国近代企业的开拓者，也是宁波商帮的开路先锋。1885 年，受李鸿章委派，严信厚任长芦盐务督销，10 多年间积聚大量家财。1897 年，他在上海创办“源丰润票号”，之后分号遍设天津、北京及江南各省重要城市，形成新型钱庄网络。

1887 年，严信厚联络新生泰洋布店老板汤仰高集银 5 万两，在宁波创办通久源轧花厂，这是近代中国民族资本创办的第一家机器轧花厂。在轧花厂里，有购自日本的 40 台脚踏轧花机，每个工人操作一台，主要靠人力踩踏板。厂里还安装了 12 台以蒸汽为动力的轧花机。当时厂里有工人近 200 名，还聘用了几名日本工程师和技师。机器轧花机的引入，打破了传统手工轧花的效率瓶颈，推动了棉花加工业近代化。

1896年，严信厚再一次联合沪甬巨商富贾集资45万银两，在轧花厂的基础上创立浙江省最早的纱厂——通久源纱厂，使轧花、纺纱、织布相连为一，极大地提高了与洋货竞争的能力。通久源纱厂与当时的杭州通益公纱厂和萧山通惠公纱厂并称“三通”，为当时浙江规模最大、设备最先进、社会影响最大的三家民族资本企业。

1889年，严信厚在慈溪创办本地第一家火柴厂——慈溪火柴厂。通过兴办一系列实业，以严信厚为代表的宁波商帮，完成了由传统商帮向近代企业家群体的转型。

三、中国橡胶工业先驱——余芝卿

20世纪二三十年代，上海大中华橡胶厂独占我国橡胶行业鳌头。该厂生产的“双钱”牌胶鞋和轮胎，因价廉物美而风行全国，在市场竞争中，将不可一世的英国邓普禄公司挤得无立身之地，被视为民族工业的骄傲。大中华橡胶厂创建人余芝卿，成为中国橡胶工业的奠基人，当时被誉为“橡胶大王”。

余芝卿（1874年—1941年），字茂芳，浙江鄞县人。余芝卿出身贫寒，幼时父母双亡，年少时发奋学业。14岁辍学到上海德成仁商号当学徒，后被派至镇江分店主持业务。回到上海后，先后担任大成祥号、泰生祥号经理。1912年东渡日本发展，在大阪开办“鸿茂祥商行”，销售多种中国特产，并用销售利润采购外国产品运至上海销售。由于经营有方，成为旅日华侨中的富商。余芝卿热衷侨务，曾任日本“三江公所”（江苏、浙江、江西三省在日华侨组织）董事长。余芝卿精通日语，熟知日本行情，有“日本通”之誉。

五卅惨案后，因受抵制日货运动的影响，余芝卿在国内的日货进出口贸易业务大受影响，濒临倒闭，不得不重新选择行业。

1926年，在橡胶技术专家薛福基的建议下，余芝卿决定在上海投资创办大中华橡胶厂。1928年10月30日，余芝卿出资8万银圆，与薛福基、吴哲生等人共同创建的大中华橡胶厂在上海徐家汇路1102号建成投产。橡胶厂成立后，余芝卿任董事长，薛福基为经理，厂长吴哲生负责经营，技师为薛仰清。

在大中华橡胶厂成立之前，上海出现过几家橡胶厂，但由于日本、欧美橡胶企业进行技术封锁，最终都因资金、技术和产品质量问题倒闭。

为了解决产品质量问题，余芝卿、薛福基利用长期在日本经商建立的人脉，从日本购进设备并悄悄派遣3名工人去日本橡胶厂学艺，了解橡胶厂的全套工艺流程。后又派薛福基的叔叔薛仰清去日本大阪武川护谟厂学习橡胶熬油、上色这两项关键技术。1928年10月，薛仰清回国后任公司技师长、董事。投产初期，薛仰清负责组织骨干培训，指导工人生产，不断摸索经验，调整配方，改进设备，加强制度和技术管理，制订出一套较为完备的工艺操作规程和检验标准。

由于掌握了胶鞋生产的核心技术，质量可与日本同类产品媲美。大中华橡胶厂投产后，产销两旺，当年就生产了5.6万双胶鞋，盈利20万元，是创办资金的2.5倍。特别是下雨天穿的套鞋，穿着轻便，响声也小，非旧式钉鞋和木底鞋可比，深受消费者欢迎。从1931年至1933年，大中华的胶鞋产量每年都保持在600万双以上。1936年更是达到874万双，将称霸一时的日本胶鞋逐出中国市场。

大中华橡胶厂创办之初，就具有强烈的创名牌意识。1928年12月，大中华橡胶厂向商标局申请注册“双钱”牌商标。产品商标由余芝卿亲自选定，由两个中国特色古钱组成（见图5-8），左右两半相依，连成一体，寓意“名利双全”“福寿双全”“两全其美”，又象征团结和谐。经过审定，该商标于1929年8月获得核准，并取得了《商标局商标注册证》。为了防范同行非法假冒，造成不必要的经济损失，该厂还同时申请注册了与“双钱”牌商标名称和图案相关的“单钱”牌、“古钱”牌和“金钱”牌等商标。

双钱

图5-8　双钱商标

大中华橡胶厂早期主要生产“双钱”牌胶鞋、球胆、手套、热水袋、雨衣布、人力车胎等。后来薛福基发现国内公路日渐开辟，汽车越来越多，认为轮胎是交通、国防必需品，建议余芝卿开发汽车轮胎。余芝卿全力支持，董事会一致通过。

在那个时代，生产汽车轮胎的技术要求极高，国内生产能力尚无法满足需求，市场上流通的橡胶汽车轮胎几乎全部是外国货，价格昂贵。面对这一挑战，余芝卿带领公司技术人员，自1932年起着手研制国产“双钱”牌汽车轮胎，以期打破外国货的垄断地位。

1933年初，余芝卿通过朋友介绍，从日本中田铁工厂购得生产汽车轮胎的珍贵设备。尽管这套设备及运输费用颇为高昂，但为了实现生产汽车轮胎的梦想，余芝卿毅然决定花费重金购买。为了确保万无一失，大中华橡胶厂并未急于将设备运回国内，而是先在日本进行实验性生产，以深入了解设备性能和操作技术，并针对自身需求进行必要的改进。经过不懈努力，1935年10月，大中华终于成功制造出首批国产优质的“双钱”牌汽车轮胎，其价格仅为进口轮胎的三分之二。这一成就无疑在中国轮胎工业发展史上留下浓墨重彩的一笔。为让国人对国产汽车轮胎建立信心，余芝卿说服自己的老乡、出租车大王周祥生使用双钱牌汽车轮胎。“双钱”牌轮胎的诞生，打破了洋轮胎对中国市场的长期垄断，这一壮举震惊了世界轮胎制造大国，如英国、法国、美国和德国等。

同年，余芝卿又从日本购入一套二手人力车胎制造设备，并迅速投入生产。1936 年，大中华橡胶厂更是取得了重大突破，成功研制出中国第一条飞机轮胎。

自 1931 年起，大中华橡胶厂生产的胶鞋便屡获殊荣，包括上海市政府的优特等奖状和上海市商会的荣誉奖状。1935 年，“双钱”牌轮胎在新加坡中华总商会国货展览会上展出，荣获特等奖状，进一步彰显了其品牌实力。

由于“双钱”牌胶鞋具有耐磨、耐老化、耐曲挠等性能，鞋面光亮度均胜过同类产品，质地优良，产品还销售到了东南亚一带，产销两旺。成为名牌产品后，大中华橡胶厂在上海、天津等地开设了 8 个分厂，扩大生产规模。为避免产品被人卡脖子，大中华橡胶厂还投资上游产品，设厂生产碳酸钙、氧化锌，成为行业内首家生产配套原料的企业，也是具有产业联合体雏形的橡胶企业。

中华人民共和国成立后，大中华橡胶厂积极响应人民政府的号召，主要生产军用“双钱”牌棉胶鞋等国家急需物资。1954 年，该厂率先实行公私合营，进一步推动了企业的发展。到 20 世纪 80 年代，大中华橡胶厂又进行了大规模的技术改造，成功生产出“双钱”牌全钢子午线汽车轮胎，出口到全球多个国家，终于实现了余芝卿早年提出的中国橡胶轮胎产品走向世界的宏伟愿景。

四、中国灯泡之父——胡西园

胡西园（1897 年—1981 年），镇海柴桥人，实业家、发明家、工程师。他制造出中国第一个自制灯泡，创办中国第一家灯泡厂，被誉为“中国灯泡之父”“中国电光源之父”和“中国照明电器工业的开拓者”。

1897 年，胡西园出生于镇海柴桥一个比较富裕的家庭。镇海县立中学（现镇海中学）毕业后，考入浙江高等工业学校电机系。1920 年毕业后，只身到上海打拼。到上海后，他先经销多种五金材料，继而筹建了恒昌造船厂制造轮船。不久，他听说经营棉纱获利丰厚，又改营棉纱。作为受过高等专业教育的工科毕业生，他对技术开发的兴趣极为浓厚。

早在胡西园出生前的 1882 年 2 月，英国人就在上海开办了一家电气公司。这家公司沿外滩向虹口码头架设了 6 公里长的电线，装上 15 盏白炽灯泡，1882 年 7 月 26 日通电后，道路沿途通天雪亮，一时轰动全市，这是中国民众第一次见到电灯。之后十数年，中国大城市如北京、天津、上海等，已经开始使用电灯照明。

当时，中国电灯泡市场完全由外国人垄断，主要有美国奇异公司的“爱迪生”、荷兰的“飞利浦”、德国的“亚司令”及日本的“麻司达”“薄利安”等，没有国产灯泡。为了改变这种局面，“让中国人能够用上中国人自己制造的电灯泡”，胡西园把业余时间投入电灯泡制造技术的国产化研究。朋友周志廉、钟训贤听说后，也加入研制队伍。当时，虽然国内外杂志上零星介绍过电灯泡制造工艺，但系统的技术资料国内还极为缺乏。胡西园等人根据国外零星资料，结合实物，不断琢磨、试验。经过无数次失败，终于在1921年4月4日成功制造出第一只国产电灯泡（长丝白炽灯泡）。

国产灯泡研制成功，在当时是一件了不起的大事。正如胡西园晚年回忆所说："在人类登上月球的今天，一只电灯泡已经不足为奇了。但是在60年前的旧中国，连一根钉子都要向外国人购买的时代，中国人要自己制造出一只电灯泡，确实不是一件容易的事。"

技术上的突破，靠的是聪明才智，但要大规模生产电灯泡并从中获利，难度不亚于发明创造。胡西园首先碰到的问题就是办厂的资金问题。为了办厂，胡西园变卖了部分家产，勉强筹集到3万元资金。通过隆记洋行的黑田，胡西园从日本购得两套制造电灯泡的旧机器。依赖这些设备，1922年4月，胡西园在上海北福建路唐家弄242号租下一间房屋，因陋就简地开办了一家电灯泡制造工场。由于产量太低，生产成本大大高于当时的市场售价。

1922年11月，周志廉向他提供了一条信息，说有一位德国电器专家亚浦耳（OPEL）在上海甘肃路开办的小型灯泡厂——亚浦耳公司电器厂，因经营不善欲出让。1923年春，经过谈判，胡西园花2万元盘进该厂，生产规模得以扩大。考虑到该厂在社会上已有一定的影响，加上当时国人有崇洋心理，胡西园决定继续沿用该厂厂名和商标，但对厂名和商标作了三点修改。其一，在厂名上冠以"中国"两字，称中国亚浦耳灯泡厂；第二，在商标"亚浦耳"前加上"国货"两字；第三，以"OPPEL"为洋文商标，"亚"字为中文商标，这样既可与原来的"OPPEL"商标相区别，又可使中文译音不变。胡西园还聘请亚浦耳为工程师，在厂内设立了一个专门的研究机构，对灯泡生产技术进行攻关。1924年亚浦耳回国后，胡西园便一人承担起亚浦耳灯泡厂的全部工作。

1927年，胡西园招聘留美学生冯家铮为工程师，使得企业研发能力大幅提高。冯到任后，悉心改良亚浦耳灯泡厂的生产工序，使直丝灯泡的质量大大提高。

稳定了直丝灯泡、可乐灯泡的生产质量后，冯家铮又开始研制充气灯泡。充气灯泡时称"哈夫"灯泡，是当时市场上的最新产品。它的灯丝细而短，绕成半圆形，将灯泡内的空气抽掉后，灌入氩气及氮气。这种灯泡的灯丝不易蒸发，受震后不断丝，光呈白色，与可乐灯泡相比，照明效果更好，质量更高。冯家铮在美学习期间，曾在奇异公司总厂实习过，因而研制工作很顺利，1928年便正式投产。充气灯泡研制成功，打破了外商对新产品的垄断局面，迫使奇异公司不得不降价销售。

国产灯泡问世，意味着洋货一统天下的局面被打破。为了将新生的"亚"字灯泡扼杀在摇篮之中，外商频频使出"杀手锏"。他们先是收买内奸，暗中破坏亚浦耳厂的生产，其后又在原材料供应上做手脚，以次充好，甚至仿冒"亚"字灯泡，以假乱真，破坏亚浦耳厂的声誉。奇异公司曾收买过亚浦耳厂一名职工，暗中在亚浦耳厂配制的化学药水中掺入碱质粉末，造成红磷不纯，通电后容易断丝。

中国虽是产钨大国，钨矿产量约占世界总产量的85%，但当时中国冶炼技术落后，钨矿多廉价出口美国。美国是当时的钨丝生产大国，产品质量好，但价格昂贵。亚浦耳厂刚刚起步，资金有限，无力进口美国钨丝，只能从价格较低的日本进口。日本商家利用亚浦耳厂对原材料需求迫切的情况，常常设置骗局，从中牟利。日本大阪一家富士电料商店派员到沪推销原料，先用一批合格钨丝送亚浦耳厂试样。当与亚浦耳厂洽谈成功，双方订立购货合同后，把一批发脆变质的钨丝以次充好运抵上海。亚浦耳厂验货发现质量不合格，一再同日方交涉，函电往返持续一个多月，但日方矢口否认，不肯认账。最后，胡西园请上海电业工厂联谊会出面，向日本驻沪领事馆交涉，日方总算同意退货，调换合格产品。

外商还仿冒"亚"字牌灯泡，以假乱真，企图破坏亚浦耳厂声誉。日本一家电灯泡厂将无灯头的灯泡作为原材料进口，之后在上海加工销售。他们多次冒用亚浦耳厂商标，在市场上低价销售，损害亚浦耳电灯泡的声誉。奇异公司则唆使奸商，把廉价收购来的日制劣质灯泡改头换面，冒充"亚"字牌电灯泡在市场上推销。

1927年，美国、德国、荷兰、匈牙利和日本等国的电灯泡制造厂为了争夺中国市场，互相排挤，低价倾销，最低每只灯泡只售银圆5分，不及中国电灯泡制造成本的一半，导致本土电灯泡厂家纷纷倒闭，亚浦耳厂也出现销量锐减的情况。

在强大的竞争压力下，胡西园不惧艰险，沉着应战。首先，他狠抓产品质量，对各生产环节和相应的技术指标提出了几近苛刻的要求。对有些厂家只图眼前利益而不顾长远发展、不重视质量和损害国货声誉的行为，胡西园深恶痛绝。他曾撰文疾呼："贪一时便宜，偷工减料，粗制滥造，终将被优胜劣败之铁律作最后的判断。"经专业检验，当时亚浦耳灯泡连续通电1000小时，灯丝没有损坏的，发光效率也一直保持在80%以上。

灯泡虽然只是个小产品，但工序并不简单。如亚浦耳灯泡的制作，就需要经过玻璃吹玻壳、制造灯丝、封口、抽空气、塞头、焊锡、试光等十几道工序。为此，胡西园在厂内确立了一套玻璃吹制及装配灯泡的工艺规程，在原料质量、产品等级和岗位责任等方面都有明确规定。由于亚浦耳灯泡信誉日高，销路大开，获得了老乡的青睐，上海金融界巨子、"金子大王"、慈溪人王伯元和上海银行业领袖秦润卿等人，纷纷前来投资。资金充裕后，胡氏得以实现扩厂计划。1929年，胡西园购地10余亩，在沪东辽阳路兴建了一批新式厂房。除将原有机器设备迁入外，又增添了喇叭头车、司旦姆车、封口车、排气车等新的机器设备，工人也增至500人，生产能力大幅扩大，日产长丝、可乐、哈夫等灯泡万余只，亚浦耳厂的实力大增。

1931年，亚浦耳公司招股20万股，在鄱阳路（今波阳路）购地15亩，建立规模更为宏大的亚浦耳电机厂，开始生产电风扇、马达、电炉等多种电器产品。为生产出有竞争力的产品，胡西园延揽了一大批电机、电器方面的专门人才，亚浦耳的产品线也更为丰富。

经过10余年的发展，亚浦耳公司已有四大工厂，成为全国电器业的佼佼者。1934年1月，上海市电器制造业同业公会成立，胡西园担任主席。在亚浦耳的带动下，上海相继成立了数家华商电灯泡厂，包括上海灯泡制造公司、华德电光公司、中华电泡厂等。

正当胡西园准备大干一场时，日本侵华战争爆发。在淞沪抗战中，亚浦耳电机厂完全毁于炮火，辽阳路总厂被日军占领。在此沉重打击下，胡西园一方面在小沙渡路（今西康路）设第二分厂继续生产灯泡，另一方面将部分设备西迁，在重庆设立总办事处，并先后建立亚浦耳灯泡、玻璃料器、制革、化工等8家工厂，为抗战事业尽心尽力。

1946年，胡西园试制成功国产第一支日光灯管，1950年正式投产。1956年，亚浦耳改为公私合营，更名为亚明灯泡厂，胡继续任总经理。1965年胡西园退休。1981年4月18日，胡西园因心脏病病逝于上海。

五、中国近代企业大王——刘鸿生

刘鸿生是中国近代著名爱国实业家，在上海有10年的买办生涯，后成为集“煤炭大王”“火柴大王”“毛纺大王”“水泥大王”等于一身的“企业大王”，经营领域遍布轻重工业、运输业、商业和金融业，创立了近代中国数一数二的民族企业集团。

7岁时，刘鸿生父亲因病去世，家道中落。13岁刘鸿生进入圣约翰中学读书，1906年（清光绪三十二年）考入上海圣约翰大学。大学二年级时，美国校长决定送他到美国去学习神学，学成后回校担任牧师兼教英文。因不服从校长培养他当牧师的安排，刘鸿生被学校开除。

此后两年间，他先后在租界工部局担任教员和翻译。1909年，经人介绍，刘鸿生进入英商上海开平矿务局当推销员。由于业绩出色，1911年被提升为买办。1918年，为扩展煤炭经营，他与义泰兴煤号设立董家渡煤栈，经销开滦煤，分取利润。第一次世界大战期间，他自租船只，由秦皇岛装载开滦煤运沪销售，在之后的10年时间里，赚取白银百万余两。此后，他又在上海及长江下游各埠与人广设销煤机构。经营煤炭使刘鸿生挣得了巨额财富，用他的话讲：“短短几年的推销煤炭工作，使我突然从一个贫寒的大学生成了百万富翁。”

1919年五四运动爆发，民众自觉购买国货，抵制外货，历史给了民族工业千载难逢的发展机遇。刘鸿生牢牢地把握住了这个机会，1920年1月与人合伙在苏州设立华商鸿生火柴公司，投入资本12万元，这是刘鸿生将资本转向工业企业的起点。此后，他又独资或与人合资设立华商上海水泥公司、中华煤球公司、大华保险公司、华丰搪瓷公司、章华毛绒纺织公司、中华工业公司、华东煤矿公司、中国企业银行等，而且每一个产业都取得了成功。

到1931年底为止，刘鸿生的企业投资（包括公司股票、合资股份及船舶码头3项）已达745万余元，被称为中国的“煤炭大王”“火柴大王”。1932年11月，他出任国营轮船招商局总经理。

到20世纪50年代，刘鸿生与无锡的荣氏家族，成为当时国内数一数二的民族资本家。1956年初，刘氏在各地价值2000余万元的企业全部实现公私合营。

六、钢铁大王——余名钰

余名钰（1896年—1962年），浙江镇海大市堰人。余名钰出身书香门第，毕业于美国加利福尼亚大学，获冶金学硕士学位。在抗战时期，被称为“钢铁大王”。他研制出中国第一台炼钢电弧炉，出版了《贝氏炉炼钢》和《铸铁》等专著，为中国钢铁事业的发展作出了巨大贡献。

钢铁工业是指生产生铁、钢、钢材、工业纯铁和铁合金的工业，是世界所有工业化国家的基础工业之一。铁矿原料、燃料及辅助材料等资源情况，影响钢铁工业规模、产品质量、经济效益和布局方向。经济学家通常把钢产量或人均钢产量作为衡量各国经济实力的一项重要指标。

春秋战国之交，铁器在我国逐渐取代铜器，成为主要的生产工具。因主要使用柴火煅烧，温度始终无法超过1000度，铁的纯度也一直无法提高，硬度非常有限。此后2000多年，我国的炼铁技术未有大的进步。18世纪工业革命后，西方炼钢技术有了本质上的突破，洋务派发起的“借法自强”洋务运动，使我国新法冶金事业逐步发展起来。

1886年，清政府批准兴办的贵州青溪铁厂，是我国早期钢铁工业建设的一次尝试。1890年，张之洞在武昌设立铁政局，成立汉冶萍煤铁公司，创办了近代中国第一家大型钢铁联合企业——汉阳钢铁厂。4年后，汉阳钢铁厂1号高炉投产，日产铁100吨，标志着中国近代钢铁工业起步。当时钢铁业属于高科技行业，受制于技术、人才、资金的限制，进步非常缓慢。

余名钰在美国加州等地的矿区工作过，任实习工程师、工程师和顾问等职。1919年5月回国后，被多家钢铁厂聘为工程师，成为国内最顶尖的钢铁行业技术人才。1933年8月，余名钰与方子重在上海筹办大鑫铁工厂，引进国外先进的电炉炼钢技术，制造出中国第一台电弧炉，这是我国钢铁工业进入现代化并与西方先进技术接轨的一个重要里程碑。

在余名钰、方子重的带领下，大鑫铁工厂于1933年9月正式投产，主要生产小钢锭和铸钢、铸铁件等。当时，上海江南、瑞镕、耶松、合兴等各船厂以及美商电力公司、法商水电厂、英商公共汽车公司、公共租界工部局等中外厂商机构所需机件材料，皆向大鑫订购。京沪、津浦、陇海、粤汉和华中一带铁路所需配件，也多数由大鑫厂供给。另有一部分业务为协助上海、金陵等兵工厂制造军工需要的材料。由于需求量不断增加，产品供不应求，大鑫铁工厂进一步加大投入，扩大生产能力，引进国外先进的电炉炼钢技术并自制轧钢机，实现了炼钢、炼铁、轧钢一体化生产。钢铁厂注重产品质量，深受用户欢迎，逐渐成为上海乃至全国实力雄厚的钢铁厂。

1937年抗日战争爆发后，为避免电炉等重要设备落入日军之手，余名钰率领职工辗转数千里，将设备经武汉运至重庆。到重庆后，他和民生公司、金城银行合资，组建了渝鑫钢铁厂股份有限公司，自任总经理兼总工程师。抗战期间，该厂生产的钢材几乎都提供给了大后方生产武器弹药的军工企业，为抗战作出了重大贡献。

随着生产规模不断扩大，渝鑫钢铁厂年需焦炭达3000至5000吨。为保证钢铁厂生产，便利获取原料，钢铁厂与矿山合作，自办煤矿。渝鑫钢铁厂先后投资合办了江北石马乡分厂、北碚江家沱分厂、长寿詹坨分厂、彭承矿洞岩铁矿厂、北碚童家溪煤矿、深炭沟煤焦矿、清平炼铁厂、石柱县氟石矿、中国金属制片厂等9个分厂。渝鑫钢铁厂是抗战时期的主要钢厂之一，拥有5吨平炉1座，1吨电炉2座，1吨贝塞麦炉2座，3吨熔铁炉5座等，员工人数逾2000人，每月生产灰口铁140吨，钢锭150吨，钢品100吨。1939年至1945年期间，共炼钢6058吨，炼铁5585吨。抗战期间，余名钰曾到新疆乌鲁木齐水磨沟，帮助建设新疆金属冶制厂。同时他还兼任重庆大学矿冶系主任，培养国内钢铁冶炼人才。

1942年1月，周恩来在重庆为余名钰经办的渝鑫钢铁厂题词："没有重工业，便没有民族工业的基础，更谈不上国防工业，渝鑫钢铁厂的生产已为我民族工业打下了初步的基础。"1945年，在国共重庆谈判期间，毛泽东和周恩来多次约见包括余名钰在内的一些民族工商业者长谈，鼓励大家为抗战胜利后建设新中国作贡献。

抗日战争胜利后，余名钰回到上海。他首先恢复了大鑫钢铁厂的生产，后又兼营敌产日亚钢铁厂。1947年1月，官商合办的上海钢铁股份有限公司成立，余名钰兼任总经理。同年6月，上海市钢铁炼制工业同业公会成立，余名钰被推举为理事长。

上海解放后，大鑫钢铁厂由市军管会接管，改为大鑫机器厂，后改为上海矿山机器厂、上海重型机器厂。日亚钢铁厂改为国营，更名为益华钢铁厂。1950年8月，余名钰被中央人民政府重工业部任命为钢铁顾问。1951年，应王震邀请，赴新疆参加钢铁工业创建工作。同年3月，被任命为新疆军区军工部总工程师。次年，又被任命为新疆八一钢铁厂总工程师，为边疆地区重工业的发展作出了不可磨灭的贡献。

1962年11月30日，余名钰因病逝世于北京。农垦部为其所拟的碑文是："参加创建新疆钢铁企业工作，表现出了卓越的科学技能和热爱祖国的革命热情。"

七、中国新药业先驱——项松茂

项松茂（1880年—1932年），名世澄，别号渭川，浙江鄞县人，中国新药业先驱。项松茂幼读私塾，14岁到苏州当学徒。1900年学成后，投身中国新药制药业，先后在上海中英药房、汉口中英药房分店和汉口商会任职。

1891年，中医世家出身的黄楚九在上海开设了一家中法大药房，推销自己制造的中成药和西药，开了中国人自制西药之先河。辛亥革命后，随着大批攻读西药的留学生纷纷回国，新式医院纷纷建立，西药开始在中国市场上畅销起来。

项松茂的创业经历与大多数宁波商帮实业家相似，都是先商后工，通过商业积累资金，了解市场，然后认准行业果断投资进入。1911年，项松茂接到夏瑞芳、黄楚九的邀请，从武汉回到上海，在五洲大药房危难之际出任经理。

当时，五洲大药房职工仅25人，制药场地狭小，设备简陋，但店堂陈设豪华。项松茂接手后，大刀阔斧地进行改革。他将华丽的设备和贵重家具尽行变卖，募作流动资金，并延聘钱庄帮办俞巨卿为副理，加强资金融通调剂，同时在繁华地带开设门市，使营业渐见起色。五洲大药房原来以经销西药为主，本重利微，且为洋货推销，有违项松茂实业救国的抱负，因此他逐步将经营重心转向自制成药。项松茂专辟制药部，成立合药间，广罗药学技术人才负责调制药剂，并购买多种国外药物书刊和药典作参考。

1911年—1932年期间，项松茂多次到日本、欧美考察先进的制药技术，为后来创办制药厂作准备。第一次世界大战期间，海运受阻，交通不畅，从英德法等国进口的原料药和成药锐减，致使中国市场西药供不应求，药价猛涨。五洲大药房盈利日增，经济实力大为增强。此时，原由德国人开设、后由国人张云江经营的固本肥皂厂，因连年亏损，急于作价出售。项松茂闻讯后亲往察看，见厂房坚固，设备齐全，旁边还有空地可附设制药车间，决意收买。董事会许多人怕赔钱，下不了决心，项松茂力陈己见："设厂目的在于振兴实业，挽回利权。肥皂是卫生用品，与制药不无关系。况该厂设备现成，比自行购置价廉而可收事半功倍之效；药与皂兼制，更可获一举两得之利。"董事会终于同意项松茂的意见。

盘进固本肥皂厂后，1921年，项松茂将厂名改为"五洲大药房附设五洲皂药厂"，厂内分制皂、制药两部，积极准备创制新型五洲固本肥皂。此时洋货肥皂充斥市场，尤以祥茂皂销路最广。项松茂分析市场信息后认为，肥皂是日常必需品，国内市场极为广阔，但必须有质量超过洋皂又价廉物美的国产肥皂，始能夺回市场，挽回利权。为此他从提高固本皂的质量着手，重金聘请制皂专家，成立制皂研究小组，分析各种洋皂的成分和优劣。

他亲自到祥茂皂厂参观，察看内部机器设备及生产过程。又派制皂部主任傅怀深乔装工人进该厂当临时工，9个月轮流深入祥茂皂厂各车间劳动，尽获制皂各个环节技术上的奥秘。回厂后，在本厂制皂老工人协助下，终于研制出质量高于祥茂等洋皂的五洲固本肥皂。固本皂除污力远胜祥茂皂，且经久耐用，不缩不裂，零售价每块仅比祥茂皂贵铜钱2枚。固本皂一问世，即受到消费者热烈欢迎，销路日广。

五洲大药房抓住千载难逢的机会，不断做大做强，营业额和盈余额都大幅增长。1920年，五洲大药房的年营业额为137万余元，利润3.26万余元，分别比1915年增加3.43倍和92%。1921年，项松茂再次集资扩股，使五洲大药房的资本增至白银50万两，为五洲大药房的继续发展奠定了雄厚的资金基础。

此时，祥茂皂划归英商肥皂托拉斯利华公司在沪所设中国肥皂有限公司经营，他们提出愿以高价收购固本皂厂，项松茂坚决拒绝。祥茂皂于是低价进行竞销，固本皂也不得不降价。1924年，固本皂厂亏损达白银5000余两。为长远计，项松茂不惜血本，用五洲大药房的药品利润来弥补固本皂的亏损。

正在此时，上海《化学世界》杂志发表了《国货肥皂与外货的优劣观》，对固本皂与祥茂皂的质量进行分析对比，固本皂声誉倍增。1925年，五卅运动掀起反帝风暴，祥茂皂销量直线下降，固本皂终于战胜洋皂，占领市场，挽回了利权。当年五洲大药房又盘进中华兴记香皂厂，增出各种香型和牌号的香皂数十种，扩大了经营范围。

与此同时，项松茂又扩展了制药部，增聘专家，成立化验室，新出多种成药，从中草药中提炼酊剂、浸膏，自制牛痘疫苗，以及醚精、柠檬酸等化学药用原料。另外，特约林德兴五金工场仿制德国蛇牌各种医疗器械及医院设备，开创我国医疗器械工业。买进德商耐尔生亚林制药厂，制销亚林防疫臭药水。承盘宁波公济药棉绷带厂，改名“东吴”，继续大量生产药棉。收买南洋木塞厂，并入制药部。投资开办造酸公司、大丰工业原料公司、南阳皂烛厂、新亚药厂、华国化学玻器厂、温州森利农林场等企业。

在项松茂的悉心经营下，五洲大药房及其众多的附属企业已形成了经济实力雄厚的皂、药工业产销联合企业集团，生产的药品包括滋补药品和防疫药品两大类，达150余种，在国内首屈一指。

五洲固本皂不仅畅销全国，还远销海外。五洲大药房自制药品在海外也声誉日隆，在美国旧金山巴拿马博览会、费城庆祝美国独立150周年博览会上斩获多项大奖。

九一八事变后，项松茂积极参加抗日救亡运动，担任上海抗日救国委员会委员，登报声明“不进日货”。项松茂将自己企业内全体职工编成义勇军第一营，自任营长，聘请军事教官严格训练，积极备战，招致日军仇视。当时中国军队前线伤亡很大，五洲大药房接受政府生产军需药品的任务，日夜不停赶制药品，供应前线急需。

1932年1月31日，年仅52岁的爱国实业家项松茂及11名员工遭日军杀害。为表彰项松茂作出的贡献，蒋介石褒奖这位宁波同乡并题赠“精神不死”，国民政府以“抗敌不屈，死事甚烈”予以褒扬。

1982年，项松茂罹难50周年之际，全国人大常委会副委员长许德珩题写“制皂制药重科研，光业光华异众贾；抗敌救友尽忠诚，爱国殉身重千古”以示纪念。

八、香烟大王——陈楚湘

在上海愚园路395弄涌泉坊，深藏着一幢建于1936年却鲜为人知的西班牙式美丽建筑，这就是涌泉坊24号。该处建筑是陈楚湘的住宅，人称“陈家花园”。

陈楚湘（1897年—1973年），浙江镇海人，出身于“烟草世家”，父亲陈文鉴是兴业烟厂的创办人。1924年，陈楚湘子承父业，创办了福和烟草公司，任总经理。后与同乡戴耕莘共同集资4万银圆，接盘中国华成烟厂，为常务董事兼总经理。1925年五卅惨案发生后，国人提倡国货，华成烟厂出品的“金鼠牌”香烟销量直线上升。同年10月华成烟厂又推出“美丽牌”香烟，成为上海滩的名牌香烟，销量更大，华成公司盈利猛增。抗战前，公司职工达三四千人，成为国内规模最大的民族卷烟企业。陈楚湘接办华成烟厂，常以“诚无悔，恕无怨，和无仇，忍无辱”12字自律。

中国华成烟厂始创于1917年，由沈士诚、沈延康、虞成龙等5人投资4000块银圆创建，因公司厂址在上海华成路紫微里4号得名。20世纪初，自英美商人联合在上海设立英美烟公司之后，外国公司制造的香烟就源源不断地向中国各地倾销，钱财自然也滚滚流入外商之手。许多中国商人为了振兴民族工业，打破外商烟草垄断的局面，投资开设烟厂，却因资本、战乱等原因而失败。

老华成烟厂原先只生产10支装的“三旗牌”香烟，质量不高，无法与英美烟公司产品竞争，销路仅限于山东滕县一带。戴耕莘、陈楚湘经营华成烟厂后，决意奋发图强，提高产品质量，创出自己的名牌产品，为占领国内市场创造条件。他们开始经营华成烟厂的1924年，正好是农历甲子年，甲子属鼠，而鼠为12生肖之首，中国民间有“黄金鼠年”的祝福口彩，于是他们就以“金鼠”作为商标。

新华成烟厂采用高档烟叶，在全厂职工共同努力下，终于在简陋的设备中制出了烟支精挺的“金鼠”牌香烟。“金鼠”香烟烟味适口，可与当时畅销的“红锡包”香烟媲美，而售价低于“红锡包”，因之产品一出，很快就打开了销路。

“金鼠”首战告捷后，新华成烟厂又创立新品牌。他们发现著名坤伶吕美玉在时装京剧《失足恨》中拍摄的一张半身剧照装束华贵，美丽动人，就别出心裁地请名画师为这幅剧照勾勒一道圆形相框，框外缀绿叶数枚，再衬以老虎美术图案作为商标，生产档次更高的“美丽”牌香烟。由于“美丽”牌香烟使用剔除烟梗的上等烟叶作原料，烟丝纯净，烟味醇和，加以商标精致华美，别具吸引力，在市场上颇受欢迎。

随着“金鼠”“美丽”牌香烟面世，陈楚湘又开始在广告上大做文章。“金鼠牌香烟，烟味好，价钿巧！”“美丽牌香烟，有美皆备，无丽不臻。”他们将这两条易懂易记的广告标语在报刊、电台反复刊载播出，在沪宁、沪杭铁路沿线的车站、码头、城镇、农村乃至穷乡僻壤，到处竖立广告牌，张贴广告画，还在城市游艺场所，行驶的电车、公共汽车上绘制广告，拉动产品销路不断扩大。特别是 1925 年上海发生五卅惨案后，在“抵制洋货，提倡国货”的浪潮中，华成烟厂的“金鼠”牌香烟有超越英美烟公司“前门”牌的气势，为民族烟草工业争得了市场，公司也大为盈利。华成烟厂的股票原来价格只有 30 元，后来涨至 2000 元还没有人肯脱手，盛况可见一斑。

1927 年，因原有厂房不敷使用，华成烟厂在虹口汇山路（今霍山路）另建新厂房。1928 年，除在宁波路设立总公司外，又在杭州、汉口设分公司，在香港地区和新加坡设代理经销处。之后，华成烟厂又延伸到惠民路，占地约 20 亩，规模宏然。同时新增了“富贵”“芬芳”等品牌香烟，以适应不同消费者的需要。到抗战前，华成烟厂成为国内规模最大的民族卷烟企业，陈楚湘也成了当之无愧的“烟草大王”。

宁波商帮实业家创立了无数国产品牌，为中国社会的进步作出了不可磨灭的历史贡献。

首先，他们建起了中国自己的民族工业，繁荣了经济，改善了人民生活，推动中国社会由农业社会慢慢向工业社会转型。

其次，促进了就业。工业化为农民提供了大量就业机会，使中国第一次出现了工人阶级这一群体。

再次，推动了中国第一次城市化进程。上海、天津、武汉等近代城市的出现，都与工业化紧密相关，宁波商帮为这些城市留下了许多工业企业和地标性建筑。

最后，在经济发展和社会进步方面，宁波商帮起到了重要的带动作用。宁波商帮不仅引进和生产西方先进的产品，也传播了西方社会思潮，使得我国传统思想文化发生深刻的嬗变，渐渐与西方接轨。

第四节　慈善为怀，和顺天下

1992 年，厉以宁先生在《论共同富裕的经济发展道路》一文中，首次提出社会分配可以分成三个层次：第一层次是以竞争为动力的分配，即根据能力大小决定收入多寡；第二层次是以公平为原则的分配，即通过社会保障、社会福利进行再分配；第三层次是以道德为动力的分配，即有钱人自愿把钱接济给穷人，也就是发展慈善事业。

那么什么是慈善事业？慈善事业是一种自愿地奉献爱心与援助行为，从事扶弱济贫的社会事业。慈善事业既起到安老助孤、扶贫济困的作用，同时又起到梳理社会人际关系、缓解社会矛盾、稳定社会秩序的作用。很明显，慈善事业以社会成员的慈善心为道德基础，以社会成员自愿捐献款物为经济基础。

中国慈善思想和慈善活动源远流长，先秦时期，慈善理念即开始萌芽。儒家倡导“仁者爱人”“博施济众”，墨家主张“兼爱”“交相利”，这些思想为慈善事业奠定了理论基础。先秦时期的统治者也会采取一些诸如开仓放粮、救济灾民等慈善举措。

秦汉时期，官方开始设立专门的机构来管理慈善事务。如汉代的常平仓，通过在丰年收购粮食、灾年抛售的方式来稳定粮价，救济百姓。同时，民间也有一些富人进行施粥、救济贫困等慈善行为，如范蠡三次散尽家财，接济乡邻。

唐宋时期，慈善事业得到进一步发展，官方设立了福田院、居养院、安济坊等慈善机构，分别用于收养孤儿、孤寡老人、残疾人以及救治病人等。这一时期，民间慈善力量不断壮大。宋代范仲淹曾设立“义庄”，以田产收入资助本族贫困成员，提供衣食、教育、婚丧等方面的补助，开创了家族慈善的先河。同时，士绅阶层也积极参与慈善活动，组织成立“社仓”，在青黄不接时向农民出借粮食，帮助其渡过难关。佛教的兴盛也推动了慈善事业的发展，比如寺庙常常举办施药、施粥等慈善活动。

明清时期，民间慈善组织大量涌现，善堂、善会成为主要形式。这些组织突破家族和地域的限制，面向更广泛的社会群体。如明代的同善会以劝善为宗旨，救济贫困无业者、孝子贤孙、节妇等，同时注重对受助者进行道德教化。清代的育婴堂专门收养弃婴，部分育婴堂还设有乳母、教师，负责婴儿的抚养和教育。此外，还有普济堂、清节堂等，分别承担赡养孤寡老人、救助寡妇的工作。同时，政府也对民间慈善组织进行一定的引导和管理，形成了官民结合的慈善模式。

晚清以来，中国面临内忧外患，自然灾害频繁，战争不断，传统慈善事业难以应对大规模的社会危机。在此背景下，慈善组织开始借鉴西方的慈善理念和方法。1876 年—

1879 年，“丁戊奇荒”期间，江南士绅发起了义赈活动，突破地域限制，通过募捐、设局放赈等方式，救助华北灾区灾民。这次义赈活动引入了现代募捐理念和方法，利用报刊宣传灾情，吸引社会各界捐款捐物，标志着中国慈善事业开始向近代化转型。

随着西方传教士在中国开展活动，西方慈善机构和慈善理念传入中国。一些传教士在中国设立医院、孤儿院、学校等慈善机构，开展医疗救助、儿童抚养和教育等工作。同时，国内也出现了一些具有近代性质的慈善组织，如 1897 年成立的上海戒烟公所，旨在帮助民众戒除鸦片，改善社会风气。1904 年，为应对日俄战争中的东北难民问题，上海绅商联合成立了中国红十字会（后改称“大清红十字会”），这是中国第一个具有现代意义的慈善组织，借鉴了国际红十字会的理念和运作模式，开展战时救护和难民救济等工作。

近代以来，宁波商帮以独特的精神气质与深厚的家国情怀，在慈善领域书写了浓墨重彩的篇章。面对时代风云变幻，宁波商帮人士始终心怀仁爱，或凭借个人之力慷慨解囊，或联合组建慈善团体，凝聚社会力量，将慈善理念化作实际行动。

在家乡宁波，他们因桑梓情深，踊跃投身当地慈善事业。为改善家乡教育条件，他们捐建学校，购置先进的教学设备，聘请优秀师资，培养出一批又一批人才。为保障乡亲的健康，他们出资兴建医院，引入先进的医疗技术和设备，为患病的乡人提供免费或低价的医疗服务。为帮助贫困家庭渡过难关，他们设立救济机构，定期发放钱粮衣物，开展施粥、施药等活动。在饥荒、瘟疫等灾难发生时，更是第一时间组织救援，拯救无数生命。

随着商业版图的不断拓展，宁波商帮的财富实力日益雄厚，他们的慈善足迹也逐渐走出家乡，迈向全国。在国内其他地区遭遇自然灾害和社会动荡时，宁波商帮人士纷纷伸出援手，无论是在洪涝灾害中为灾区运送物资，搭建临时住所，还是战乱时期救助难民，安置孤儿，都能看到他们的身影。他们还积极参与到全国性的社会改良事业中，资助文化机构，支持公益社团，为推动社会进步贡献力量。

一、泽被乡亲，情系故乡

叶澄衷发家致富后，在家乡设立了树德堂、忠孝堂、牛痘局、救火会等，抚恤孤寡，急人所急，深得人望。当时即有乡谚称：“依澄衷，不忧穷。”叶衷澄还在第二故乡上海设立了怀德堂、崇义会、广益堂等机构，开展各种公益慈善事业。1888 年，因带头捐出巨款赈济浙江灾荒，清廷传谕嘉奖叶衷澄，并赐给“乐善好施”“勇于为善”两块匾额。

黄楚九发迹之后，致力于慈善救济事业，被当时的媒体广为宣扬。1919 年河南大灾，百姓易子而食。黄楚九派人携资前往，收养婴孩千余人。1926 年夏，上海大疫，死人枕藉。鉴于旧有的时疫医院诊治不及，他遂发起新时疫医院，仅 10 日新时疫医院就建成，活人甚众。他还在龙门路创建眼科医院，施诊施药，经费一人独任。

吴锦堂在日本发展实业时，正是国内政治腐败、军阀混战、民不聊生的时期，他只要力所能及，常拿出巨款组织赈济。初期，他将钱款捐给政府，后来自己组织赈济机构，设法购米施赈或组织以工代赈，赈济范围北至东北，南至闽广，甘霖所至，救助了无数灾民，人们誉其为“万家生佛”。万国医院、孤儿养育院、盲哑院、红十字会、同仁会等，都曾得到过他的巨额捐赠。

慈溪地处沿海，经常受海水侵蚀，淡水资源也不丰富。1905年，吴锦堂开始捐资家乡水利建设，动工修建规模巨大的杜、白两湖水利工程。该工程由四大核心项目构成：重建西界漾塘，遇汛期可藉以截姚北平原东注的洪水；加固两湖大堤，以增加蓄水量；增设减水坝，用于控制水位；疏浚通海大浦，增设大小桥闸，完善排灌系统。整体工程“竭五六年心血，费七万余金钱”，才得以完成。

在事业发展的第二故乡日本，吴锦堂关爱旅日侨胞，创建和发展诸多华商组织，资助华侨公益事业，维护华侨权益。同时，他也捐助日本困难群众。直至今天，在日本兵库县还有以吴锦堂命名的村庄和水池，并立有吴锦堂显彰碑。

虞洽卿早年丧父，母亲方氏不肯再嫁，独力把他抚养成人。虞感念慈恩，事母至孝，在上海滩是出了名的。这位孝子不仅在家乡为母亲修了“天叙堂”，还一直记着母亲的话：“你大了如果发了财，应该对家乡做点有实惠的事情，不要专为自己享受。”

1914年，虞洽卿在老家慈溪龙山成立三北轮船公司，最初动机是想为家乡发展交通事业，使棉花出口可免转口税。为遵照母命“要为家乡做点实惠的事情”，虞洽卿不惜花费重金，在龙山筑起一条2华里长的海塘，建立码头，同时还建造了一条小铁路直通龙山。据说虞洽卿为建造三北公司码头，先后耗资达200万元。码头建好后，功效不是很理想。当时乡间有民谣说：“洽卿老板大糊相（宁波俗话，指不会打算），钞票会丢海中央。”这个轮埠废址至今仍在。

虞洽卿还在龙山镇创办小学，当地孩子全部免费就读。他在龙山镇开办的医院，老人看病同样免费。至于修桥补路、清河浚塘之类的善事，他做得就更多了。虞洽卿出资修建的那条轻便铁路，从镇海县城直通宁波，半年即告竣工，时人目为神迹。1944年，虞洽卿将家乡天叙堂堂产61亩水田，捐献给山下小学作为校产。

1937年8月13日，日本军进攻上海，淞沪大会战爆发。为了逃避战乱，70万难民挤进弹丸之地的租界。为了保障难民的生活和权益，年过七旬的虞洽卿担当“调人”，发起成立上海难民救济协会，自任会长，英商麦克诺登为副会长。虞洽卿四处募集资金，在租界设立30余处难民收容点，按期支付代养金，先后收养难民8万余人，发放81期给养，共计970余万元。

1945年4月，79岁的虞洽卿因患急性淋巴腺炎在重庆逝世，国民党政府赠给“输财报国”四字匾额，成为对虞洽卿一生乐善好施的评价。

二、中国红十字会事业的开拓者——沈敦和

沈敦和（1857年—1920年），字仲礼，又字默龛，宁波人。沈敦和少年时期在上海自费求学，清光绪二年（1876年），20岁的沈敦和到英美游学，入读英国剑桥大学圣约翰学院攻读法政科。回国后，他历任南洋大臣翻译官、金陵同文馆教习、鱼雷学堂提调、江南水师学堂提调。1894年甲午战争时期，他任南京、镇江、江阴和吴淞四炮台提调，次年改任江南自强军营务总办。1901年后，他任全国路矿局提调，兼开平煤矿、建平金矿总办。1904年后，沈敦和定居上海，任沪宁铁路总办、中国通商银行总董，此后专注于实业和慈善事业。让沈敦和名留青史的，是他在中国红十字运动创建和发展过程中作出的不可替代的卓越贡献。

1904年，日俄两国为争夺对中国东北的控制权，在辽东地区发动战争。无能的清政府竟然宣布“局外中立”，导致东北同胞陷入战乱，流离失所，饱受摧残。由于当时中国没有加入总部设在瑞士的国际红十字会，接送难民的船只、车辆都不准进入日俄交战区。有见于东北民众陷于水深火热之中，沈敦和挺身而出，于3月3日在上海发起成立东三省红十字普济善会。该会的宗旨是:“缘泰西红十字会例，名东三省红十字普济善会，专以‘救济该三省被难人民为事’。”

红十字普济善会的开办方法是先由发起人“垫银十万两，以应急需”“延请中西大善董，就近开办，在沪设立总局，为专门筹款之所，而另设分局于京津，招留救援出难之人”。同时红十字普济善会通告各省，并在《申报》上刊发章程，请社会各界助款入会，“无论南北方人，务先举令速离危地，以避大难”。

东三省红十字普济善会宣布成立后，得到沪上各界热烈响应，但“因具有浓重的传统善堂色彩，无法取得日俄交战双方的认可”。沈敦和等与著名传教士李提摩太奔走联络，中、英、美、法、德5国董事于3月10日在公共租界工部局讨论，一致决定成立万国红十字会上海支会。3月17日，中西董事会首次集会，正式将该会定名为“上海万国红十字会”，标志着中国红十字会诞生。此后，沈敦和偕上海万国红十字会同仁全力以赴，积极开展救护和赈济。至日俄战争结束，共救济难民逾46万人，成绩瞩目，博得社会各界的广泛称誉。

上海万国红十字会于1907年宣告终结，但沈敦和并没有停下推进红十字事业的脚步。1908年，他奏请清政府同意，用上海万国红十字会余款筹建中国红十字会总医院。1910年4月，红十字会总医院及其附设医学堂在上海徐家汇竣工落成。红会总医院在沈敦和领导下，发扬人道主义精神，当年就参与了皖北旱灾和上海鼠疫的救济。尤其是上海鼠疫的应对处理，沈敦和在其中发挥了关键作用。

1910年东北地区发生鼠疫后，各通商口岸及京津地区也有感染鼠疫的病例发生。上

海租界工部局遂要求西医至租界内外华人家中按户检查鼠疫，引起华人的恐慌，一时舆论哗然。华人绅商认为应办自立医院以解决此争执，遂推举素有办院经验的沈敦和与工部局商议。协商下来，工部局虽予许可，但刁难称医院必须在4日内成立。沈敦和向华人各界公开演讲，论说“治安不可扰，主权不可损，医院成立不可缓”，民众大为感动。

尽快选定医院院址是解决这个问题的头等要事，幸得在沪广东人张子标以3.3万元的价格让出自己在宝山境内所建市值4万元的补萝园，作为中国公立医院的院址，所折7000元及园中物件都作为给该医院的捐献，中国公立医院得以在工部局限定的期限内建成。中国公立医院建成后，在沪绅商纷纷捐款，苏松太道刘燕翼另请拨银万两作为该院经费。

该院建成后，4名华人男西医以及1名女医在沈敦和的管理下，按照工部局指定的地段，在10天内检查了2400余家居民，而且检查方法十分有成效，获得了工部局的信服，甚至有人建议将之推行于鼠疫严重的东三省。也因此，1911年初工部局颁布防疫永久办法五条时，规定华人患疫、查验、隔离、诊治等事皆归华人医院办理，其他种痘、霍乱等卫生事宜也归之管理。就这样，租界内华人的自立资格首先在医疗卫生检疫自办权上体现出来，沈敦和等人的推动功不可没。

沈敦和主持中国红十字会实际工作达16年之久，为公共慈善事业殚精竭虑，呕心沥血，被誉为“救苦救难之大元帅，救命军之大教主”。他先后创办并主持了中国红十字会时疫医院、中国红十字会总医院、天津路分医院、中国公立医院、南市医院、北市医院，培养了中国第一代公共慈善医生等大批医护人才，为中国红十字运动的发展建立了不朽的功勋。

1920年7月5日，沈敦和因病在上海去世，时年64岁。同事在追悼会上称赞他“论开创则百世不祧之祖，论慈善则万家生佛之宗”。斯人虽逝，精神长存。在风雨如晦的20世纪上半叶，由他开创的中国红十字会薪火相传，为世人留下不可磨灭的历史记忆。

值得一提的是，1923年日本关东大地震，中国红十字会除了向日本捐献2万美元的药品，还派出救援搜索队前往日本，这是中国人最早的出国救灾案例。

三、中国版辛德勒——竺梅先

大家可能看过二战题材电影《辛德勒的名单》，对那位德国商人、间谍、纳粹党员救助1100名波兰籍犹太人的故事耳熟能详。同样，我们身边也有一个中国版的“辛德勒”，他就是在二战期间救助610名中国孤儿的竺梅先。

竺梅先（1889年—1942年，见图5-9），字佑庭，学名炽潮，奉化长寿乡后竺村人，中国近代民族造纸业先驱，近代宁波商帮的代表性人物之一，时称“竺大班”，被誉为中国版的“辛德勒”。

作为近代民族造纸工业及烟草业的先驱人物，1936 年 6 月，他创办的民丰造纸厂成功试制出薄白纸板，不久又生产出了卷烟纸。这些产品迅速走俏市场，打破了西方白纸板和卷烟纸垄断的局面，为民族造纸工业的发展作出了贡献。由于经营有方，他随后还投资了其他行业，成为上海赫赫有名的商界大佬。

图5-9　竺梅先

1931 年九一八事变的消息传来，竺梅先痛心之余，在当年 9 月 29 日《申报》头版联名刊登了《告全国同胞书》，呼吁民众抗日。1932 年一・二八淞沪会战时，竺梅先又募集巨款，亲赴前线慰劳浴血奋战的十九路军将士。在前线，竺梅先目睹伤兵缺医少药，马上回上海设立了一家伤兵医院。短短 1 个月时间，伤兵医院救治伤员 500 余人。“国家兴亡，匹夫有责，我们每一个人都要为抗日救国踏踏实实地做一些工作。”这是竺梅先常常对家人说起的一句话。

1937 年八一三淞沪抗战爆发，中日两国军队在上海展开了长达 3 个月的血战。此时竺梅先坚守在上海，与祖国同生死、共患难。他毅然将抗日救国作为第一要务，担任上海市各界抗敌后援会委员，投身各项抗日爱国活动。为了响应“有钱出钱，有力出力”的抗战号召，他带头捐献了相当于购买一架飞机的巨款，当时国民政府主席林森特为其颁发嘉奖状。

随着淞沪抗战日趋惨烈，伤亡将士日益增多。竺梅先选址长乐路富民路口一座大花园洋房，迅速筹建了国际红十字会伤兵医院。医院经费大部分由爱国工商界和其他各界人士赞助，其中竺梅先本人承担了三分之一的经费。医院邀请医疗专家及爱国志士达上百人，竺梅先在上海的家属整天都到医院帮忙，共救护伤员达4000多人。日军在金山卫登陆之后，伤兵医院无法办下去了，竺梅先通过各种渠道，把伤员安全地转移到其他地方。随后竺梅先成立国际残废医院，将继续留沪的几十名断肢伤员装接假肢再行转移。任务完成后，国际残废医院也宣告结束，竺梅先为救死扶伤做出了巨大努力。

除了捐献巨款和救护伤兵，竺梅先还以名下宁绍轮船公司的力量疏散大批难民。会战期间，数万名难民涌入租界，急欲乘船离沪避难。租界当局邀集各轮船公司商议疏散事宜，许多公司都顾虑船出吴淞口恐被日军轰击，无人应允。当此危难之时，竺梅先挺身而出，主动承担了这一危险任务。他考虑周详，按照战时航运业的惯例，先向德国驻沪领事馆申请注册，在船上悬挂德国国旗，以避免日军攻击。他还将“新宁绍”轮改名为“谋福”轮，寓意为同胞谋福利，表现了竺梅先对同胞的一片深情。漫漫硝烟中，谋福轮多次穿越敌人炮火，日夜往返沪甬、浙东各地航线，累计运送人数达数十万，成为解救华夏同胞的“诺亚方舟”。家国危难之时，竺梅先不顾个人安危，竭尽全力，解救万千同胞于水火，此情此义令人心生敬意，感佩不已。

孩子是战争中最无辜、最容易受到伤害的群体。上海沦陷后，战争初期上海成立的难民收容所和慈幼院等慈善机构相继撤销，大批孤儿重新流落街头，挣扎在死亡边缘。目睹此情此景，竺梅先在宁波旅沪同乡会董事会上慷慨陈词：“国家灾难深重，希望寄托在下一代。”竺梅先竭力主张创办灾童教养院，此提议得到董事们的赞同。宁波旅沪同乡会决定由竺梅先出面筹办灾童教养院并担任院长，其夫人徐锦华为副院长（见图5-10），负责日常教学管理工作。

竺梅先知道灾童教养院办起来后，收养的孩子会很多，他在派人寻觅房子时，提出了两个要求，一是房子要宽敞，二是地方要隐蔽安全。一位奉化老乡知道竺梅先的要求后，便给他推荐了一个地方，那就是奉化楼岙泰清寺。这座寺庙已经存在千年，地方比较偏僻和隐蔽，有一大片空地可以供孩子们玩耍，寺内还有许多间僧房可供孩子们居住。经过一番整改后，这所千年古寺大变样，新建了四排教室和七座寝室，还有礼堂、食堂、医疗室、理发室以及图书馆和厨房等。

竺梅先多方筹措资金，募足了第一年的预算5万元。1938年9月，国际灾童教养院正式开学。最初，竺梅先和董事会商议，打算接收500个孤儿，谁知最后这所教养院却收了610名孩子，加上学校老师和职工等共有700人左右。

教养院设有幼儿部、小学部、初中部，教养兼施，德体并重。教养院特别重视将文化教养与抗日救亡相结合，民族英雄岳飞的《满江红》和文天祥的《正气歌》等爱国诗篇，都被列为国文教材。院方还经常邀请著名人士如陶行知等前来作抗日演讲，并组织演出队进行抗日宣传，在当地颇有影响。特别是由竺梅先秘书徐无生作词的《院歌》，句句寄予了对广大院童的殷切期望。

图5-10　徐锦华

教养院成立不久，宁波、奉化相继沦陷，当地物价飞涨，经费来源困难。之前资助教养院的很多有钱人离开上海外出避难，有些人到了内地，有些人到了香港及海外。由于交通不便，信息不灵，捐款的人越来越少，教养院的日子陷入了窘境。在这种情况下，竺梅先不得不独自承担起孩子和教师员工的所有开支，勉力支撑。

1940 年，浙东发生灾荒，粮食供应紧缺，竺梅先被推选为浙江粮食救济委员会主任。他辗转从浙南购得 15 万石粮食，冒着被伪军搜查和土匪抢劫的危险，历尽千辛万苦运回奉化，以救桑梓和教养院之难。由于长期辛劳奔波，竺梅先积劳成疾，经常咯血不止，但他仍抱病为孩子们操心操力。1942 年春，竺梅先拖着病体去浙江永康为教养院采办粮食，由于舟车劳顿，他如风中之烛，再也抵抗不住病魔的侵袭，倒在了异乡的土地上。5 月 30 日，竺梅先因病逝世，年仅 54 岁。

当其灵柩运抵泰清寺时，沿途迎候的当地百姓和教养院师生痛哭不已，山路上跪满了教养院的学生，山谷中回荡着悲恸的哭声。竺梅先在弥留之际，依然念念不忘全体院童，一再叮嘱夫人："一定要把孩子们好好抚养下去，直到他们能自立为止。"

为了完成先夫遗愿，竺夫人又艰难维持教养院一年多，直到最后一批灾童毕业。由于经费、粮食无继，1943 年 9 月 23 日，历时 5 载的奉化国际灾童教养院被迫停办。

据统计，教养院办院 5 年，竺梅先共耗资 30 多万元。再加上此前他为支援抗日捐款捐物以及筹建伤兵医院，其实际所耗资金数额巨大，已无法准确计算。在他病故后，竺夫人徐锦华邀请至亲好友会同会计师在上海清理其身后财产，才发现昔日名闻上海、富甲一方的实业家“竺大班”，早已将持有的民丰、华丰造纸厂等 4 家公司的股票抵押给了银行。为了支持抗日救国，护佑无辜难童，竺梅先献出了自己的毕生精力和全部财产。

罗曼·罗兰在他的著作《米开朗琪罗》中有句被广泛引用的话：“生活中只有一种英雄主义，那就是认清生活的真相之后，依然热爱生活。”竺梅先夫妇面对 600 多个难童，面对巨额的资金缺口，不仅投进万贯家财，还在战乱的情景下，历尽艰辛向社会寻求帮助，直至最后倒下。没有善良的内心，没有推己及人的大爱，没有勇敢面对苦难的意志，是绝对无法做出这样的善举的。

四、大爱献给这片深恋的土地

宁波市侨办数据显示，截至 2017 年年底，在宁波投资的侨资企业达 8000 余家，总投资额 490 多亿美元。1984 年至今，500 多位海外侨胞和港澳同胞在宁波捐赠慈善公益项目 2200 多个，涵盖文化、教育、卫生、扶贫等领域，金额超过 19 亿元人民币。港澳台海外宁波人士中，有省级政协委员 19 人，市级政协委员 24 人；有 52 位被授予“浙江省爱乡楷模”称号，占全省爱乡楷模的 58.4%；有 171 位被授予“宁波市荣誉市民”称号。

慈善行为是人类社会爱心互助的崇高之举，它犹如穿透阴霾的光芒，引领人们走出野蛮残酷、弱肉强食的“丛林社会”，在人类文明进程中搭建起温情的桥梁，让人与人之间充满温暖与友爱。践行慈善，需要将良知作为永不熄灭的灯塔，在纷繁复杂的现实中坚守内心的道德准则。慈善的本质，绝非出于外界压力的无奈之举，而是秉持自觉自愿的初心，让善意从心底自然流淌，这样的善意才具有温度与生命力。同时，慈善不是不切实际的豪言壮语，也非不计后果的倾囊相助，而是基于自身实际情况，量力而行，以一种可持续的方式传递温暖。

狄更斯在小说《荒凉山庄》里说，从事慈善事业的人有两类：一类是光说不做的人，另一类是光做不说的人。同时他还创造了一个名词——“望远镜慈善”，用来形容对抽象的人类满怀慷慨和慈爱，对身边的人则竭尽刻薄和吝啬。

雨果在《悲惨世界》中有一句名言，解释了冉阿让受尽迫害和委屈而坚持做慈善的思想根源和力量源泉：“比海宽阔的是天空，比天空更宽阔的是人的心灵。”是的，没有宽广的胸怀，没有对人类无比的热爱，人道主义的理想是无法实现的。

后　记

2006年，浙江工商职业技术学院要迎接教育部办学水平评估。在准备评估材料时，时任院长蔡泽伟博士提出了“传承宁波商帮文化，弘扬宁波商帮精神”的校园文化建设理念。高职院校的一个重要使命，就是服务于地方经济发展。把地方文化融入校园文化建设之中，这在高校并不多见，这一理念被教育部专家充分肯定，后又被兄弟院校褒奖。为了不使这一育人理念流为口号，2009年1月，学院在准备春季学期教学工作时，决定给全校学生开设“宁波商帮精神”这门课程。在课程建设研讨会上，我发表了两条建议，一是把“宁波商帮精神”改为“宁波商帮文化”，理由是育人要寓教于乐，不能生硬灌输所谓的“精神”，要从宁波商帮做人营商活动中，归纳提炼出具有广泛意义并可学可把握的精神内涵和商业智慧；二是要依托宁波商帮博物馆以及宁波商帮人士留存的故居，进行体验式教学。学校采纳了我的建议，并且拨出专项经费以保证该课程的教学。

刚放寒假，组织课程实施的负责人打来电话，让我承担“宁波商帮文化”一课的教学任务。作为本土本乡的宁波人，宁波商帮的事迹或多或少都有了解，但作为一门课程给学生讲授，显然是远远不够的。放下电话后，我直奔我的恩师——宁波大学教授戴光中家“求救”。戴老师是宁波商帮这个研究领域的开拓者，也是宁波市政府特聘的“宁波商帮研究首席科学家”，出版有近百本该领域的研究专著和人物传记。戴老师把书房里能找到的十几本个人专著都送给了我，不仅鼓励我，还给出一些该课程教学的指导性建议。后来，他每每有专著出版，都会送我一本签名书。得知我完成了本书，戴老师还热心地给我作序。

经过寒假的艰苦阅读整理，我终于颤颤巍巍地走上讲台，开讲“宁波商帮精神”一课。随着时间的推移，我也慢慢积累了几百万字的史料和自己的研究体会，形成了自己的一套讲课思路和内容。十几年过去了，学生一直没有一本适合他们使用的教科书，这自然影响学生的学习效果。我所在的明智学院前后三任院长，都鼓励、督促我完成一本宁波商帮文化方面的教材或专著，并且愿意在经费上给予支持。我只能勉力一试，历时两年终于完成这部书稿。

值此图书出版之际，衷心感谢戴光中老师给予的帮助，同时感谢温江霖、丁春文、靖国华前后三任院长的鼓励和督促。

附录1　宁波商帮百年之最

（1）1830年，方性斋（镇海人）与兄弟方润斋、方仁和在上海南市开设南履龢钱庄。1870年，其后人方黼臣、方季扬将南履龢钱庄改组为安康钱庄，盈利为当时钱业之冠。至1950年收歇，是上海影响最大、营业时间最长的著名钱庄。19世纪末20世纪初，镇海方家以先后开办43家钱庄列上海九大钱业集团之首，“执上海商界之牛耳”。

（2）1840年鸦片战争以后，方润斋（镇海人）和四弟方梦香合伙在上海咸瓜街开设方萃和糖行，每年营业额达白银二三百万两，为同业之翘楚。

（3）1853年前后，翁景和（宁波人）在上海南京路开办大丰洋布店，专营英美进口洋布批发，为清末国内最早的进口棉布批发字号。

（4）1854年，费纶志（慈溪人）、李也亭（镇海人）及盛植管集银7万两，通过上海怡和洋行买办杨坊，从英国购买了中国第一艘轮船——“宝顺”号，并配备武装为商船护航，此为中国用轮船之始。

（5）1862年，叶澄衷（镇海人）在上海开设顺记五金洋杂货号，这是上海第一家华人开设的五金号，后发展到在全国各地设立分号38家，联号108家。叶澄衷被称为“五金大王”“火油大亨”，总资产达800万两白银以上（当时山西晋商最大财团渠家，据统计总资产为400万两白银）。

（6）1867年，许春荣（原籍宁波，后迁至湖州）与宁波翁氏在上海合伙开设大丰洋货号，是当时上海最大的经营进口洋布的华人商号。

（7）1870年，叶澄衷（镇海人）在上海盘下德商可炽煤铁号，专营进口煤和铁，这是上海最早专营煤铁的商行。

（8）1878年，张尊三（鄞县人）开设元记东洋庄，是上海经营日本海产品贸易的创始人。在第一次世界大战期间，元记东洋庄发展成上海首屈一指的进口鲨鱼翅大商行，张尊三被称为“鱼翅大王”。

（9）1881年，方仰峰（镇海人）在杭州开设方裕和南北货商店，年销售金华火腿5

万余只，该店以质量和信誉成为当时杭州南北货业魁首。

（10）1882年，董秋根（宁波人）在上海创办永昌机器厂，修造小火轮，后又制造缫丝车，为此业之嚆矢。

（11）1885年，吴锦堂（慈溪人）东渡日本经商，后成为日本“关西财阀”。

（12）1887年，严信厚（慈溪人）集银5万两，在宁波北郊湾头开设中国第一家机器轧花厂——通久源轧花厂。

（13）1888年，顾松泉（宁波人）在上海创办中西大药房，为上海第一家华人开办的西药房。

（14）1889年，叶澄衷（镇海人）在上海创办鸿安轮船公司，这是我国在甲午战争前仅有的民营华资轮船公司。

（15）1890年，黄楚九（余姚人）在沪创办中法大药房。1907年又与夏瑞芳等人创办五洲大药房。1911年项松茂（鄞县人）任五洲大药房总经理，黄楚九与项松茂皆为新药业中翘楚。

（16）1891年，戴嗣源（镇海人）在上海成立戴生昌内河官轮局，轮船行驶苏、杭、沪、嘉、湖各埠，以后又扩充航路，轮船多至20艘，是我国最早的内河轮船公司。

（17）1896年，江良通（奉化人）在上海四川路8号开设和昌洋服店，是中国第一家西服店。

（18）1896年，鲍咸昌（鄞县人）与其兄鲍咸恩、妹夫夏瑞芳等亲友创办商务印书馆，后发展成为我国近代史上规模最大、贡献卓著、影响深远的大型出版企业，在全国乃至东南亚一度雄居翘楚地位。

（19）1897年5月27日，盛宣怀委派严信厚（慈溪人）筹建的中国第一家银行——中国通商银行在上海成立，严信厚为第一任总经理，严信厚与叶澄衷（镇海人）、朱葆三（定海人）参与投资并位列九个总董之数。

（20）1902年，盛宣怀委派严信厚（慈溪人）在上海联合商业名流，筹建上海第一个商界团体——上海商业会议公所，严信厚任第一任所长。1904年，上海商业会议公所改为上海商务总会，严信厚任总董。1912年改为上海总商会，会长、副会长基本上都由宁波籍人士担任。

（21）1905年，朱葆三（定海人）、严信厚（慈溪人）等创办了中国第一家民族资本保险公司——华兴保险公司。

（22）1905 年，孙梅堂（鄞县人）在宁波创办制钟工场，首创国产时钟。1917 年，孙梅堂在上海盘进了原由法国人创办于 1860 年的亨达利钟表行，先后在 11 个大城市开设了 25 家分店。1919 年，庄鸿皋（鄞县人）开设了亨得利钟表行，在全国各地开有 60 多家分店，这两家钟表行执 20 世纪初国内钟表业之牛耳。

（23）1905 年，张正安（宁波人）在杭州创办张顺记洋服店，从事西服制作与销售，为杭州西服店之鼻祖。

（24）1906 年，何积藩（鄞县人）在上海开设以经营洋杂货为主的列丰行商号，是上海开设最早的一家华商百货西洋庄。

（25）1906 年，赵孝林（宁波人）在沪创办万昌钢铁机器厂，以冷气压缩机及冷气安装工程为主要业务，是上海最早经营冷气安装的企业。

（26）1906 年，宋炜臣（镇海庄市人）在汉口投资既济水电公司，是当时国内最大的由华人投资的水电公司。宋炜臣先后在汉口等地兴办火柴厂、扬子机器厂、官池口铜煤矿等，被誉为“汉口头号商人”。

（27）1908 年，叶又新（镇海人，叶澄衷之子）与樊时勋（镇海人）创办了上海第一家毛纺织厂——上海日晖织呢厂。

（28）1910 年，王才运（奉化人）在上海南京路繁华地段开设荣昌祥呢绒西服号，为上海当时最大的西服企业。

（29）1911 年，红帮裁缝张方诚（宁波人）为孙中山先生创制了第一件中山装。

（30）1912 年，王万荣（鄞县人）到上海广告社当学徒，后任上海荣昌祥广告公司经理，因设计电影《夜半歌声》、“鹅牌”商标路牌广告出名，被誉为“广告大王”。

（31）辛亥革命后，唐爱陆（镇海人）在汉口创办国货公司，这是中国第一家国货公司。

（32）1912 年，陈万运（慈溪人）、沈启涌（慈溪人）、沈九成（慈溪人）创办中国第一家毛巾厂——三友实业社，生产的三角牌毛巾畅销全国。

（33）1912 年，柴宝怀、丁丕山（宁波人）等人在上海创办协大祥绸布店，这是上海绸布业中最早开设的一家大型绸布商店。

（34）1912 年，张同孚（鄞县人）在上海创办上海协成裕记银箱厂，制造保险箱。

1916 年购入文仪洋行全部设备，成为全国规模最大、品种最齐全、产量最多的保险箱专业企业。

（35）1912 年，方液仙（镇海人）在上海创办中国化学工业社，兴办我国第一家牙膏厂，并生产三星牙粉、三星牙膏、三星蚊香、三星观音粉、三星酱油精、“箭刀”肥皂等产品，被誉为中国日用化工业的奠基人。

（36）1913 年，张石川（镇海人）与郑正秋联合执导了中国第一部无声短故事片《难夫难妻》。1922 年再次与郑正秋合作，创办明星影片股份有限公司，任经理。1931 年拍摄中国第一部有声故事片《歌女红牡丹》。张石川被称为“中国电影之父”。

（37）1913 年，王生岳（鄞县人）在沪创建王岳记机器厂（现上海减速机械厂前身），专门代客加工齿轮，是上海最早加工齿轮的工厂。

（38）1914 年，乐汝成（镇海人）在济南创办泰康罐头食品有限公司，1923 年迁址上海，是当时国内首屈一指的产销联营大型食品企业。

（39）1915 年，虞洽卿（镇海人）创办三北航业集团，是当时我国航运业中最大的商办航运集团，其总吨位 9.1 万多吨，约占全国民族航运业总吨位的七分之一。

（40）1916 年，张石川（镇海人）、管海峰在上海创办幻仙影片公司，是中国第一家在经济上摆脱外国商人的自立影片公司。

（41）1916 年，林信昭（镇海人）在上海北京路设立上海第一家医疗器械厂——林德兴五金工场。1921 年，钟章耀（镇海人）与表兄胡永年（镇海人）在上海创办耀昌医疗器械号，并长期任经理。这两家企业为当时民族医疗器械业的开拓者。

（42）1917 年，宋汉章（余姚人）、盛竹书（镇海人）及张公权等人在上海创办《银行周报》，这是我国发行最早、发行时间最长的经济专业刊物。

（43）1917 年，上海成立钱业公会，朱五楼（镇海人，陈果夫岳父）任第一届、第二届会长。1920 年公会改造后，由秦润卿（慈溪人）担任会长，时间长达 20 余年（除第五届任副会长外），秦被公认为上海钱业界领袖。

（44）1917 年，余华龙（奉化人）在上海南京东路创办中华皮鞋股份有限公司，这是上海第一家由宁波籍人士开设的皮鞋店。

（45）1918 年，宋汉章（余姚人）担任上海银行公会首任会长。

（46）1918 年，李组绅、李组才（镇海人，天津巨商叶星海外甥）在天津拉拢曹汝霖、陆宗舆共同创办利济贸易公司，推叶星海（镇海人）为董事长，李组才自任经理，此为天津华商对外贸易行之首创。

（47）1919 年，王宝信（奉化人）在上海创办益泰信记厂，为国内制造铝质日用器皿之首。

（48）1919 年，李安绥（鄞县人）在上海创办中国最早的毛绒纺织厂，方椒伯（镇海人）任董事长。

（49）1919 年，姚德甫（镇海人）在上海创办华通电业机器厂（今华通开关厂），姚德甫被称为中国低压电器工业的奠基人。

（50）1920 年，虞洽卿（镇海人）、盛丕华（镇海人）、闻兰亭等人在沪创办上海证券物品交易所，为上海第一家华商交易所，也是当时远东最大的证券交易所。

（51）1920 年，郑源兴（奉化人）、郑方正（镇海人）创办了上海最大蛋制品出口企业茂昌蛋厂，开国人兴办冷冻业之先河，后每年营业额约占全国出口额的五分之一。郑源兴曾任中国冰蛋业公会会长、世界蛋业公会理事长。

（52）1921 年，朱葆三（定海人）、严信厚（慈溪人）等创办中国第一家民间资本信托公司——中易信托公司。

（53）1921 年，胡西园（镇海霞浦人）研制出中国第一只白炽灯泡，1923 年创办中国第一家电灯泡制造厂，胡西园是中国电灯泡工业的开拓者。

（54）1921 年，王伯元（慈溪人）在沪开设裕发永金号，自任经理。后又投资钱庄、银行、保险公司等行业，成为当时著名实业家，被称为“金子大王”。

（55）1921 年，黄楚九（余姚人）在沪创办上海日夜银行，为近代上海第一家日夜营业的银行。

（56）1921 年，项松茂（鄞县人）等人在上海组建五洲固本皂药厂，后发展成为当时中国最大的制皂企业。

附录2　宁波籍电影人

（1）张石川（1889年—1953年），鄞县人，导演、编剧，中国电影早期开创者之一，创办明星电影公司等。导演《难夫难妻》《火烧红莲寺》《歌女红牡丹》等150余部影片。

（2）郑崇兰（1893年—1974年），鄞县人，摄影师。拍摄有《女律师》《白蛇传》等影片。1935年，成功制造出国产照相机代表作——“仙乐”牌相机，1947年成功研制出我国第一架35毫米电动有声电影摄影机。

（3）王梦石（1893年—？），鄞县人，演员、化妆师。1920年代加入明星影片公司任演员，参演电影《无名氏》《新旧上海》《夜来香》《狂流》等。抗战期间先后在华新、华影任演员和化妆师，抗战胜利后曾在国泰任演员兼化妆师。

（4）邵醉翁（1898年—1978年），镇海人。中国电影开创者之一，电影事业家、导演，创办天一影片公司。导演《立地成佛》《梁祝痛史》《白蛇》《孟姜女》等影片。

（5）邵邨人（1898年—1973年），镇海人，电影事业家。1925年与兄弟邵醉翁、邵仁枚、邵逸夫在上海创办天一影片公司，负责财务兼任编剧。编写电影剧本《立地成佛》《新茶花》等21部。

（6）邵庄林（1900年—1965年），镇海人，演员。曾加入明星影片公司影戏学校学习表演，喜欢模仿著名滑稽人物卓别林、罗克的动作，被誉为“东方罗克”。1923年参演明星电影公司张石川导演的长故事片《孤儿救祖记》。1926年转到任矜苹先生经营的新人影片公司，主演《上海三女子》《快车逃婚》《自讨苦吃》《空门贤媳》《十三号包厢》《金缕恨》《多情的哥哥》和《拼命》等影片。1928年，他集资组建亚东电影公司，自编、自导、自演了滑稽片《表表表表妹》等影片，市场反应平平，转而息影经商。抗日战争期间，邵庄林通过腾冲滇缅公路为国军抗日运送后勤战略物资。后去香港，1965年在台湾过世。

（7）邵仁枚（1901年—1985年），号山客，镇海人，电影事业家。1930年，与邵逸夫在新加坡成立邵氏兄弟公司，经营多间戏院并从事电影发行工作。1958年在香港成立邵氏兄弟（香港）有限公司。

（8）任矜苹（约 1890 年—1969 年），鄞县人，导演。1922 年 3 月，与张石川、郑正秋、周剑云和郑鹧鸪创办明星影片公司。1924 年 5 月，任矜苹在《晨社》创办报道电影的专业刊物《电影杂志》。导演《新人的家庭》等电影。

（9）赵琛（生卒年不详），鄞县人，演员。毕业于上海澄衷蒙学堂。1923 年进入大中华影片公司任剧务干事，曾饰演《人心》中的工头、《战功》中的美术家等角色。1925 年夏进入明星影片公司，襄理化妆，先后出演《上海一妇人》《冯大少爷》等影片。

（10）李祖永（1903 年—1959 年），宁波人，电影事业家。1945 年前是一位成功的实业家，抗战胜利后迁居香港。1947 年在香港设立永华影业公司，以"九级浮图"为商标。拍摄有《国魂》《清宫秘史》《火葬》《春城花落》《海誓》《山河泪》和《春风秋雨》等影片。

（11）余省三（1904 年—1956 年），宁波人，摄影师，演员。先后在大中华百合影片公司、联华影业公司、新华影业公司、明星影片公司、国泰影业公司、香港永华影业公司、长城电影制片公司担任摄影，拍摄的影片有《火山情血》《野玫瑰》《夜半歌声》《西施》。1947 年赴香港，先后在永华、长城等公司任职，拍摄的影片有《燕双飞》《都会交响曲》《深闺梦里人》《孽海花》《青春颂》等。

（12）应云卫（1904 年—1967 年），慈溪人，导演，曾任江南电影厂厂长。导演有《塞上风云》《桃李劫》《追鱼》《八百壮士》等。

（13）袁仰安（1905 年—1994 年），定海人，毕业于东吴大学法学院，导演、编剧、制片人、监制，电影界巨擘。抗战胜利后在香港成立长城影片公司，任总经理、导演，提拔编剧、导演新秀，致力培养新一代演员。编导过的代表作有《打渔杀家》《孽海花》《阿 Q 正传》《绝代佳人》《迷人的假期》《渔光恋》等。创办南亚最早的电影月刊《东长城画报》，对推广国语电影颇有贡献。

（14）董克毅（1906 年—1973 年），宁波人，中国第一代摄影师。18 岁进入明星影片公司当学徒，悉心钻研摄影技术。对摄影技术贡献巨大，是中国最早使用两次曝光、"接顶"拍摄、特技镜头、测光表、镜头纱、渐变柔和玻璃、偏光镜、可变速摄影马达等先进摄影技术的摄影师。1925 年开始独立拍片，拍摄有《火烧红莲寺》《歌女红牡丹》《狂流》《脂粉市场》《盐潮》《前程》《劫后桃花》《姊妹花》《压岁钱》等影片。1949 年在香港长城影业公司负责摄影工作，拍摄有《南来雁》《一家春》《日出》《午夜琴声》等 25 部影片。1968 年起任邵氏兄弟有限公司技术顾问。

（15）柳中亮（1906 年—1963 年），鄞县人，电影事业家。柳中亮是柳中浩的哥哥，1929 年 10 月，柳氏兄弟在南京新街口拥有近千个座位的世界大戏院开门营业；1934 年 2 月 1 日，拥有近 1800 个座位的金城大戏院在上海开业。1938 年 9 月成立国华影片公司，将产业延伸到制片业，形成拍片、洗印、放映发行的完整产业链。公司相继拍摄了《风流冤魂》《孟姜女》《碧玉簪》《三笑》《金粉世家》等 40 余部影片。

（16）邵逸夫（1907 年—2014 年），原名邵仁楞，镇海人。中国娱乐业大亨、慈善家、制片人，香港电视广播有限公司（TVB）荣誉主席，邵氏兄弟电影公司创办人。

（17）朱旭华（1908 年—1988 年），宁波人，编剧、电影事业家。1927 年起以笔名"朱血花"为上海快活林影片公司、海滨影片公司编写剧本《哥哥的艳福》《海滨豪侠》等。先后在香港参与大中华、永华、电懋等多家电影公司制片及管理工作。1966 年加入邵氏兄弟公司，创办《香港映画》月刊，并任演员训练班主任。

（18）袁牧之（1909 年—1978 年），鄞县人，演员、编剧、导演。主演《桃李劫》《风云儿女》，编导《马路天使》《八百壮士》《延安与八路军》（纪录片）等。

（19）张翼（1909 年—1983 年），慈溪人，演员。出演过 120 多部电影，其中 70 多部是武侠片。

（20）周文殊（生卒年不详），镇海人，女演员。明星影戏学校第一期学员，主演《孤儿救祖记》《风雨之夜》《马介甫》《桃李争春》《夜半歌声》《雷雨》《潘巧云》等 20 余部影片。

（21）张云乔（1910 年—2006 年），余姚人，美术师。1927 年考入上海美术专门学校，是刘海粟先生的学生。担任《怒吼吧，中国》等话剧舞台美术设计，任《桃李劫》《风云儿女》《夜半歌声》等 10 余部影片美工设计。1956 年参加筹建广州珠江电影制片厂，任电影美工师，在《逆风千里》《故乡情》等影片中担任美工设计。

（22）柳中浩（1910 年—1990 年），柳中亮的弟弟，籍贯鄞县，出生于上海，电影事业家。

（23）袁庶华（1911 年—1979 年），宁波人、电影事业家。抗战结束后，受周恩来指示，于 1946 年与阳翰笙、史东山、蔡楚生、蔡叔厚、任宗德等一起商议筹组联华影艺社。参与电影《一江春水向东流》的拍摄工作。

（24）林杉（1914 年—1992 年），慈溪人，电影剧作家。曾任长春电影制片厂艺术副厂长、中国影协书记、《大众电影》主编。著有电影文学剧本《吕梁英雄》《刘胡兰》《丰收》《上甘岭》《党的女儿》等。

（25）黄汉（1915年—2004年），原名黄生甫，鄞县人，导演、剪辑师。1929年任上海明星影片公司剪辑技师。曾担任《春蚕》《姊妹花》《十字街头》等影片的剪辑。1948年任大同影片公司导演，导演的影片有《春水情波》《女儿春》等。1949年后任上海电影制片厂剪辑总技师，剪辑有《斩断魔爪》《宋景诗》等影片。

（26）桑弧（1916年—2004年），原名李培林，祖籍宁波，出生于上海，导演、编剧。1941年，以“桑弧”为笔名创作了电影剧本处女作《灵与肉》，执导《不了情》《哀乐中年》《梁山伯与祝英台》《祝福》《魔术师的奇遇》，纪录片《上海之春》，舞剧《白毛女》《子夜》《曹操与杨修》等影片。

（27）罗从周（1916年—1997年），镇海人，电影摄影师。1930年进入上海明星影片公司当学徒，毕业后任明星影片公司摄影助理。曾任上海大同、国华、金星和香港大中华、建华影片公司摄影师。1949年后，任上海电影制片厂摄影师。拍摄的影片有《鸡毛信》《天仙配》《碧玉簪》《雷雨》《老兵新传》等。

（28）舒适（1916年—2015年），原名舒昌格，祖籍慈溪，出生于北京，演员，导演。在《红日》《林冲》《鸡毛信》《李时珍》《歌声泪痕》《花溅泪》《春风秋雨》《清宫秘史》等60多部影片中担任角色；电影剧本有《地老天荒》《卖花的少女》《八宝图》等；导演的影片有《苦儿天堂》《神·鬼·人》《地老天荒》《战斗的山村》《绿海天涯》《双珠凤》《剑》和《龙女》等。

（29）徐桑楚（1916年—2011年），曾用名徐诚炜，鄞县人，电影事业家。1949年从影，历任长江电影制片厂厂长、海燕电影制片厂副厂长、上海电影制片厂厂长等职。曾任《林则徐》《老兵新传》《城南旧事》《高山下的花环》等200多部影片的制片人。

（30）陈涓（1917年—1991年），鄞县人，上海电影译制片厂翻译。译制有《乡村女教师》《列宁在1918》《牛虻》《安娜·卡列尼娜》《钢铁是怎样炼成的》等50余部外语片。

（31）干学伟（1917年—2016年），宁波人，导演，电影教育家。导演有《小二黑结婚》《沙家店粮站》《沸腾的群山》和新中国第一部少数民族题材电影《内蒙人民的胜利》（1950年）、第一部中苏合拍电影《风从东方来》（1959年）。北京电影学院导演系教授，新中国第一位导演出身的教授。

（32）乐羽侯（1917年—2002年），原名乐俊才，镇海人，化妆造型师。1939年进入新华影业公司当化妆练习生。1940年后，独立完成了《红线盗盒》《义丐》等影片的化妆造型。1949年后任上海电影制片厂化妆师兼造型科科长、化妆组组长、化妆车间主任，参与《林则徐》《聂耳》《白求恩大夫》《搜书院》《关汉卿》《红楼梦》《碧玉簪》《天云山传奇》等影片的化妆造型。

（33）阮斐（1918 年—1990 年），原名阮子贞，原籍宁波，出生于江苏南通，北京电影制片厂女演员，丈夫为表演艺术家项堃。主演《貂蝉》《雾海夜航》《玉色蝴蝶》《生活的颤音》《山城雪》《佩剑将军》等。

（34）徐风（1918 年—2013 年），原名徐仁彝，原籍宁波，电影演员、表演艺术家、戏剧教育家，20 世纪三四十年代上海影坛著名影星。一生拍摄了 20 余部电影，包括《董小宛》《孟丽君》《春水情波》《小侠女》《花溅泪》等。1942 年入上海艺人剧团任演员，随剧团到各地演出，演出过《阳关三叠》《夜半歌声》《钦差大臣》《啼笑姻缘》《福尔摩斯》等话剧。

（35）周楚（1918 年—2003 年），又名周刍，镇海人，话剧、电影演员。曾出演过《雷雨》《裙带风》《捉鬼传》《泪痕》《殉情》《雾重庆》《控诉》《三八线上》等话剧。

（36）陈叙一（1918 年—1992 年），祖籍浙江定海，出生于湖南长沙，上海沪江大学肄业。电影译制片翻译家、导演，上海电影译制片厂缔造者和中国电影译制事业开拓者。1943 年开始戏剧翻译和编导工作，1949 年任上海电影制片厂译制片组组长，1957 年任上海电影译制片厂副厂长、厂长兼导演，中国电影家协会名誉理事，上海翻译家协会理事。1983 年获上海市劳动模范称号。

（37）王林谷（1919 年—1995 年），笔名林谷，鄞县人，编剧。编有《乌鸦与麻雀》《舞台姐妹》《七月流火》等剧本。

（38）韩非（1919 年—1985 年），祖籍宁波，出生于北京，喜剧演员。主演有《终身大事》《艳阳天》《乔老爷上轿》《女理发师》《魔术师奇遇》《锦上添花》等影片。

（39）车明（1929 年—　），又名黎明，原名王冠亚，祖籍镇海，出生于上海，导演、编辑，电影作曲家。为《平原游击队》《大浪淘沙》《羌笛颂》等 10 余部电影作曲。

（40）白穆（1920 年—2012 年），祖籍宁波，生于天津，演员。参演《南征北战》《逆风千里》《难忘的战斗》《祖国啊，母亲》《建国大业》等影片。

（41）张建珍（1920 年—2021 年），女，浙江宁波人。曾任中央新闻电影纪录片厂副总编，担任《伟大的导师和领袖毛泽东主席》等重大纪录片总导演。

（42）周诗穆（1920 年—1980 年），宁波人，摄影师。拍摄有《秋翁遇仙记》《松柏缘》《风雨之夜》《苦学生》《慈母》《恋爱与生命》《现代一女性》等影片。

（43）乔奇（1921年—2007年），原名徐家驹，笔名徐慈，祖籍鄞县，出生于上海，演员。曾任上海人民艺术剧院团长，参演《黑河魂》《国魂》《枯木逢春》《苦恼人的笑》《子夜》等影片。

（44）萧章（1922年— ），宁波人，译制片翻译。翻译有《母亲》《红与黑》等。

（45）俞爱如（1923年— ），宁波人，美术师。美术设计作品有《新儿女英雄传》《红旗谱》《洪湖赤卫队》等。

（46）王丹凤（1924年—2018年），原名王玉凤，鄞县人，祖籍宁波，出生于上海，演员。主演《新渔光曲》《护士日记》《女理发师》《玉色蝴蝶》《桃花扇》等影片。

（47）沈寂（1924年—2016年），原名汪崇刚，祖籍奉化，出生于上海，编剧、小说家。20世纪40年代初开始写作，出版《盐场》《两代图》等小说集，主编《幸福》《春秋》等杂志。后去香港，任电影编剧，编写有《中秋月》《一年之计》等10余部剧本。1952年，因政治活动被香港当局驱逐，回上海后进入上海电影制片厂任编剧，改编有《一年之计》《珊瑚岛上的死光》《开枪，为他送行》等剧本。

（48）戴中孚（1924年— ），鄞县人，中国电影史研究者、影评家。早年在《劳动报》工作，后到上海电影制片厂担任编辑，负责电影宣传工作。《中国电影大词典》《中国大百科全书》电影词条编撰者之一。

（49）华慧英（1925年—2016年），祖籍浙江镇海，出生于上海，摄影师、导演和电视制作人。曾拍摄“国共和谈”“政治协商”“街头群众运动”“枪毙日本战犯”“登步岛战役”“舟山大撤退”等新闻纪录片。1949年到台湾后，任台湾“中央电视台”电影组组长，代表作有《蚵女》《龙门客栈》及《侠女》等。1989年起拍摄有360度电影《美梦成真》《锦绣河山》和《长江三峡》，是台湾科技电影的先驱。

（50）柳和清（1926年—2016年），柳中亮之子，王丹凤丈夫，祖籍鄞县，生于上海。金城大戏院经理。1949年后，其父亲创办的国泰影业公司改制为上海电影制片厂，柳和清随之进入上海电影制片厂，担任宣传发行科副科长。参与筹办《大众电影》，并将自己拥有的高级摄影器材贡献给这份刊物和电影宣发事业。1951年与上海著名女演员王丹凤结婚。1989年移居香港，在尖沙咀创办功德林素食餐馆，自任董事长。晚年夫妇二人返回上海。

（51）楼青蓝（1927年— ），宁波人，画家，科教片动画设计师。1944年至1949年就读于刘海粟创办的上海美术专科学校，毕业后留校任教。1951年起长期从事电影美术创作，艺术绘画尤其擅长动物题材的装饰性绘画，作品富有强烈的时代气息和民间韵味，给人以美的享受。出版有《青蓝画选》和《楼青蓝的小猫》等作品。

（52）林圣清（1927 年—　），鄞县人，电影录音技术专家。1945 年后任上海实验电影工场录音助理、录音师。中华人民共和国成立后，历任上海电影制片厂录音师，上海电影技术厂录音总技师、总工程师，上海电影技术研究所所长，是我国磁性录音、多面立体声录音等新技术的最早研制、推行者之一，电影科技项目曾获国家科技进步奖二等奖。录制的影片有《同是天涯沦落人》《马路英雄》《子夜歌》《风月恩仇》《同心结》《海上风暴》等。

（53）陈锦（1934 年—　），镇海人，纪录片女摄影师，编导，拍摄有《扬眉剑出鞘》等。

（54）张鸿眉（1927 年—2005 年），祖籍镇海，出生于上海，演员、导演，中华人民共和国成立后进入上海电影制片厂。出演有《小城之春》《宋景诗》等影片。1963 年起任导演，拍摄有《飞向太平洋》《珊瑚岛上的死光》等影片。

（55）应莹（1928 年—　），慈溪人，女剪辑师。剪辑的影片有《伟大的土地改革》《巴金》等。

（56）史久铭（1928 年—　），祖籍鄞县，出生于上海。上海电影制片厂特技美术师，参加了 20 余部影片的特技设计，代表作品有《海魂》《林则徐》《红日》《天云山传奇》《鼓乡春晓》《非常大总统》《吉他回旋曲》《超国界行动》等。

（57）朱小勤（1928 年—　），慈溪人。北京电影制片厂女剪辑师，剪辑有《林家铺子》《革命家庭》《烈火中永生》《锦上添花》《花儿朵朵》《小铃铛》《拔哥的故事》《洪湖赤卫队》等影片。

（58）边善基（1928 年—　），笔名丽人，宁波人，电影理论家、评论家。《电影新作》副主编，发表过 800 多篇电影评论、电影欣赏和理论探讨文章。

（59）姜兴隆（1928 年—　），宁波人，香港电影剪辑师。1948 年进入香港南洋影片公司，学习影片冲印、剪辑，后专门从事剪辑。1956 年进入邵氏兄弟（香港）有限公司任剪辑师。1958 年，因剪辑影片《貂蝉》获第 5 届亚洲影展最佳剪辑奖，是香港第一个获该奖项的剪辑师。此后又以《江山美人》《千娇百媚》《通天小子红枪客》三获亚洲影展剪辑奖。在亚洲影展史上，姜兴隆是唯一获得 4 届最佳剪辑奖的剪辑师。他剪辑的影片《杨贵妃》《梁山伯与祝英台》《大地儿女》《冷血十三鹰》先后 4 次获台湾金马奖。此外，他剪辑的重要作品还有《燕子盗》《龙虎斗》《大醉侠》《万人斩》《杨乃武与小白菜》《蝴蝶夫人》《江山美人》《倩女幽魂》《花木兰》《西厢记》《七十二家房客》《楚留香》

《笑傲江湖》《神雕侠侣》《倾城之恋》等近500部影片。

（60）傅奇（1929年— ），原名傅国梁，祖籍宁波余姚，出生于辽宁沈阳，演员，编导，曾任长城影业公司、银都机构有限公司总经理。主演有《蓝花花》《情投意合》《借亲配》《龙凤呈祥》《绿天鹅夜总会》《甜甜蜜蜜》《白领丽人》《碧波仙侣》《美人计》《春雷》《双枪黄英姑》《情窦初开》等影片。导演有《铁树开花》《生死搏斗》等影片。

（61）胡万春（1929年—1998年），原名胡阿根，鄞县人，编剧、小说家。编有电影剧本《钢铁世家》《家庭问题》，话剧《激流勇进》等。

（62）蔡继渭（1929年— ），宁波人，摄影师、导演。拍摄有《柳堡的故事》《赤峰号》《海鹰》《槐树桩》《闪闪的红星》《南海风云》《今夜星光灿烂》。导演的影片有《路漫漫》《四渡赤水》《通天塔》《女刺客》《大决战·辽沈战役》《大决战·淮海战役》等。

（63）谢前（1930年— ），余姚人，电影美术师。担任《林则徐》等影片的美术设计。

（64）孙越（1930年—2018年），余姚人，著名反派角色演员。1949年到台湾，加入水牛剧团，从此开始演艺生涯。代表作有《扬子江风云》《搭错车》《群龙戏凤》等。是台湾第21届金马奖最佳男主角。

（65）应少英（1931年— ），宁波人，中央新闻纪录电影制片厂新闻纪录电影编导。纪录片编导代表作有《摩梭风情》《瓷都景德镇》《布达拉宫》《日光城》《老北京的叙说》《紫禁城》等。

（66）戴光晰（1931年—2003年），原籍镇海，出生于上海，电影翻译家、电影评论家。1954年在《电影艺术译丛》编辑部工作，之后历任《国际电影》《电影艺术》杂志国际组组长，中国电影家协会外国电影研究室苏联东欧组组长，兼任影协外联部秘书。1973年调入中国电影公司资料处（电影资料馆）任外片组组长，经常去中南海为国家领导人做原版片同声传译。1984年起，在中国电影艺术研究中心外国电影研究室工作。出版有电影专著《导演创作论》（与丈夫马德波合著）、《人性之光普照银幕：苏联俄罗斯影片鉴赏》等，著有《苏联电影的哲理性与抒情性》等论文百万余字，翻译有《“白痴”的导演构思》等理论文章数十篇，以及《悔悟》《黑暗中的舞者》等电影文学剧本数十个。

（67）洪德顺（1932年— ），鄞县人，科教片动画设计师。

（68）王云缦（1932年—1991年），原名王长庆，鄞县人，出生于上海，影视评论家。上海戏剧学院戏剧文学专业，读书期间开始写影评，毕业后到《大众电影》编辑部工作，成为职业电影评论编辑，为《电影创作》杂志作出巨大贡献。专著有《我的九月——从剧本到影片》。

（69）王韵华（1933 年—　），宁波人，出生于上海，北京电影制片厂录音师。近 40 年的电影生涯中，共参加了 30 多部影片的录音工作，主要有《一天一夜》《春暖花开》《野猪林》《小兵张嘎》《高中锋与矮教练》《小花》《月牙儿》《苏禄国王与中国皇帝》《春桃》。

（70）史久峰（1933 年—　），鄞县人，上海电影制片厂演员。参演《魔术师奇遇》《红日》《子夜》等。1982 年后主要从事电视导演工作，作品有《卖瓜不说瓜甜》《长夜行》和《花生阿狗》。

（71）王雄（1933 年—2013 年），余姚人，电影洗印师。1954 年赴苏联莫斯科电影制片厂进修彩色电影洗印技术，1956 年回国，进入北京电影制片厂，任彩色片洗印工艺技师。一生完成几百部影片的洗印工作，如我国第一部彩色故事片《祝福》,《青春之歌》《风暴》《革命家庭》《红旗谱》《早春二月》，音乐舞蹈史诗《东方红》《林家铺子》，京剧《杨门女将》《智取威虎山》《红灯记》，芭蕾舞《红色娘子军》，交响乐《沙家浜》，钢琴伴唱《红灯记》等，以及中法合拍影片《风筝》、中日合拍影片《一盘没有下完的棋》等。

（72）陈锦（1934 年—　），镇海人，纪录片女摄影师，编导。拍摄有《扬眉剑出鞘》等。

（73）张鑫炎（1934 年—　），宁波人，导演。导演有《心上人》《云海玉弓缘》《巴士奇遇结良缘》《少林寺》等影片。其中《少林寺》成全了一代武侠片巨星李连杰。

（74）沈耀庭（1935 年—　），祖籍宁波，生于上海，编剧、导演。编剧有《蛙女》《上海滩绑票奇案》等。导演有《东港谍影》《405 谋杀案》《马素贞复仇记》《滴血钻石》《风雨相思雁》《卧底》《刘胡兰》《上海滩绑票奇案》《狼窝里的战斗》《叶挺将军》《黄金大案侦破始末》等影片，代表作为《风雨相思雁》。《405 谋杀案》在 20 世纪 70 年代创下 1 亿观众的最佳票房纪录。

（75）倪匡（1935 年—2022 年），原名倪聪，字亦明，祖籍宁波，出生于上海，编剧、小说家。与金庸、黄霑、蔡澜并称为“香港四大才子”。

（76）陈思思（1938 年—2007 年），原名陈丽梅，祖籍宁波，出生于上海，后举家迁往香港。1955 年加入香港长城电影公司做演员，主演《红灯笼》《三笑》《锦上添花》《红蝙蝠公寓》《云海玉弓缘》《双女情歌》等 30 余部影片。

（77）徐志义（1940 年— ），慈溪人，科教片编导，上海科学教育电影制片厂导演、厂长，导演有《观云测天》《中国古人类》《练功十八法》《盐湖》等 21 部科教片。

（78）张子恩（1941 年— ），宁波人，导演、编剧、美术设计师。1979 年担任剧情电影《生活的颤音》美术设计。导演有《默默的小理河》《神凤威龙》《梦断楼兰》《狼狈丈夫俏娇妻》《聊斋先生》《上错花轿嫁对郎》《京华烟云》《郑氏十七房》《老子传奇》等影片与电视剧。

（79）李廷铮（1941 年— ），宁波人，摄影师。主要从事科教片、儿童故事片导演和摄制，导演有《童年警事》《阿秀的消息》等影片。担任摄影的影片有《带锁的日记》《魔鬼发卡》《鸽子迷的奇遇》《熊猫小太阳》等。

（80）陈逸飞（1946 年—2005 年），镇海人，中国现代画家、导演、视觉艺术家。主要油画作品有《黄河颂》《占领总统府》《踱步》《故乡的回忆》《浔阳遗韵》等，雕塑作品有《东方少女》等，导演作品有《海上旧梦——陈逸飞个人随想录》《人约黄昏》《逃往上海》《上海方舟》《理发师》等。

（81）沈殿霞（1945 年—2008 年），祖籍慈溪，出生于上海，香港女演员、主持人、歌手。1958 年，沈殿霞跟随父母移居香港。1960 年首次参演电影《一树桃花千朵红》。1967 年签约香港电视广播有限公司，成为旗下最早艺员之一，主持节目《欢乐今宵》。20 世纪 70 年代与张冲、谢贤、陈自强、陈浩、秦祥林、邓光荣合组“银色鼠队”。1975 年与张德兰、汪明荃、王爱明组成“四朵金花”，并推出同名粤语唱片。1987 年开始参演《富贵逼人》系列电影，在香港地区走红。1996 年参演内地电影《减肥旅行团》。2001 年参演香港无线电视时装电视剧《肥婆奶奶扭计媳》。2005 年主演古装武打喜剧《肥姐挂帅》。2007 年获得香港电视广播有限公司（TVB）“万千星辉贺台庆”之万千星辉演艺大奖。

（82）张成珊（1947 年— ），镇海人，影评家，中国作家协会会员，主要从事电影研究。

（83）李梦学（1948 年— ），宁波人，影评家、编剧。曾任《中国电影报》主任、《电影艺术》副主编兼编辑部主任。影视评论有《论电影社会审美心理》《面对五花八门的理论》《评〈城南旧事〉》，理论专著有《建造自己的一间屋》等。编剧的影片有《君子复仇》《神秘的舞厅皇后》《西门警事》，剧本有《五十六个黎明》《国旗卫士》等。

（84）李亦中（1951 年— ），父亲桑弧，鄞县人，影评家，编剧。上海交通大学电影电视系主任，美国电影研究中心副主任、博士生导师，《电影艺术》杂志编委。创作剧本有《邮缘》等，主编教材《影视艺术教程》《中外影视精品赏析》《动画编剧》等；主编文集《银色印记》《银海拾贝》《海上影谭》《全球化与亚洲影视》等；与卢燕女士联合主编《美国电影研究文丛·聚焦好莱坞》四卷；著有《电影四面八方》《电影导演翘楚：蔡楚生》等图书。编导的影视作品有故事片《邮缘》《女局长的男朋友》，电视系列剧《百事乐》，电视纪录片《少年电视人》，专题片《文明礼仪 ABC》等。主创数字电影《狗小的自行车》，获第 8 届数字电影“百合奖”优秀儿童片奖。

（85）章国明（1951 年—　），宁海人，导演，香港电影新浪潮旗手之一。导演有《点指兵兵》《边缘人》《星际钝胎》《皇家大贼》等影片。

（86）王浙滨（1952 年—　），女，奉化人，编剧。1975 年进入长春电影制片厂，任编辑。1980 年开始，主要从事电影文学剧本创作。1984 年任长春电影制片厂编剧，1997 年调入北京紫禁城影业公司任编剧、制片人。与丈夫王兴东一起编剧的影片有《蒋筑英》《留村察看》《天国逆子》《离开雷锋的日子》等；担任编剧、总制片的电影有《我心飞扬》《辛亥革命》。担任《芬妮的微笑》《巴尔扎克和小裁缝》两部合拍片制片人。

（87）张建勇（1953 年—　），祖籍鄞县，出生于上海，影评家。中国电影资料馆副馆长，中国电影艺术研究中心副主任，《当代电影》杂志社社长、主编、法人代表，《电影连环画刊》主编。主编有学术书籍《当代电影论丛》《夏衍电影文集》《夏衍电影文学奖获奖剧本集》《忆荒煤》等。

（88）任仲伦（1955 年—　），宁波人，影评家、制片人、编剧。长期从事电影理论与艺术理论教学工作，历任文汇报社《文汇电影时报》总编，中国电影评论学会副会长，上海电影制片厂厂长等。担任《铁血昆仑关》《走出西柏坡》《2046》《长恨歌》《色·戒》《山河故人》等影片制片人。

（89）王家卫（1958 年—　），祖籍定海，出生于上海市，影视导演、编剧、制片人。1982 年，凭借首部电影剧本《彩云曲》正式进入电影圈。1988 年，自编自导个人首部电影《旺角卡门》。1990 年执导剧情片《阿飞正传》，获得第 10 届香港电影金像奖最佳导演奖、第 28 届台湾电影金马奖最佳导演奖。1994 年执导剧情片《重庆森林》，获得第 14 届香港电影金像奖最佳导演奖。1996 年执导电影《堕落天使》。1997 年执导剧情片《春光乍泄》，获得第 50 届戛纳国际电影节最佳导演奖，成为首位获得此奖项的华人导演。2000 年执导剧情片《花样年华》，获得第 26 届法国电影凯撒奖最佳外国电影奖。2006 年，担任第 59 届戛纳国际电影节评委会主席，成为戛纳国际电影节首位华人评委会主席。2013 年执导剧情片《一代宗师》，获得第 33 届香港电影金像奖最佳导演奖和最佳编剧奖、第 8 届亚洲电影大奖最佳导演奖。2018 年，被哈佛大学授予文学荣誉博士学位。

2019 年获得香港电影编剧家协会颁发的荣誉大奖。2020 年执导电视剧《繁花》。

（90）周星驰（1962 年—　），祖籍浙江宁波，出生于中国香港，著名喜剧演员、导演、编剧、制片人，无厘头电影的开创者。代表作有《一本漫画闯天涯》《赌圣》《逃学威龙》《唐伯虎点秋香》《大话西游》《少林足球》《美人鱼》等。入选“中国电影百年百位优秀演员”以及“中国电影百年名人堂”。

（91）林芳兵（1963 年—　），祖籍宁波，出生于江苏扬州。1981 年主演电影《幽谷恋歌》，进入影视圈。主演影视作品有《我们的田野》《一个女演员的梦》《一个死者对生者的访问》《死期临近》《残酷的欲望》《唐明皇》《白发魔女》等。

（92）王志文（1966 年—　），祖籍奉化，出生于上海。演出的影视剧有《皇城根儿》《过把瘾》《和你在一起》《手机》《大丈夫》《纪委书记》《叛逆者》《无间》等。

（93）徐娇（1997 年—　），别名娇娇，宁波人，毕业于美国艺术中心设计学院。2006 年出演《长江 7 号》正式出道，凭借该片获得第 28 届香港电影金像奖最佳新人奖，被广大观众所熟知。之后主演过《星空》《大武当之天地密码》《听见下雨的声音》《六世古宅》等影片。